2021
中国上市公司治理评价研究报告

China Corporate Governance Evaluation Report

李维安 等著

图书在版编目(CIP)数据

2021中国上市公司治理评价研究报告/李维安等著.
—北京:商务印书馆,2022
ISBN 978-7-100-21192-5

Ⅰ.①2… Ⅱ.①李… Ⅲ.①上市公司-企业管理-研究报告-中国-2021 Ⅳ.①F279.246

中国版本图书馆 CIP 数据核字(2022)第 084197 号

权利保留,侵权必究。

2021中国上市公司治理评价研究报告

李维安 等著

商 务 印 书 馆 出 版
(北京王府井大街36号 邮政编码100710)
商 务 印 书 馆 发 行
江 苏 苏 中 印 刷 有 限 公 司 印 刷
ISBN 978 - 7 - 100 - 21192 - 5

2022年12月第1版　　开本787×1092　1/16
2022年12月第1次印刷　　印张20.25
定价:136.00元

本项研究获得国家自然科学基金重点项目(71533002)、国家自然科学基金面上项目(72174096)、国家社会科学基金项目、教育部人文社会科学重点研究基地重大研究课题、南开大学人文社会科学基本科研业务费专项资金、南开大学"双一流"建设项目等项目的资助,在此表示衷心的感谢。

中国公司治理评价课题组负责人：李维安

课题组协调人：程新生

课题组主要成员：郝　臣　张国萍　张耀伟　吴德胜
　　　　　　　　王鹏程　牛建波　刘振杰　李浩波
　　　　　　　　崔光耀　郑敏娜　孟乾坤　曹甜甜
　　　　　　　　陈兴晔　刘昱沛　修浩鑫　李元祯
　　　　　　　　王励翔　侯文涤　李侠男　石　巧
　　　　　　　　吴佳妮　王泽瑶　葛　杨　郑钰镜等

目　录

第一章　公司治理评价与治理指数 ………………………………………… 1

　　第一节　公司治理评价的研究意义 …………………………………………… 1
　　第二节　公司治理评价的国内外研究 ………………………………………… 3
　　第三节　中国上市公司治理指数研发历程与构成 …………………………… 7
　　第四节　中国上市公司治理评价指标体系 …………………………………… 10

第二章　基于公司治理指数开展的相关研究 ……………………………… 28

　　第一节　国内基于公司治理指数开展的相关研究 …………………………… 28
　　第二节　国外基于公司治理指数开展的相关研究 …………………………… 32
　　第三节　基于公司治理指数研究小结 ………………………………………… 35

第三章　中国上市公司治理总体评价 ……………………………………… 38

　　第一节　中国上市公司治理评价样本情况 …………………………………… 38
　　第二节　中国上市公司治理总体分析 ………………………………………… 44
　　第三节　中国上市公司治理100佳评价 ……………………………………… 50
　　主要结论 …………………………………………………………………………… 56

第四章　中国上市公司股东治理评价 ……………………………………… 57

　　第一节　中国上市公司股东治理总体分析 …………………………………… 57
　　第二节　中国上市公司股东治理分行业评价 ………………………………… 58
　　第三节　中国上市公司股东治理分控股股东性质评价 ……………………… 62
　　第四节　中国上市公司股东治理分地区评价 ………………………………… 64
　　第五节　中国上市公司股东治理100佳评价 ………………………………… 67
　　主要结论 …………………………………………………………………………… 71

第五章 中国上市公司董事会治理评价 …… 73

- 第一节 中国上市公司董事会治理总体分析 …… 73
- 第二节 中国上市公司董事会治理分行业评价 …… 74
- 第三节 中国上市公司董事会治理分控股股东性质评价 …… 78
- 第四节 中国上市公司董事会治理分地区评价 …… 80
- 第五节 中国上市公司董事会治理100佳评价 …… 83
- 主要结论 …… 87

第六章 中国上市公司监事会治理评价 …… 89

- 第一节 中国上市公司监事会治理总体分析 …… 89
- 第二节 中国上市公司监事会治理分行业评价 …… 90
- 第三节 中国上市公司监事会治理分控股股东性质评价 …… 93
- 第四节 中国上市公司监事会治理分地区评价 …… 95
- 第五节 中国上市公司监事会治理100佳评价 …… 98
- 主要结论 …… 101

第七章 中国上市公司经理层治理评价 …… 103

- 第一节 中国上市公司经理层治理总体分析 …… 103
- 第二节 中国上市公司经理层治理分行业评价 …… 104
- 第三节 中国上市公司经理层治理分控股股东性质评价 …… 108
- 第四节 中国上市公司经理层治理分地区评价 …… 110
- 第五节 中国上市公司经理层治理100佳评价 …… 113
- 主要结论 …… 117

第八章 中国上市公司信息披露评价 …… 120

- 第一节 中国上市公司信息披露总体分析 …… 120
- 第二节 中国上市公司信息披露分行业评价 …… 121
- 第三节 中国上市公司信息披露分控股股东性质评价 …… 125
- 第四节 中国上市公司信息披露分地区评价 …… 127
- 第五节 中国上市公司信息披露100佳评价 …… 130
- 主要结论 …… 134

第九章　中国上市公司利益相关者治理评价 ………………………… 136

- 第一节　中国上市公司利益相关者治理总体分析……………………… 136
- 第二节　中国上市公司利益相关者治理分行业评价…………………… 137
- 第三节　中国上市公司利益相关者治理分控股股东性质评价………… 141
- 第四节　中国上市公司利益相关者治理分地区评价…………………… 143
- 第五节　中国上市公司利益相关者治理100佳评价…………………… 146
- 主要结论…………………………………………………………………… 149

第十章　主板上市公司治理总体评价 …………………………………… 152

- 第一节　主板上市公司治理总体分析…………………………………… 152
- 第二节　主板上市公司治理分行业评价………………………………… 157
- 第三节　主板上市公司治理分控股股东性质评价……………………… 161
- 第四节　主板上市公司治理分地区评价………………………………… 164
- 第五节　主板上市公司治理100佳评价………………………………… 168
- 主要结论…………………………………………………………………… 173

第十一章　主板上市公司股东治理评价 ………………………………… 175

- 第一节　主板上市公司股东治理总体分析……………………………… 175
- 第二节　主板上市公司股东治理分行业评价…………………………… 177
- 第三节　主板上市公司股东治理分控股股东性质评价………………… 180
- 第四节　主板上市公司股东治理分地区评价…………………………… 182
- 第五节　主板上市公司股东治理100佳评价…………………………… 185
- 主要结论…………………………………………………………………… 188

第十二章　主板上市公司董事会治理评价 ……………………………… 190

- 第一节　主板上市公司董事会治理总体分析…………………………… 190
- 第二节　主板上市公司董事会治理分行业评价………………………… 192
- 第三节　主板上市公司董事会治理分控股股东性质评价……………… 195
- 第四节　主板上市公司董事会治理分地区评价………………………… 197
- 第五节　主板上市公司董事会治理100佳评价………………………… 200
- 主要结论…………………………………………………………………… 204

第十三章　主板上市公司监事会治理评价 …… 206

第一节　主板上市公司监事会治理总体分析 …… 206
第二节　主板上市公司监事会治理分行业评价 …… 207
第三节　主板上市公司监事会治理分控股股东性质评价 …… 210
第四节　主板上市公司监事会治理分地区评价 …… 212
第五节　主板上市公司监事会治理100佳评价 …… 215
主要结论 …… 219

第十四章　主板上市公司经理层治理评价 …… 220

第一节　主板上市公司经理层治理总体分析 …… 220
第二节　主板上市公司经理层治理分行业评价 …… 221
第三节　主板上市公司经理层治理分控股股东性质评价 …… 225
第四节　主板上市公司经理层治理分地区评价 …… 227
第五节　主板上市公司经理层治理100佳评价 …… 230
主要结论 …… 233

第十五章　主板上市公司信息披露评价 …… 237

第一节　主板上市公司信息披露总体分析 …… 237
第二节　主板上市公司信息披露分行业评价 …… 239
第三节　主板上市公司信息披露分控股股东性质评价 …… 242
第四节　主板上市公司信息披露分地区评价 …… 244
第五节　主板上市公司信息披露100佳评价 …… 247
主要结论 …… 251

第十六章　主板上市公司利益相关者治理评价 …… 253

第一节　主板上市公司利益相关者治理总体分析 …… 253
第二节　主板上市公司利益相关者治理分行业评价 …… 254
第三节　主板上市公司利益相关者治理分控股股东性质评价 …… 257
第四节　主板上市公司利益相关者治理分地区评价 …… 259
第五节　主板上市公司利益相关者治理100佳评价 …… 262
主要结论 …… 266

第十七章 中小企业板上市公司治理评价 ········· 268

第一节 中小企业板上市公司治理评价总体分析 ········· 268
第二节 中小企业板上市公司治理评价分组比较 ········· 273
主要结论 ········· 276

第十八章 创业板上市公司治理评价 ········· 277

第一节 创业板上市公司治理评价总体分析 ········· 277
第二节 创业板上市公司治理评价分组比较 ········· 281
主要结论 ········· 284

第十九章 科创板上市公司治理评价 ········· 286

第一节 科创板上市公司治理评价总体分析 ········· 286
第二节 科创板上市公司治理评价分组比较 ········· 290
主要结论 ········· 293

第二十章 上市金融机构治理评价 ········· 295

第一节 上市金融机构治理评价总体分析 ········· 295
第二节 上市金融机构治理评价分组比较 ········· 299
第三节 上市金融机构治理评价年度比较 ········· 301
主要结论 ········· 307

总体结论与建议 ········· 308

参考文献 ········· 310

第一章 公司治理评价与治理指数

第一节 公司治理评价的研究意义

一、公司治理改革与治理评价问题提出

公司治理改革已经成为全球性的焦点问题,作为在全球市场上的一种竞争优势以及可持续发展的重要组成部分,完善的公司治理机制对于保证市场秩序具有十分重要的作用。近二十年来,全球公司治理研究的关注主体由以美国为主逐步扩展到英美日德等主要发达国家,近年来已扩展到转轨和新兴市场国家。研究内容也随之从治理结构与机制的理论研究,扩展到治理模式与原则的实务研究。目前治理质量与治理环境倍受关注,研究重心转移到公司治理评价和治理指数。中国的公司治理也大致经历了这些阶段,制度建设与企业改革经过了独特的由破到立的过程。从《中国公司治理原则》(2001年)、《独立董事制度指导意见》(2001年8月)与《中国上市公司治理准则》(2002年1月)的颁布,到新《公司法》和《证券法》(2005年10月)的出台,以及国务院批准证监会《关于提高上市公司质量的意见》(2005年10月)的发布,在股权分置全流通、高级管理人员持股等大背景下,中国的公司治理改革进入了一个新的阶段。

公司治理研究的重要任务之一就是探讨如何建立一套科学完善的公司治理评价系统。通过系统的运行,一方面为投资者提供投资信息,另一方面可以掌握公司治理的现状,观察与分析公司在对利益相关者权益保护、公司治理结构与治理机制建设等方面的现状与问题,促进提高公司治理质量及公司价值。公司治理理论界以及实务界迫切需要了解以下问题:中国公司治理的质量如何?如何规范股东大会以及怎样才能确保公司的独立性?董事会如何运作才能形成完善的决策与监督机制?采用何种激励与约束机制才能有效降低代理成本并促使代理人为公司长期发展而努力?决定公司治理质量的主要因素有哪些?公司治理存在哪些风险,其程度如何,对投资者及其他利益相关者的利益有何影响?公司治理机制的建立与完善会如何影响公司绩效?

解决上述问题的核心是建立一套适应中国公司治理环境的公司治理评价系统和评

价指数,用以掌握我国公司的治理结构与治理机制完善状况、公司治理风险的来源、程度与控制,并进一步观察与分析中国公司在控股股东行为、董事会运作、经营层激励约束、监事会监督以及信息披露等方面的现状、存在的风险、治理绩效等。通过该系统可以探索中国公司治理的模式,以规范公司治理结构及董事会的治理行为,建立良好的高管层激励与约束机制,完善公司的信息披露制度,保护股东及其他利益相关者的权益,最终实现良好的经营业绩。

二、公司治理评价的应用价值

第一,有利于政府监管,促进资本市场的完善与发展

公司治理指数反映了公司治理水平,详细编制并定期公布公司治理指数,能够使监管部门及时掌握其监管对象的公司治理结构与治理机制的运行状况,从而在信息反馈方面确保其监管有的放矢。同时,有利于证券监管部门及时掌握中国公司治理状况以及相关的准则、制度等的执行情况。利用该系统,证券监管部门可以及时了解其监管对象在控股股东行为、董事会、监事会、高管人员的任选与激励约束机制以及信息披露与内部控制等方面的建立与完善程度以及可能存在的公司治理风险等,有利于有效发挥监管部门对于公司的监管作用。

第二,有利于形成公司强有力的声誉制约并促进证券市场质量的提高

基于融资以及公司持续发展的考虑,公司必须注重其在证券市场以及投资者中的形象。公司治理评价系统的建立,可以对公司治理的状况进行全面、系统、及时的跟踪,定期将评价的结果公布,弥补了我国企业外部环境约束较弱的缺陷。由于公司治理评价状况的及时公布而产生的信誉约束,将促使公司不断改善公司治理状况,最大限度地降低公司治理风险,因而有利于证券市场质量的提高,强化信用。公司的信用是建立在良好的公司治理结构与治理机制的基础之上的,一个治理状况良好的公司必然具有良好的企业信用。公司治理指数的编制与定期公布,能够对公司治理的状况实施全面、系统、及时的跟踪,从而形成强有力的声誉制约并促进证券市场质量的提高。不同时期公司治理指数的动态比较,反映了公司治理质量的变动状况,因而有利于形成动态声誉制约。

第三,有利于公司科学决策与监控机制的完善和诊断控制

公司治理指数使公司(被评价对象)能够及时掌握本公司治理的总体运行状况以及公司在控股股东行为、董事会、监事会、经理层等方面的治理状况以及信息披露、内部控制状况,及时对可能出现的问题进行诊断,有针对性地采取措施,从而确保公司治理结构与治理机制处于良好的状态中,进而提高公司决策水平和公司竞争力。定期的公司治理评价信息,将使管理当局及时地掌握公司治理潜在的风险,并采取积极的措施降

低与规避监控风险;投资者利用公司治理评价所提供的公司治理质量、公司治理风险的全面信息,可以了解其投资对象,为科学决策提供信息资源。例如,公司治理计分卡的应用有助于指导公司科学决策。

第四,为投资者提供鉴别工具并指导投资

及时量化的公司治理指数,能够使投资者对不同公司的治理水平与风险进行比较,掌握拟投资对象在公司治理方面的现状与可能存在的风险。同时根据公司治理指数、风险预警与公司治理成本以及公司治理绩效的动态数列,可以判断投资对象公司治理状况与风险的走势及其潜在投资价值,从而提高决策水平。传统上投资者主要分析投资对象的财务指标,但财务指标具有局限性。建立并定期公布公司治理指数,将促进信息的公开,降低信息不对称性,提高决策科学性。例如,成立于1992年的LENS投资管理公司的投资选择原则是从财务评价和公司治理评价两个角度找出价值被低估以及可以通过公司治理提高价值的公司。美国机构投资者服务公司与英国富时还建立起了公司治理股价指数,为其会员提供公司治理咨询服务。韩国也建立了公司治理股价指数。

第五,有利于建立公司治理实证研究平台,提高公司治理研究水平

中国公司治理指数报告使公司治理的研究由理论层面的研究具体到量化研究和实务研究,有利于解决公司治理质量、公司治理风险、公司治理成本与公司治理绩效度量这些科学问题。公司治理评价过程中的一系列调查研究的成果是顺利开展公司治理实证研究的重要数据资源。这一平台的建立,将使公司治理理论研究与公司治理实践得以有机结合,进一步提高公司治理理论研究对公司治理实践的指导作用。

第二节 公司治理评价的国内外研究

一、国内外主要的公司治理评价系统

国内外对公司治理评价与指数的研究经历了公司治理的基础理论研究、公司治理原则与应用研究、公司治理评价系统与治理指数研究的过程,并由商业机构的公司治理评价发展到非商业性机构的公司治理评价。中外学者对公司治理评价的关注是基于满足公司治理实务发展的需要,尤其是机构投资者的需要。

公司治理评价萌芽于1950年杰克逊·马丁德尔提出的董事会绩效分析,随后一些商业性的组织也推出了公司治理状况的评价系统。最早的、规范的公司治理评价研究是由美国机构投资者协会在1952年设计的正式评价董事会的程序,随后出现了公司治

理诊断与评价的系列研究成果,如萨尔蒙(1993)提出诊断董事会的22个问题。1998年标准普尔公司(S&P Co.)创立公司治理服务系统,并于2000年将公司治理评分拓展为商业化服务项目,对俄罗斯5家上市公司进行评价。该评价系统于2004年进行了修订,自此面向全球上市公司,并分别从国家评价和公司评价两方面建立公司治理评分体系。1999年欧洲戴米诺针对欧洲公司的治理情况推出戴米诺公司治理评价系统,与标准普尔公司的公司治理评价系统相似,戴米诺同时以宏观环境和微观视角评价公司治理情况。2000年亚洲里昂证券面向新兴市场推出里昂公司治理评价系统,以设置调查问卷的方式评价公司治理的情况。然而,多数指标因商业化导向,选取的公司治理指标有限,仅考察了公司治理的某些维度而未形成体系,缺乏持续性研究。由此,2003年南开大学中国公司治理研究院(原南开大学公司治理研究中心)李维安率领的南开大学公司治理评价课题组等推出"中国上市公司治理评价系统"(中国第一个全面系统的公司治理评价系统),2004年公布《中国公司治理评价报告》,同时发布中国上市公司治理指数($CCGI^{NK}$),第一次对中国上市公司治理情况进行大样本全面量化评价分析并延续至今,标志着中国首个非商业化、大样本、连续性治理评价系统的诞生。

此外,美国机构投资者服务公司(Institutional Shareholder Services)还建立了全球性的公司治理状况数据库,为其会员提供公司治理服务;另外还有布朗斯威克(Brunswick Warburg)、公司法与公司治理机构(Institute of Corporate Law and Corporate Governance, ICLCG)、信息和信用评级代理机构(Information and Credit Rating Agency, ICRA)、世界银行公司评价系统、泰国公司治理评价系统、韩国公司治理评价系统、日本公司治理评价系统(CGS、JCGIndex)以及我国台湾公司治理与评等系统等。详细情况见表1.1。

表1.1 国内外主要公司治理评价系统

公司治理评价机构或个人	评价内容	评价情况
杰克逊·马丁德尔(Jackson Martindell)	社会贡献、对股东的服务、董事会绩效分析、公司财务政策	1950年提出董事会业绩分析
标准普尔(S&P)	所有权结构、利益相关者的权利和相互关系、财务透明度和信息披露、董事会结构和程序	1998年设立公司治理评价体系,2004年起对全球上市公司治理情况进行评价
戴米诺(Deminor)	股东权利与义务、接管防御的范围、信息披露透明度、董事会结构	1999年起推出公司治理评级系统,用以评价欧洲上市公司治理标准和实践
里昂证券(CLSA)	管理层的约束、透明度、小股东保护、独立性、公平性、问责性、股东现金回报以及公司社会责任	2000年起以调查问卷的方式面向新兴市场推出里昂公司治理评价系统

续表

公司治理评价机构或个人	评价内容	评价情况
美国机构投资者服务公司(ISS)	董事会及其主要委员会的结构、组成、公司章程和制度、公司所属州的法律、管理层和董事会成员的薪酬、相关财务业绩、"超前的"治理实践、高管人员持股比例、董事的受教育状况	2002年起建立全球性的上市公司治理评价系统
戴维斯和海德里克(DVFA)	股东权利、治理委员会、透明度、公司管理以及审计	2000年建立的公司治理评价系统
布朗斯威克(Brunswick Warburg)	透明度、股权分散程度、转移资产/价格、兼并/重组、破产、所有权与投标限制、对外部人员的管理态度、注册性质	2000年以惩罚性得分评价公司治理情况
公司法与公司治理机构(ICLCG)	信息披露、所有权结构、董事会和管理层结构、股东权利、侵吞(expropriation)风险、公司的治理历史	2004年建立的公司治理评价系统
信息和信用评级代理机构(ICRA)	所有权结构、管理层结构(含各董事委员会的结构)、财务报告和其他披露的质量、股东利益的满足程度	2001年建立的印度公司治理评级系统
宫岛英昭、原村健二、稻垣健一等日本公司治理评价系统(CGS)	股东权利、董事会,信息披露及其透明性三方面,考察内部治理结构改革对企业绩效的影响	2003建立的日本本土非商业性公司治理评价系统
日本公司治理研究所公司治理评价指标系统(JCGIndex)	以股东主权为核心,从绩效目标和经营者责任体制、董事会的机能和构成、最高经营者的经营执行体制以及股东间的交流和透明性四方面评价	2002年起对东京证券交易所主板上市的企业进行问卷调查,并依据结果编成非商业性的评价指数
泰国公司治理评价系统	股东权利、董事品质、公司内部控制的有效性	2001年依据OECD准则建立的泰国公司治理评价标准
韩国公司治理评价系统	股东权利、董事会和委员会结构、董事会和委员会程序、向投资者披露和所有权的平等性	2006年建立的非商业性公司治理评价体系
香港城市大学公司治理评价系统	董事会结构、独立性或责任;对小股东的公平性;透明度及披露;利益相关者角色、权利及关系;股东权利	2000年针对中国上市公司推出衡量公司治理水平的非商业性指标
台湾辅仁大学公司治理与评价等系统	董(监)事会组成、股权结构、参与管理与次大股东、超额关系人交易、大股东介入股市的程度	2003年推出的非商业性公司治理评价系统,用以考核台湾地区上市公司治理状况
GMI(Governance Metrics International)治理评价系统	透明度与披露(含内部监控)、董事会问责性、社会责任、股权结构与集中度、股东权利、管理人员薪酬、企业行为	2004年以OECD等发布的全球公司治理规范作为评级标准,确立20家在公司治理上得分最高的公司,以此建立公司治理评价系统

续表

公司治理评价机构或个人	评价内容	评价情况
世界银行治理评价系统	公司治理的承诺、董事会的结果和职能、控制环境和程序、信息披露与透明度、小股东的待遇	针对五大洲不同国家建立的非商业性公司治理评价系统
中国社会科学院世界经济与政治研究所公司治理研究中心	股东权利、对股东的平等待遇、公司治理中利益相关者的作用、信息披露和透明度、董事会职责、监事会职责	2005年起发布中国上市公司100强公司治理评价
南开大学推出的中国上市公司治理指数（CCGI^{NK}）	股东治理、董事会治理、监事会治理、经理层治理、信息披露、利益相关者治理	2003年起建立中国上市公司治理评价系统，并持续推出中国上市公司治理指数

二、已有公司治理评价系统共性与差异

一般而言，公司治理评价系统具有以下四个共同特征：一是评价系统均是由一系列详细指标组成，且各个评价系统均包括了三个因素：股东权利、董事会结构及信息披露。二是在所有的评价系统中，评分特点是相同的。总体而言，较低的分值意味着较差的治理水平，反之意味着较好的治理状况。但也有两个例外，一个例外是 ICRA 评价系统，它使用相反的评分方法，公司治理评级 CGR1 意味着最好的治理状况，公司治理评级 CGR6 意味着最低的治理水平；另一个例外是布朗斯威克的治理风险分析，它是以惩罚得分的形式来计算，得分越高，公司的治理风险越大。三是绝大多数评价系统都使用了权重评级方法，根据治理各要素重要程度的不同赋予不同的权重，从而计算出公司治理评价值。四是获取评价所需信息的方法是一致的，主要来自公开可获得信息，其他信息通过与公司关键员工的访谈而获得。不同评价系统的主要区别在于两个方面：

第一，一些评价系统是用来评价某一个别国家公司的治理状况（例如 DVFA、布朗斯威克等），另一些评价系统则涉及多个国家的公司治理评价，如标准普尔、戴米诺和里昂证券评价系统包含了国家层次的分析。这些评价中使用的标准都很相似。标准普尔提供了一个关于法律、管制和信息基础的有效程度的评估；戴米诺评级服务包括一个由法律分析和特定国家范围内的公司治理实务组成的国家分析报告，其服务范围涵盖了欧洲17个国家；里昂证券主要利用与管制和制度环境有关的六个宏观公司治理因素来对各个市场进行评级，涉及20—25个新兴市场；世界银行的研究也基于与公司治理有关的六个综合指标进行了国家层次上的比较；戴维斯和海德里克（Davis and Heidrick，2002）比较了公司治理的国别差异，但采用了不同的方法，他们主要考虑了基于公司治理实务和单个公司治理状况的国家层次平均水平。

第二,各评价系统关注的重点、采用的标准以及评价指标体系的构成呈现出较大差别。如标准普尔以经济合作与发展组织(Organization for Economic Cooperation and Derelopment, OECD)公司治理准则、美国加州基金(CalPERS)等提出的公司治理原则以及国际上公认的对公司治理要求较高的指引、规则等制定评价指标体系,把公司治理评价分为国家评分与公司评分两部分。前者从法律基础、监管、信息披露制度以及市场基础四个方面予以考核;后者包括所有权结构及其影响、利益相关者关系、财务透明与信息披露、董事会的结构与运作四个维度的评价内容。关注的是宏观层面上的外部力量以及公司内部治理结构与运作对于公司治理质量的影响。戴米诺则以OECD公司治理准则以及世界银行的公司治理指引为依据制定指标体系,从股东权利与义务、接管防御范围、公司治理披露以及董事会结构与功能三个维度衡量公司治理状况,重视公司治理环境对公司治理质量的影响,特别强调接管防御措施对公司治理的影响。里昂证券评价系统则从公司透明度、管理层约束、董事会的独立性与问责性、小股东保护、核心业务、债务控制、股东的现金回报以及公司的社会责任等八个方面评价公司治理的状况,注重公司透明度、董事会的独立性以及对小股东的保护,强调公司的社会责任。

公司治理评价的研究与应用,对公司治理实践具有指导意义。正如上述对不同评价系统的对比所看到的,不同的评价系统有不同的适用条件,中国公司的治理环境、治理结构和机制与国外有很大的差别,因而直接将国外评价系统移植到国内必将产生水土不服现象。只有借鉴国际经验,结合中国公司所处的法律环境、政治制度、市场条件以及公司本身的发展状况,设置具有中国特色的公司评价指标体系,并采用科学的方法对公司治理状况做出评价,才能正确反映中国公司治理状况。中国上市公司治理指数($CCGI^{NK}$)充分考虑了中国公司治理环境的特殊性。

第三节 中国上市公司治理指数研发历程与构成

进入21世纪以来,由于对公司治理质量和治理环境的格外关注,如何识别公司治理的优劣便成为需要解决的问题,这就迫切需要建立一套适应中国上市公司治理环境的公司治理评价系统。通过该系统的运行,我们能够掌握公司治理的状况,观察与分析中国上市公司在股权结构、董事会运作、经理层激励约束、监事会监督、信息披露以及利益相关者参与治理等方面的现状与问题,从而能够从整体上提高公司治理质量,保证公司运营的质量和良好的经营业绩。

一、中国上市公司治理指数研发历程

中国公司治理的研究从公司治理理论研究深入到公司治理原则与应用研究,之后从公司治理原则研究进一步发展到公司治理评价指数的研究。中国上市公司治理指数的研究发展呈现为渐进式的动态优化过程。具体来说,CCGI^{NK}的形成经历了四个阶段。

第一阶段:研究并组织制定《中国公司治理原则》。在中国经济体制改革研究会的支持下,于2001年推出的《中国公司治理原则》被中国证监会《中国上市公司治理准则》以及太平洋经济合作理事会(Pacific Economic Cooperation Council,PECC)组织制定的《东亚地区治理原则》所吸收借鉴,为建立公司治理评价指标体系提供了参考性标准。

第二阶段:构建"中国上市公司治理评价指标体系"。历时两年调研,2001年11月第一届公司治理国际研讨会提出《在华三资企业公司治理研究报告》。2003年4月,经反复修正,提出"中国上市公司治理评价指标体系",围绕公司治理评价指标体系,2003年11月,第二届公司治理国际研讨会征求国内外专家意见。根据前期的研究结果和公司治理专家的建议,最终将公司治理指标体系确定为6个维度,具体包括股东治理指数、董事会治理指数、监事会治理指数、经理层治理指数、信息披露指数和利益相关者治理指数,合计80多个评价指标。

第三阶段:正式推出中国上市公司治理指数和《中国公司治理评价报告》,基于评价指标体系与评价标准,构筑中国上市公司治理指数(CCGI^{NK}),2004年首次发布《中国公司治理评价报告》,报告应用CCGI^{NK}第一次对中国上市公司(2002年的数据)进行大样本全面量化评价分析,之后逐年发布年度公司治理报告。

第四阶段:中国上市公司治理评价系统应用阶段。在学术上,公司治理评价为课题、著作、文章等系列成果的研究提供了平台,获得国家自然科学基金重点项目和国家社科重大招标项目支持,公司治理报告在商务印书馆、高等教育出版社以及北京大学出版社等国内出版社出版,并在国外出版社出版英文版。此外,还为监管部门治理监管工作提供支持,为企业提升治理水平提供指导。CCGI^{NK}连续应用于"CCTV中国最具价值上市公司年度评选";应用于联合国贸发会议对中国企业的公司治理状况抽样评价和世界银行招标项目,2007年10月30日至11月1日,应联合国贸发会议邀请,李维安教授参加了在瑞士日内瓦召开的ISAR专家组第24届会议,并就《中国公司治理信息披露项目》做大会报告;应用于国务院国资委国有独资央企董事会建设与评价等和国家发改委委托项目推出的"中国中小企业经济发展指数"研究;2007年接受保监会委托,设计保险公司治理评价标准体系;2008年接受国务院国资委委托,对央企控股公司治理状况进行评价;开发中国公司治理指数数据库;研发中国公司治理股价指数;设计中国公司治理计分卡。

二、中国上市公司治理指数构成

基于中国上市公司面临的治理环境特点,南开大学公司治理评价课题组总结了公司治理理论研究、公司治理原则、各类公司治理评价系统以及大量实证研究、案例研究成果,于2003年设计出中国上市公司治理评价系统,2004年公布"中国公司治理评价报告",同时发布$CCGI^{NK}$。随后,于2004年、2005年加以优化,广泛征求各方面的意见,对6个维度评价指标进行适度调整。通过对上市公司治理评价的实证研究,对部分不显著性指标进行调整;通过对公司实施公司治理评价,不断检验系统的有效性并进行优化;引入新的公司治理研究思想,例如利益相关者;听取各方面的意见,广泛研讨;紧密关注治理环境变化,并及时反映到评价系统中,例如法律法规变化。评价指标体系见表1.2。

表1.2 中国上市公司治理指数评价指标体系

指数 (目标层)	公司治理评价6个维度 (准则层)	公司治理评价各要素 (要素层)
中国上市公司 治理指数 $CCGI^{NK}$	股东治理($CCGI^{NK}_{SH}$)	上市公司独立性
		中小股东权益保护
		上市公司关联交易
	董事会治理($CCGI^{NK}_{BOD}$)	董事权利与义务
		董事会运作效率
		董事会组织结构
		董事薪酬
		独立董事制度
	监事会治理($CCGI^{NK}_{BOS}$)	监事会运行状况
		监事会规模结构
		监事会胜任能力
	经理层治理($CCGI^{NK}_{TOP}$)	经理层任免制度
		经理层执行保障
		经理层激励约束
	信息披露($CCGI^{NK}_{ID}$)	信息披露可靠性
		信息披露相关性
		信息披露及时性
	利益相关者治理($CCGI^{NK}_{STH}$)	利益相关者参与程度
		利益相关者协调程度

资料来源:南开大学中国公司治理研究院"中国上市公司治理评价系统"。

指标体系是公司治理指数的根本,不同环境需要不同的公司治理评价指标体系,中国上市公司治理指数反映了中国市场的诸多重要特征。此评价指标体系基于中国上市公司面临的治理环境特点,侧重于公司内部治理机制,强调公司治理的信息披露、中小股东的利益保护、上市公司独立性、董事会的独立性以及监事会参与治理等,从股东治理、董事会治理、监事会治理、经理层治理、信息披露和利益相关者治理6个维度,设置19个二级指标,具体有80多个评价指标,对中国上市公司治理的状况做出全面、系统的评价。

第四节 中国上市公司治理评价指标体系

一、中国上市公司股东治理评价指标体系

中国转轨时期经济的复杂性决定了上市公司控股股东行为的复杂性,控股股东的目标选择不再局限于对上市公司控制收益与成本的比较,而更多的是考虑集团整体利益。对于中国上市公司控股股东行为外部性的分析,控制权的范围要从上市子公司拓展到包括上市子公司、控股股东及其他关联公司甚至整个集团,体现为控股股东对集团资源的控制程度。

(一) 股东治理评价相关研究

上市公司与其控股股东之间存在着种种关联,控股股东对上市公司的行为往往超越了上市公司的法人边界。从保护中小股东利益的视角来看,我们可以从四个层次来反映控股股东行为与股东治理状况。

1. 股东的平等待遇

遵循"资本多数"的原则,控股股东往往能够对股东大会加以控制。控股股东通过制定股东大会程序、股东参与条件来提高中小股东参加股东大会的成本,限制了中小股东的参与程度,难以保障所有股东得到足够和及时的信息。通过衡量股东大会投票制度、股东的参与度,可以对控股股东是否存在影响股东大会的行为加以判断。

2. 引发控股股东行为负外部性的体制性诱因

在我国国有企业股份制改造过程中,上市公司与其控股股东之间往往存在着"资产混同",模糊了上市公司的法人财产边界,为控股股东滥用上市公司资源、损害中小股东等其他利益相关者的利益创造了条件。上市公司相对于控股股东独立与否,可以反映出引发控股股东侵害小股东行为的体制性诱因程度。

3. 控股股东行为负外部性的制约机制

各国对中小股东权益的保护，主要是通过在股东大会上强化中小股东对股东大会召集、提议等的影响力，来限制控股股东的权利。2002年中国证监会和国家经贸委联合颁布的《中国上市公司治理准则》在保护股东权益、平等对待所有股东方面，做出了一些原则性的规定，成为《公司法》的有益补充。保护中小股东的制度是否健全、是否得到有效的实施，可以衡量在上市公司中是否形成制约控股股东行为、降低负外部性的有效机制。

4. 控股股东行为负外部性的现实表现

上市公司的控股股东通过调动各子公司、关联公司的资源，可以实现集团整体利益的最大化，各公司间的有机协调、资源的互补，也可以发挥整个集团的"联合经济效应"；增强集团整体的竞争能力。但是，目前中国上市公司的控股股东存在着集团资源滥用的行为，体现在运营层面上时具有较强的负外部性，损害了中小股东的利益。

(二) 中国上市公司股东治理评价指标体系设计思路

基于对股东行为特征的分析，我们构建了中国上市公司控股股东行为评价指标体系，主要包括三个方面：

1. 独立性

由于法律法规的推出、监管的强化，以及上市公司自主治理水平的提高，上市公司在人员、业务、财务、资产、机构等方面的独立性得到了加强，但这种独立性大都停留在表面层次，上市公司相对股东单位的独立性仍需加强。我们对以下几个方面进行评价。第一，通过上市公司董事是否在控股股东处兼职来反映人员独立性情况。第二，通过主营业务是否重叠交叉来度量同业竞争，判断业务独立性情况。第三，通过计算从最终控制人到上市公司的控制链条层级的长度来判断现金流权与控制权分离程度；控制层级越长，最终控制人就越有可能通过金字塔式持股结构侵害中小股东利益。第四，通过观察控股股东是否将主业资产装入上市公司实现整体上市来进一步判断上市公司在人员、财务、经营上的独立性。

2. 中小股东权益保护

本部分重点判断上市公司对中小股东保护相关法律、法规及原则的实施情况，是否根据法律法规建立了相应的实施细则，并是否通过实际行动有效维护中小股东的权益。通过上市公司是否建立了累积投票权制度，制定了相关实施细则，股东大会是否提供了网络投票渠道，来衡量中小股东能否以较低的成本参与公司重大决策；通过股东大会出席股份比例来衡量股东参与公司治理的积极性；通过募集资金是否变更、变更程序是否经股东大会批准、是否说明变更原因来度量上市公司使用募集资金的规范性；大股东股权质押会造成现金流权和控制权的分离，增加了上市公司控制权变更和被"掏空"的概率,放大了上市公司的违规风险,设置通过大股东股权质押或冻结来衡量上市公司潜在的风险;通过公司章程是否对中小股东提名选举董事施加严格的持股比例和持股时间限制,是否设置董事轮换制(Staggered Board Election)来度量中小股东投票选举董事的权利;通过公司章程中现金分红政策是否清晰,是否制定了差异化的分红政策,实际分红是否与承诺一致,来度量现金分红政策的清晰性和一致性;通过现金股利派发的规模和连续性来度量上市公司是否为股东提供长期稳定的回报。

3. 关联交易

本部分通过控股股东是否无偿地占用上市公司资金、上市公司是否为控股股东及其他关联方提供贷款担保、控股股东与上市公司间关联交易的规模等三个指标反映控股股东滥用关联交易的情况。

表1.3 中国上市公司控股股东评价指标体系

主因素层	子因素层	说 明
独立性	高管独立性	考察董事在股东单位兼职比例,分析上市公司决策层和管理层相对于控股股东的独立性,其在处理股东利益冲突时能否保持平衡
	同业竞争	考察上市公司与控股股东公司在主营业务上是否存在重叠交叉
	控制层级	考察从最终控制人到上市公司的控制链条层级的长度,控制层级越长,导致现金流权与控制权分离,最终控制人就越有可能通过金字塔式持股结构侵害中小股东利益
	整体上市	考察上市公司控股股东是否实行了整体上市,可以起到避免同业竞争、理顺上市公司上下游产业关系、大量减少关联交易的积极效应
中小股东权益保护	股东大会参与积极性	考察股东参与公司治理的积极性,上市公司是否让尽可能多的股东参加大会,剔除了第一大股东持股比例
	股东大会投票制度	考察上市公司是否建立了累积投票权制度,制定了实施细则;是否提供了网络投票渠道
	中小股东投票选举董事权利	公司章程是否对中小股东提名选举董事施加严格的持股比例和持股时间限制,是否限制一次性更换所有董事
	募集资金使用情况	考察募集资金是否变更,变更程序是否经股东大会批准,是否说明原因
	大股东股权冻结和质押	设置通过大股东股权质押或股权被冻结来衡量上市公司潜在的违规和掏空风险
	现金分红政策的清晰性	考察公司章程中现金分红政策是否清晰,是否制定了差异化的分红政策;实际分红是否与承诺一致

续表

主因素层	子因素层	说　明
中小股东权益保护	现金股利分配规模和连续性	考察上市公司通过现金股利对投资者回报的规模及长期连续性
关联交易	关联方资金占用	考察关联方是否通过占用上市公司货币资金、欠付上市公司应收货款等手段损害中小股东利益
	关联担保	考察上市公司是否为大股东或其附属企业解决债务融资问题,以上市公司的名义为其贷款提供担保
	经营类和资产类关联交易	考察上市公司及控股股东是否通过日常经营类、股权类和资产类关联交易进行利润操作,获取控制权收益

资料来源:南开大学中国公司治理研究院"中国上市公司治理评价系统"。

二、中国上市公司董事会治理评价指标体系

董事会是公司治理的核心。作为股东和经理之间的联接纽带,董事会既是股东的代理人,又是经理人员的委托人和监督者,在公司的战略发展、重大决策方面发挥着至关重要的作用,是完善治理结构,优化治理机制的关键环节。董事会治理水平直接决定着公司潜在的治理风险以及长远发展。国内外相继爆发的安然、世通、德隆、创维等公司治理丑闻也验证了这一点。因此,董事会一方面要积极领导公司为投资者创造更多的财富,在资本市场上争取到充足的资本,服务好投资者这个"上帝",另一方面还要关注消费者的利益和需求,在产品市场上获取消费者的支持和信任,服务好消费者这个"上帝",从而实现公司的持续发展。通过对上市公司的董事会治理进行评价,无疑会推动中国上市公司董事会治理的改善与优化,从而为董事会建设提供系统性的制度保障。

(一)董事会治理评价相关研究

董事会治理评价研究的开展可以从董事会履职基础层面,延伸至董事会结构完善及机制优化层面,最终体现在董事会在公司行为以及治理风险防范中发挥的重要作用。

1. 董事会职能边界及权利配属研究

现代公司的双重委托代理问题下,董事会是否能够抑制管理层对股东利益偏离的机会主义行为,是否能够克制控股股东的利益攫取行为而实现全部股东的财富最大化,在一定程度上取决于董事会职能边界及权利配属等基本理论问题的明晰化。在实践层面,董事会的薪酬制定权利、提名权利、针对董事会议案的异议权利等在很多情况下也被"剥夺",造成董事职能的虚化问题。董事会的履职基础需进一步夯实。

2. 董事会结构建设向董事会机制优化的转型研究

董事会结构建设是董事会治理提升的基础,但仅具有完善的董事会治理结构还远不

能实现董事会的高效运作,结构建设向机制优化的转型是提升现阶段我国上市公司董事会治理质量的关键环节。从关注董事会规模、董事会会议次数、董事会专业委员会设立情况、董事的专业背景等角度转向董事会议案决议、独立董事意见内容、董事会会议质量、董事团队氛围、董事会专业委员会履职状况等方面是现有研究面临的较大挑战。

3. 董事会治理与公司行为研究

科学决策是董事会治理的重要目标。董事会在对公司行为的影响中扮演了重要的角色。完善的董事会治理结构、高效的董事会治理机制推动了公司科学的投融资决策和生产经营决策,并保证了公司财务质量的高水平。

4. 嵌入治理风险的董事会治理研究

董事会作为公司治理的核心,其关键职责在于防范各种可能的治理风险。董事会应以治理风险防范为导向,建立适当的风险控制结构和机制,有效识别和控制公司运营中面临的各种治理风险,防止治理风险的累积和爆发。探讨治理风险导向的董事会治理机制和风险防控机制,搭建嵌入治理风险的董事会治理分析框架对于董事会治理研究具有重要的意义。

(二) 董事会治理评价指标体系设计思路

在已有评价指标体系和有关评价研究成果的基础上,结合我国上市公司董事会治理现状,以董事诚信、勤勉义务为核心,董事会治理评价指标体系从董事权利与义务、董事会运作效率、董事会组织结构、董事薪酬、独立董事制度五个维度,构筑了一套董事会治理评价指标体系,并以此为标准对上市公司董事会治理状况进行评价分析。

1. 董事权利与义务

董事在公司的权利结构中具有特定的法律地位,同时还需承担特定的法律责任和义务。董事的来源、履职状况等会对董事权利与义务的履行状况产生重要影响,从而在一定程度上决定了董事会治理水平。对董事权利与义务状况进行的评价有助于提升董事会治理质量。

董事权利与义务主要考察董事来源、履职的诚信勤勉情况等。董事权利与义务的评价指标主要包括:董事权利与义务状态、董事损害赔偿责任制度、股东董事比例、董事年龄构成;董事专业背景;董事在外单位的任职情况等。

2. 董事会运作效率

董事会作为公司的核心决策机构,承担着制定公司战略并对经理层实施有效监督的责任。董事会的运作效率直接决定着董事会职责的履行状况以及公司目标的实现程度。高效率的董事会运作有助于董事会更好地履行职责,制定更科学的公司发展规划,更有效率地监督管理人员,从而提升公司的持续价值创造能力。

董事会运作效率主要考察董事会运作状况,以反映董事会功能与作用的实现状态。董事会运作效率的评价指标主要包括:董事会规模;董事长与总经理的两权分离状态;董事与高管的职位重合情况;董事会成员的性别构成;董事会会议情况等。

3. 董事会组织结构

董事会组织结构界定了董事会内部分工与协作的方式、途径等。董事会专业委员会的设立情况会影响到董事会的运作。只有董事会内部权责分明、组织健全,才能保证董事会职责的履行。合理的董事会组织结构是董事会高效运转的前提。

董事会组织结构主要考察董事会专业委员会运行状况。董事会组织结构的评价指标主要包括:董事会战略委员会、审计委员会、薪酬与考核委员会、提名委员会、其他专业委员会的设置情况等。

4. 董事薪酬

公司的董事承担着制定公司战略决策和监督管理人员的责任,并且要履行勤勉义务和诚信义务。在赋予董事责任和义务的同时,给予董事合适的薪酬至关重要。具有激励效果的薪酬组合能够促进董事提高自身的努力程度,提高董事履职的积极性,促使董事与股东利益的趋同,并最终提升公司的核心竞争力。

董事薪酬主要考察董事激励约束状况,包括短期激励和长期激励。董事薪酬的评价指标主要包括:董事在公司的领薪状况;董事的现金薪酬状况;董事持股情况;董事股权激励计划的制订及实施等。

5. 独立董事制度

独立董事制度为上市公司的董事会引入了具有客观立场的独立董事。这些独立董事独立于上市公司,与上市公司之间没有利益关联,在一定程度上能够客观地发表见解,从而保护公司投资者的利益。在中国"一股独大"的股权结构下,需要建立独立董事制度来保证董事会的独立性以及决策的科学性。

独立董事制度主要考察公司董事会的独立性及独立董事的职能发挥状况。独立董事制度的评价指标主要包括:独立董事比例、独立董事的专业背景、独立董事在外单位的任职状况、独立董事参会情况、独立董事津贴等。

表1.4 中国上市公司董事会治理评价指标体系表

主因素层	子因素层	说 明
董事权利与义务	董事权利与义务状态	评价董事权利与义务的清晰界定程度
	董事损害赔偿责任制度	考核董事的责任履行
	股东董事比例	考核具有股东背景的董事比例

续表

主因素层	子因素层	说　明
董事权利与义务	董事年龄构成	考核董事年龄情况,尤其是大龄董事
	董事专业背景	考核董事的专业背景
	董事在外单位的任职情况	考核董事义务履行的时间保障
董事会运作效率	董事会规模	考核董事会人数情况
	董事长与总经理的两权分离状态	考核董事长与总经理的兼任情况
	董事与高管的职位重合情况	考核董事与高管的兼任情况
	董事会性别构成	考核董事会中女性董事的比例情况
	董事会会议情况	考核董事会会议及工作效率
董事会组织结构	战略委员会的设置	考核战略委员会的设置
	审计委员会的设置	考核审计委员会的设置
	薪酬与考核委员会的设置	评价薪酬与考核委员会的设置
	提名委员会的设置	考核提名委员会的设置
	其他专业委员会的设置	考核其他专业委员会的设置
董事薪酬	董事薪酬水平	衡量董事报酬水平以及报酬结构的激励约束状况
	董事薪酬形式	
	董事绩效评价标准的建立情况	衡量董事的绩效标准设立
独立董事制度	独立董事专业背景	考核独立董事的专业背景
	独立董事兼任情况	考核独立董事在外单位的任职情况
	独立董事比例	考核董事会独立性
	独立董事激励	考核独立董事激励约束状况
	独立董事履职情况	考核独立董事参加会议情况

资料来源:南开大学中国公司治理研究院"中国上市公司治理评价系统"。

三、中国上市公司监事会治理评价指标体系

监事会是上市公司的专设监督机关,完善监事会的监督机制是提高公司治理质量,降低治理风险的关键。从各国公司立法看,尽管对监事会这一履行监督职责的机构称谓不同,有的称为监察人,也有的称为监察役等,但在本质和功能上并无大的差别。我国《公司法》规定,监事会是由股东会选举产生的,履行监督公司业务执行状况以及检查公司财务状况的权力机关。监事会主要职权包括:监督权,监事会有权检查公司业务执行状况以及公司财务状况;弹劾权,监事会有权对违反法律、行政法规、公司章程或者股东大会决议的董事、高级管理人员提出罢免的建议;股东大会的召集权与主持权,监事会有权提议召开临时股东大会会议,在董事会不履行本法规定的召集和主持股东大会会议职责时召集和

主持股东大会会议；提案权，监事会有权向股东大会会议提出提案；起诉权，监事会有权对违反诚信义务的董事、高级管理人员提起诉讼。监事会作为公司内部专门行使监督权的常设监督机构，是公司内部治理结构与机制的一个重要组成部分。监事会监督权的合理安排及有效行使，是防止董事和高管独断专行、保护股东投资权益和公司债权人权益的重要措施。但目前我国上市公司现状是监事会功能不彰，效力不显，监事不独立，未能发挥应有的监督作用，致使监事会在现实中成为花瓶一只。因此，有必要对上市公司的监事会治理状况进行评价，使我国监事会逐步趋于健全与完善。基于此，本部分我们从监事会运行状况、监事会结构与规模和监事胜任能力三个方面对我国上市公司监事会参与治理的状况进行了评价并对监事会治理与公司绩效的关系进行了实证研究。

（一）监事会治理评价相关研究

对于监事会治理评价问题的研究，目前国内外基本上处于空白阶段，造成这种现状的原因是多方面的。

第一，以英美为代表的公司治理模式中没有监事会。在以处于国际主流地位的英美为代表的"一元模式"的公司治理结构中，没有设置监事会，但这并不意味着没有监督机制，其监控主要是通过董事会中下设相关委员会和其中的外部独立董事以及外部市场来实现的。这是与英美国家公众持股公司的股东人数众多、股权高度分散的现状相适应的，由于不可能由各个股东分别或共同监督，大量股东使得代理成本成为一个严重的问题，而且由于搭便车问题的存在，单个股东进行监督的动力不足。因此借助"外脑"力量，即引入外部独立董事对于克服内部利益掣肘不失为明智选择。同时，英美两个国家的经理人市场也比较发达，能够对经营者实施较强的外部监督。因此，尽管国际上一些知名公司治理评价公司，如标准普尔、戴米诺、里昂证券等都已推出了自身的公司治理评价体系，但其中均未单独涉及监事会评价问题。

第二，我国上市公司治理模式的现实状况。从公司治理结构的角度看，我国公司治理模式更接近于大陆法系的"二元模式"，即在股东大会之下设立与董事会相独立的监事会。在国际上以"二元模式"为典型代表的德日等国的监事会与两国证券市场不是很发达、管理层在企业中居于支配性地位为基本特征的公司治理状况相适应。德国实行董事会和监事会分设的双层制，其中监事会具有较强的监督职能。德国《股份法》规定，公司必须有双层制的董事会结构，即管理委员会和监事会，前者负责公司的日常事务，由担任公司实际职务的经理人员组成；后者是公司的控制主体，负责任命管理委员会的成员并且审批公司的重大决策，并监督其行为，但不履行具体的管理职能。日本的监事会制度既不同于英美的单层制，也与德国的双层制有些许不同。在日本，董事会与监事会是并列的机构，二者均由股东大会选举产生，后者对前者进行监督。这些与我国监事会在性质和职权上有着诸多差异,使得来自"二元模式"国家的监事会评价的参考价值也极为有限。

第三,监事会治理评价没有受到足够重视。国内一些证券机构(如海通证券、大鹏证券)在进行中国上市公司治理评价体系研究过程中,主要集中在股东大会治理评价研究(反映在股权结构、股权集中度和股东大会召开情况等方面)、董事会治理评价研究(反映在董事会规模、董事会运作和董事的激励约束等方面)以及信息披露状况方面的评价研究(反映在信息披露的完整性、准确性和有效性),对监事会的评价几乎没有涉及。

对于监事会运行状况评价研究的欠缺,使我们难以判断作为上市公司治理架构三会之一的监事会在公司治理中是否发挥了应有的作用,其治理状况的改进与完善对于提高上市公司治理水平是否发挥着重要的作用,是否如有些专家认为的那样,在嫁接了国外的独立董事制度后,监事会已不再重要甚至是多余的。源于此,考虑监事会在我国公司治理结构中的特殊地位,充分借鉴国际上不同公司治理模式中内部监督经验,结合中国上市公司自身环境条件及改革进程,设计出一套能够客观评价上市公司监事会治理状况的指标体系具有重要的理论与现实意义。

(二) 中国上市公司监事会治理评价指标体系的设计思路

在我国上市公司中,监事会作为公司内部的专职监督机构,以出资人代表的身份行使监督权力,对股东大会负责。公司监事会的性质决定了它不得进行公司业务活动,对外也不代表公司开展业务。例如,德国《股份法》规定:监事会成员不得"同时隶属于董事会和监事会"。我国《公司法》规定董事、经理和财务负责人不得兼任监事,也是为了实现公司权责明确、管理科学、激励和约束相结合的内部管理体制。这种规定是为了保证监事会行使监督权的专一目标。监事会的基本职能是以董事会和总经理为主要监督对象,监督公司的一切经营活动以及财务状况,在监督过程中,随时要求董事会和经理人员纠正违反公司章程的越权行为。对监事会治理的评价我们以"有效监督"为目标,遵循科学性、可行性和全面性的原则,从监事会运行状况、监事会结构与规模和监事胜任能力三个方面,设计了导入独立董事制度补充后的包括11个指标的中国上市公司监事会治理评价指标体系。

1. 运行状况

监事会是否真正发挥作用以及发挥作用的程度是我们关注的焦点,即监事会是否召开过监事会会议,召开过多少次,其次数高于、等于还是低于我国《公司法》所规定的召开次数。据此,我们设计了监事会会议次数来衡量监事会运行状况。

2. 规模结构

良好的监事会规模与结构是监事会有效运行的前提条件,为了保证监事会行使监督权的有效性,首先监事会在规模上应该是有效的,其次监事会成员的构成上也应该有效。为此,我们设计了监事会人数和职工监事设置情况来反映监事会结构与规模状况。

3. 胜任能力

有了结构与机制后,没有具体的要素,整个监事会系统也无法正常运转。监事胜任能力包括监事会主席胜任能力和其他监事胜任能力两个方面。由于上市公司是一个占有庞大经济资源的复杂利益集团,要求监事应具有法律、财务、会计等方面的专业知识或工作经验,具有与股东、职工和其他利益相关者进行广泛交流的能力。监事的学历和年龄等对其开展相应工作的胜任能力也具有重要的影响。监事持股有利于调动其履职的积极性。依据上述思路,我们设置了监事会主席职业背景、监事会主席学历、监事会主席年龄、监事会主席持股状况来评价监事会主席胜任能力;设置了其他监事职业背景、其他监事年龄、其他监事学历以及其他监事持股状况指标来评价其他监事胜任能力。

表 1.5 中国上市公司监事会治理评价指标体系一览表

主因素层	子因素层	说 明
运行状况	监事会会议次数	考核监事会履行工作职能的基本状况
规模结构	监事会人数	考核监事会履行监督职能的人员基础
	职工监事设置情况	考核监事会代表职工行使监督权力的情况
胜任能力	监事会主席职业背景	考核监事会主席职业背景对其胜任能力的影响
	监事会主席学历	考核监事会主席学历对其胜任能力的影响
	监事会主席年龄	考核监事会主席年龄对其胜任能力的影响
	监事会主席持股状况	考核监事会主席持股状况对其胜任能力的影响
	其他监事职业背景	考核监事职业背景对其胜任能力的影响
	其他监事学历	考核监事学历对其胜任能力的影响
	其他监事年龄	考核监事年龄对其胜任能力的影响

资料来源:南开大学中国公司治理研究院"中国上市公司治理评价系统"。

四、中国上市公司经理层治理评价指标体系

经理层治理是从客体视角对上市公司治理状况进行的评价。本部分从经理层的任免制度、执行保障以及激励约束机制三个方面,从不同行业、第一大股东的性质等视角对中国上市公司经理层的治理状况进行评价。

(一) 经理层治理评价相关研究

国际上大多数公司治理评价系统中都将经理层治理方面的评价指标分列于不同的评价结构中。标准普尔公司治理服务系统(2004)将管理层成员的任命、薪酬结构及人

员更换状况作为董事会治理状况进行了反映。公司法与公司治理机构、信息和信用评级代理机构、美国机构投资服务组织(ICLG、ICRA and ISS, 2004)在对跨国公司全球评价标度与内部评价标度上都分别有专门的高管层结构及管理层薪酬与股权状况的评价,经理层的薪酬也一直作为 GMI 对公司治理考察的核心因素。戴米诺公司治理评价系统(2002)则注重公司期权和董事长与 CEO 两职关系情况的测评。里昂证券公司治理评估系统(CLSA)将管理者的高股份激励及股东现金流分配等列入重要的评价范畴。南开大学中国公司治理研究院在设置上市公司治理评价指标系统的初期,将经理层评价作为一个重要维度,CCGI^{NK} 主要从任免制度、执行保障和激励机制三个维度评价中国上市公司高管层治理状况,进行经理层治理指数与绩效指数的回归分析(李维安、张国萍,2003;2005)。随着公司治理评价的深入与优化,公司高管层的监督、约束、变更及效率保障逐渐成为研究重点。

(二) 中国上市公司经理层治理评价指标体系设计思路

经理层治理评价指数由三个维度构成。

1. 任免制度

在经理层治理评价系统中,我们选择总经理的选聘方式、其他高管人员的选聘方式、高管人员的行政度、董事长与总经理的两职设置状况及高管稳定性构建了评价公司经理层任免制度的指标。随着上市公司高管人员选聘制度化程度提高以及高管变更频度的加大,我们强化了高管稳定性的指标评价。

2. 执行保障

经理层的执行保障评价包括总经理及其他高管人员学历指标对经理层的支持保障、学识胜任能力、经理层对日常经营的控制程序、经理层内部控制程度,以及高层经理人员在股东单位或股东单位的关联单位兼职情况等内容,特别地,高层经理人员的兼职情况受到重视。

3. 激励约束

我们从经理层薪酬与股权总量、结构、薪酬及股权与公司业绩的关系等多角度设计指标,从强度和动态性两个角度评测激励与约束程度。

表 1.6 中国上市公司经理层治理评价指标体系

主因素层	子因素层	说　明
任免制度	高管层行政度	考察经理层任免行政程度
	两职设置	考察总经理与董事长的兼职状况
	高管稳定性	考察经理层的变更状况

续表

主因素层	子因素层	说　　明
执行保障	高管构成	考察经理层资格学历状况
	双重任职	考察经理层成员的兼职状况
	CEO 设置	考察经理层中 CEO 设置状况
激励约束	薪酬水平	考察经理层薪酬激励水平
	薪酬结构	考察经理层激励的动态性
	持股比例	考察经理层长期激励状况

资料来源:南开大学中国公司治理研究院"中国上市公司治理评价系统"。

五、中国上市公司信息披露评价指标体系

(一) 信息披露相关研究

"阳光是最有效的消毒剂,电灯是最有效的警察。"一个资本市场的信息透明度越高,资本市场的有效性就越强,投资者就越容易做出有效的投资决策。如果信息是透明的,投资者就可以在事前进行合理的判断,事后进行更好的监督,可以选择到合适的投资或者融资项目,而管理人员也可以得到他们所需的资金。但如果投资者和经理人之间的信息不对称,则会使投资者的闲置资金与投资机会之间的配置无法实现,使资本市场的配置功能失效。

由于信息的不完备,投资者往往根据市场的平均水平估计公司投资项目的投资收益,对于优质项目来说,融资成本过高,这将造成公司的融资约束。梅耶斯和梅吉拉夫(Myers and Majluf, 1984)认为当投资者低估企业的融资证券价值,而管理者无法将一个好的投资机会正确传递给外部投资者时,投资项目将会被搁置。在更为极端的情况下,债券市场上还会出现"信贷配给",即借款人愿意以市场平均利率支付利息,但仍然无法筹集到所需要的全部资金(Stiglitz and Weiss, 1981; Gale and Hellwig, 1985)。通过信息披露缓解了信息不对称,投资者能够更加准确地估计证券价值和项目的风险,对于有良好的投资机会的公司,投资者在购买证券时会要求一个较低的风险溢价,从而降低公司的融资成本;而对于项目风险较高的公司来说,投资者在购买证券时会要求一个较高的风险溢价来弥补其可能遭受的损失,从而提高公司的融资成本。

信息的披露还有利于投资者在投资后对管理层进行监督。投资者所处的信息劣势使得一般投资者难以掌握企业内部充分而真实的信息或者无力支付了解这些信息所需的成本而难以实现对代理问题的有效监督。于是,当投资者不能对自己的投资做到完全的监督,而他们又意识到经理人员会有代理问题时,他们对投资将保持谨慎的态度。这也会导致资本市场的运行低效。

(二) 信息披露的评价

南开大学公司治理评价系统中的信息披露评价体系针对信息披露真实性、相关性、及时性进行评价,在借鉴相关研究成果的基础上,以科学性、系统性和信息披露评价的可行性等原则为指导,以国际公认的公司治理原则、准则为基础,借鉴、综合考虑我国《公司法》《证券法》《上市公司治理指引》,比照《公开发行证券的公司信息披露内容与格式准则第 2 号(2015 年修订)》《企业会计准则》《公开发行股票公司信息披露实施细则》等有关上市公司的法律法规设计评价指标体系。

1. 真实性

真实性指一项计量或叙述与其所要表达的现象或状况的一致性。真实性是信息的生命,要求公司所公开的信息能够准确反映客观事实或经济活动的发展趋势,而且能够按照一定标准予以检验。但信息的真实性具有相对性和动态性,相对真实性体现了历史性,而且相对真实性向绝对真实性接近。一般情况下,作为外部人仅通过公开信息是无法完全判断上市公司资料真实性的,但是可以借助上市公司及其相关人员违规历史记录等评价信息的披露判断真实性。从信息传递角度讲,监管机构和中介组织搜集、分析信息,并验证信息真实性,这种检验结果用于评价信息披露真实性是可行的、合理的。信息披露真实性的评价指标主要包括:年度财务报告是否被出具非标准无保留意见;近三年公司是否有违规行为;公司是否有负面报道;近一年是否有关于当期及前期的财务重述;当年是否因虚假陈述被处罚;内部控制的有效性鉴证情况等。

2. 相关性

信息披露相关性则要求上市公司必须公开所有法定项目的信息,不得忽略、隐瞒重要信息,使信息使用者了解公司治理结构、财务状况、经营成果、现金流量、经营风险及风险程度等,从而了解公司全貌、事项的实质和结果。信息披露的相关性包括形式上的完整和内容上的齐全。信息披露相关性的评价指标主要包括:公司战略是否充分披露;竞争环境是否充分披露;产品和服务市场特征是否充分披露;研发信息是否充分披露;经营风险和财务风险是否充分披露;公司社会责任方面是否充分披露;对外投资项目是否充分披露;取得或处置子公司情况是否充分披露;控股公司及参股公司经营情况是否充分披露;关联交易是否充分披露;内部控制缺陷是否充分披露等。

3. 及时性

信息披露的及时性是指信息失去影响决策的功能之前提供给决策者。信息除了具备真实完整特征之外,还要有时效性。由于投资者、监管机构和社会公众与公司内部管理人员在掌握信息的时间上存在差异,为解决获取信息的时间不对称性可能产生的弊端,信息披露制度要求公司管理当局在规定的时期内依法披露信息,减少有关人员利用内幕信息进行内幕交易的可能性,增强公司透明度,降低监管难度,有利于规范公司管理层经营行为,保护投资者利益;从公众投资者来看,及时披露的信息可以使投资者做出理性的价值判断和投资决策;从上市公司本身来看,及时披露信息使公司股价及时调整,保证交易的连续和有效,减少市场盲动。信息披露及时性评价指标主要通过上市公司年度报告获得,包括年度报告公布的时滞、当年是否有延迟披露处罚等。

表 1.7 中国上市公司信息披露评价指标体系一览表

主因素层	子因素层	说明
真实性	年度财务报告是否被出具非标准无保留意见	考察公司财务报告的合法性和公允性
	违规行为	考察公司在近三年是否有违规行为
	有无负面报道	考察是否有媒体对公司进行负面报道
	有无财务重述	考察公司近一年是否有关于当期及前期的财务重述
	虚假陈述被处罚	考察公司当年是否有虚假陈述被处罚
	内控有效性鉴证情况	考察公司内部控制的有效性
相关性	公司战略	考察公司是否充分披露了有关公司战略的信息
	公司竞争环境分析	考察公司是否充分披露了有关公司竞争环境的信息
	产品和服务市场特征	考察公司是否充分披露了有关产品和服务市场特征的信息
	公司风险	考察公司是否充分披露了有关公司的经营风险和财务风险的信息
	公司社会责任	考察公司是否充分披露了有关公司社会责任的信息
	对外投资项目	考察公司是否充分披露了有关对外投资项目的信息
	子公司取得或处置情况	考察公司是否充分披露了有关取得或处置子公司情况是否充分披露的信息
	控股及参股公司经营情况	考察公司是否充分披露了有关控股及参股公司经营情况的信息
	关联交易	考察公司是否充分披露了有关关联交易的信息
	内部控制缺陷披露	考察公司是否充分披露了有关内部控制缺陷的信息
及时性	年度报告公布的时滞	反映信息披露是否及时
	延迟披露处罚	考察公司是否有延迟披露

资料来源:南开大学中国公司治理研究院"中国上市公司治理评价系统"。

六、中国上市公司利益相关者治理评价指标体系

20 世纪 80 年代之前,企业的经营宗旨是股东利益最大化,公司治理研究的问题主

要是围绕如何建立合理的激励和约束机制,将代理人的道德风险问题降至最低限度,最终达到公司价值最大化。80年代以来,随着企业经营环境的变化,股东、债权人、雇员、消费者、供应商、政府、社区居民等利益相关者的权益受到企业经营者的关注,公司治理也转变为利益相关者的"共同治理"(Blair and Kruse,1999)模式。李维安(2005)指出,所谓公司治理是指通过一套包括正式或非正式的、内部或外部的制度或机制来协调公司与所有利益相关者之间的利益关系,以保证公司决策的科学化,从而最终维护公司各方面利益的一种制度安排。公司治理的主体不仅局限于股东,而是包括股东、债权人、雇员、顾客、供应商、政府、社区等在内的广大公司利益相关者。对利益相关者治理的评价有利于我们了解目前中国上市公司利益相关者参与治理的状况以及公司与利益相关者的协调状况。根据利益相关者在公司治理中的地位与作用,并且考虑到评价指标的科学性、可行性,我们设置了利益相关者评价指标体系,主要考察利益相关者参与公司治理程度和公司与利益相关者之间的协调程度。

(一)利益相关者治理评价相关研究

目前,在公司治理中充分考虑利益相关者的权益,鼓励利益相关者适当参与公司治理已经成为广为接受的观点。1963年,斯坦福大学一个研究小组(SRI)提出了"利益相关者"(Stakeholders),指那些没有其支持,组织就无法生存的群体(Freeman and Reed,1983)。但在当时管理学界并未引起足够的重视。20世纪80年代以后,随着企业经营环境的变化,股东、债权人、员工、消费者、供应商、政府、社区居民等利益相关者的权益受到企业经营者的关注,公司在经营管理中对利益相关者的关注日益提高,消费者维权运动、环境保护主义及其他社会活动取得了很大的影响,公司对员工、社区及公共事业关注力度大大提高,公司治理也由传统的股东至上的"单边治理"模式演化为利益相关者"共同治理"模式。布莱尔(Blair,1995)认为,公司应是一个社会责任的组织,公司的存在是为社会创造财富。公司治理改革的要点在于:不应把更多的权利和控制权交给股东,"公司管理层应从股东的压力中分离出来,将更多的权利交给其他的利益相关者"。

英国的《哈姆佩报告》(Hampel Report,1998)、经济合作与发展组织(OECD)于1999年6月推出的《OECD公司治理原则》(OECD Principles of Corporate Governance)、美国商业圆桌会议(The Business Roundtable)公司治理声明等重要的公司治理原则都把利益相关者放在相当重要的位置。2006年3月,欧盟委员会在布鲁塞尔发起"欧洲企业社会责任联盟"的倡议,由企业主导,对所有的欧洲企业开放,旨在促进和鼓励企业社会责任实践,并为企业的社会责任行为提供相关支持。2006年4月27日,联合国全球契约(UN Global Compact)在纽约发布了"责任投资原则"(Principles for Responsible Investment)。来自16个国家,代表着世界领先的、拥有超过2万亿美元资产的投资机构的领导者在纽约证券交易所正式签署了该项原则。依据该原则,机构投资者承诺,在受托人职责范围内,将把环境、社会和公司治理(ESG)因素引入到投资分析和决策过程中,促进本原则在投资领域中的认同和应用,共同努力提高本原则的有效性,各自报告履行本原则所采取的行动和有关进展报告。2004年6月,ISO在瑞典召开会议研究制定ISO26000,它是适用于包括政府在内的所有社会组织的"社会责任"指导性文件(标准),标准包括社会责任的7个方面内容,即组织治理、人权、劳工权益保护、环境保护、公平经营、消费者权益保护以及参与社区发展。

虽然目前利益相关者问题在公司治理研究中居于重要地位,但国内外涉及并强调利益相关者的公司治理评价体系并不多。标准普尔公司治理评价指标体系(Standards and Poor's Company,1998)中涉及了"金融相关者",但仅仅指股东,并未涉及其他利益相关者。里昂证券(亚洲)公司的评价体系主要关注公司透明度、对管理层的约束、董事会的独立性和问责性、对中小股东的保护等方面,涉及债务规模的合理控制以及公司的社会责任,一定程度上注意到了利益相关者问题。而戴米诺公司和国内海通证券的公司治理评价体系则没有具体涉及利益相关者问题。南开大学中国公司治理原则研究课题组于2001年《〈中国公司治理原则(草案)〉及其解说》一文中指出,中国公司必须构筑以股东、经营者、职工、债权人、供应商、客户、社区等利益相关者为主体的共同治理机制,保证各利益相关者作为平等的权利主体享受平等待遇,并在构建中国公司治理评价体系中,将利益相关者治理纳入进来。利益相关者治理这一维度包括利益相关者参与公司治理的程度和公司与利益相关者的协调程度,它为我们研究公司治理问题提供了坚实的基础。

(二) 中国上市公司利益相关者治理评价指标体系设计思路

根据利益相关者在公司治理中的地位与作用,并且考虑到评价指标的科学性、可行性、完整性,我们设置包括利益相关者参与性指标和协调性指标两大部分的利益相关者评价指标体系。其中利益相关者参与性指标分为:公司员工参与程度和公司投资者关系管理。利益相关者协调性指标包括:公司社会责任履行、公司和监督管理部门的关系、公司诉讼与仲裁事项。下面具体介绍一下各指标的含义。

1. 参与程度

利益相关者参与性指标主要评价利益相关者参与公司治理的程度和能力,较高的利益相关者参与程度和能力意味着公司对利益相关者权益保护程度和决策科学化程度的提高。公司员工参与程度:员工是公司极其重要的利益相关者,在如今人力资本日益受到关注的情况下,为员工提供有效途径参与公司的重大决策和日常经营管理,有利于增强员工的归属感,提高员工忠诚度并激励员工不断实现更高的个人目标和企业目标。

我们用员工持股比例这个指标来考察职工的持股情况,这是公司员工参与公司治理的货币资本和产权基础,员工持股计划也是对员工进行产权激励的重要举措。我国《公司法》明确规定,监事会应当包括股东代表和适当比例的公司职工代表,其中职工代表的比例不得低于三分之一。职工监事有利于强化对公司董事及高管的权力约束,维护职工权益。我们通过员工持股比例和职工监事比例来考察公司员工参与公司治理的程度。公司投资者关系管理:投资者关系管理是指公司通过及时的信息披露,加强与投资者之间的沟通与交流,从而形成公司与投资者之间良好的关系,实现公司价值最大化。在我国,上市公司投资者关系管理体系还处于发展阶段。我们设置如下指标考察上市公司的投资者关系管理状况:公司网站的建立与更新,考察公司投资者关系管理信息的披露与交流渠道的建立与通畅状况;公司投资者关系管理制度及其执行,考察公司投资者关系管理制度建设以及是否由专人或专门的部门负责投资者关系管理。设有专门的投资者关系管理制度和投资者关系管理部门有利于促进投资者关系管理工作的持续有效开展。

2. 协调程度

利益相关者协调性指标考察公司与由各利益相关者构成的企业生存和成长环境的关系状况和协调程度,它主要包括公司社会责任履行状况、公司和监督管理部门的关系和公司诉讼与仲裁事项三个分指标。公司社会责任履行状况:重视企业社会责任,关注自然环境的保护和正确处理与社区、社会的关系,是企业追求长远发展的必备条件。在此,主要通过如下七个指标考察公司社会责任的履行状况:公司公益性捐赠支出,可以考察上市公司对社会及所处社区的贡献;是否披露社会责任报告,可以考察公司社会责任工作重视程度和履行成效;社会责任报告是否经第三方机构审验,反映社会责任报告披露可靠性;债权人权益保护,考察公司对于债权人权益保护程度;供应商权益保护,考察公司对于供应商权益保护程度;客户及消费者权益保护,考察公司对于公司客户及消费者权益保护程度;社会公司环境保护措施,反映上市公司对所处自然环境的关注与保护。公司和监督管理部门的关系:企业从事合法经营,必须履行相应的法律责任,因此协调并正确处理公司和其监管部门的关系至关重要。我们通过公司所收到的自沪深证券交易所、证监会、财政部等监管部门的违规和处罚情况,考察上市公司和其所处的监督管理环境的和谐程度。公司诉讼与仲裁事项:通过考察公司诉讼、仲裁事项的数目及其性质,可以一定程度上考察上市公司与特定利益相关者之间的关系紧张程度。

南开大学中国公司治理研究院关于中国上市公司利益相关者治理评价的指标体系已经经过了多年的应用,并在应用过程中不断地调整和优化,该指标体系已经比较成熟和稳定。但是利益相关者治理是一个动态的过程,它随着各利益相关者之间的博弈和权衡而不断变化,利益相关者治理评价指标体系不可能完全固定下来,而应该随着环境的变化及时调整部分评价指标,使得利益相关者治理评价指标体系能够更科学、客观地反映我国上市公司利益相关者治理的状况,同时对我国上市公司利益相关者治理的改善和提高起到引导的作用。为了保证中国上市公司治理评价的科学性、客观性、公正性和连续性,对利益相关者治理评价指标体系的调整和优化是本着审慎的原则进行的,对于需要调整的指标则通过专家讨论,并在广泛听取各方面意见的基础上,本着科学和实事求是的原则谨慎调整和优化。鉴于上述原则,对利益相关者治理评价的主因素层保持稳定,依然是利益相关者参与程度和利益相关者协调程度两个指标来评价,而子因素层则根据公司治理环境的变化进行了局部优化和调整,使得评价结果能够保持连续性,但调整和优化的程度较小。

表 1.8 中国上市公司利益相关者治理评价指标体系一览表

主因素层	子因素层	说 明
参与程度	公司员工参与程度	考察职工的持股、职工监事设置情况
	公司投资者关系管理	考察公司网站的建立与更新状况和公司投资者关系管理制度建设情况
协调程度	公司社会责任履行	考察上市公司社会责任的履行和披露情况、上市公司对主要利益相关者的关注与保护
	和公司监督管理部门的关系	考察上市公司和其所处的监督管理环境的和谐程度,涉及上市公司和一部分利益相关者的关系状况
	公司诉讼与仲裁事项	考察上市公司和特定利益相关者之间的关系紧张程度

资料来源:南开大学中国公司治理研究院"中国上市公司治理评价系统"。

第二章 基于公司治理指数开展的相关研究

公司治理评价的最终目的在于为公司治理研究和实践提供参考和指导。在理论界,国内外的学者应用不同的方法构建公司治理指数,并在此基础上对公司治理不同维度的指标及其影响进行了富有实际意义的描述和研究。

第一节 国内基于公司治理指数开展的相关研究

一、基于公司治理总体评价指数的相关研究

南开大学中国公司治理研究院课题组(2003)的研究从公司治理实务需求的角度出发,追溯公司治理实务与理论研究发展历程,在此基础上对国际著名公司治理评价系统进行了比较,并提出了适合中国公司治理环境的公司治理评价指标体系——$CCGI^{NK}$。$CCGI^{NK}$以指数的形式,通过对公司治理影响因素的科学量化,全面、系统、连续地反映上市公司治理状况。在借鉴了国外一流公司治理评价指标体系、充分考虑中国公司治理特殊环境的基础上,$CCGI^{NK}$从股东权益、董事会、监事会、经理层、信息披露、利益相关者6个维度,构建了包括6个一级指标、20个二级指标、80余个三级指标的评价体系。

在$CCGI^{NK}$的基础上,学者展开了各种富有实际意义的研究。例如,南开大学中国公司治理研究院公司治理评价课题组(2004)在对模型的稳定性与可靠性检验的基础上,对中国上市公司治理状况进行了实证分析。研究结果表明:股权结构是决定公司治理质量的关键因素,国有股一股独大不利于公司治理机制的完善;良好的公司治理将使公司在未来具有较高的财务安全性、有利于公司盈利能力的提高,投资者愿意为治理状况好的公司支付溢价。

基于2003年的评价样本,李维安和唐跃军(2006)发现,上市公司治理指数对总资产收益率、每股净资产、加权每股收益、每股经营性现金流量、总资产周转率、总资产年度增长率、财务预警值均有显著的正面影响,这表明拥有良好的公司治理机制有助于提

升企业的盈利能力、股本扩张能力、运营效率、成长能力,有助于增强财务弹性和财务安全性。公司治理中所涉及的控股股东治理、董事会治理、经理层治理、信息披露、利益相关者治理、监事会治理机制,在很大程度上决定了上市公司是否能够拥有一套科学的决策制定机制与决策执行机制,而这将对公司业绩和公司价值产生直接而深远的影响。李维安、张立党和张苏(2012)利用 CCGI^{NK}的评价结果,通过实证分析发现,高水平的公司治理能够降低投资者的异质信念程度,从而降低股票的投资风险。郝臣等(2016)利用 CCGI^{NK}的评价结果对我国上市金融机构进行了实证研究,他们发现公司治理质量的提升对上市金融机构财务绩效的提升和风险承担的控制均有显著作用,但仅董事会治理分维度的指标体现出显著影响。

除了南开大学中国公司治理研究院的 CCGI^{NK}之外,国内的许多其他学者也在公司治理指数构建和相关研究方面做出了有益的尝试。例如,白重恩、刘俏和陆洲等(2005)综合考虑了公司治理内、外部机制,运用主元因素分析法集合 8 个指标构建了公司治理指数(G 指数)。并通过实证研究发现,治理水平高的企业其市场价值也高;投资者愿为治理良好的公司付出相当可观的溢价。郝臣(2005;2009)聚焦于公司的股东、董事会、监事会、经理层的治理特征,分别构建了公司治理指标,并分别对民营控投上市公司样本和上市公司总体样本进行了实证分析。结果表明,民营控股上市公司治理指数与公司绩效指标之间存在显著的正相关关系,并且治理指数对公司绩效指标有显著的解释力。对于总体样本来说,当期公司治理具有相对价值相关性和较低的增量价值相关性,而前期公司治理只具有相对价值相关性。ST 公司的治理价值相关性原理与一般上市公司存在差异。

上述结论说明我国投资者在投资决策时已经开始考虑公司治理因素。方红星和金玉娜(2013)则从监督和激励两个角度选取公司治理成分指标,发现公司治理对公司非效率投资具有明显的抑制作用,特别是对意愿性非效率投资的抑制效果更为显著。鲁桐等(2014)聚焦于中小板和创业板上市公司,综合股权结构与股东权利、董事会和监事会运作、信息披露与合规性以及激励机制四个方面对上市公司治理水平进行系统评估,他们发现公司治理与公司业绩存在正相关关系,其中激励约束机制特别是高管与核心技术人员的股权激励是影响上市公司绩效的重要因素(鲁桐、吴国鼎,2015)。韩少真、潘颖和张晓明(2015)构建了包括董事会治理、管理层治理、股东治理、会议治理四个维度的公司治理指标体系,并发现公司治理对公司绩效具有正向影响,这一影响在民营企业中更加显著。韩少真和潘颖(2016)的研究进一步表明,较高的治理水平不仅能显著提高公司的债务可得性和长期债务比例,还能显著降低公司的债务成本。傅传锐(2016)构建了包括股权治理、董事会治理和高管激励在内的公司治理综合指数,证明了公司治理机制对公司智力资本价值创造的积极作用。

二、基于公司治理不同维度评价指数的相关研究

除公司治理总体指标外,国内学者对于国内公司的董事会、监事会、经理层、股权结构和利益相关者等有关治理指标进行了专门的研究。

李维安和王世权(2005)在对现有监事会评价理论与实践回顾基础上,结合中国自身环境条件及改革进程,设计了中国上市公司监事会治理绩效评价指标体系,并且利用调研数据,对上市公司监事会治理水平进行了评价与实证研究。结果显示,监事会治理总体水平较低,不同行业、不同企业性质之间的治理水平存在着很大差别,大股东的持股比例亦对监事会治理的有效性具有显著影响。

李维安和唐跃军(2005)设置了利益相关者治理评价指标考察中国上市公司利益相关者参与公司治理和利益相关者权益的保护状况,并构建了利益相关者治理指数。进一步的实证研究表明,利益相关者治理指数对每股收益(EPS)、净资产收益率(ROE)、股本扩张能力(NAPS)均有显著的正面影响,这表明上市公司良好的利益相关者治理机制和较高的利益相关者治理水平有助于增强公司的盈利能力,进而提升包括股本扩张能力在内的企业成长与发展潜力。同时,利益相关者治理机制所涉及的五个方面对企业业绩和企业价值也存在重要影响。因此,他们建议在公司治理中考虑利益相关者的权益,鼓励利益相关者适当而有效地参与公司治理和管理。

沈艺峰、肖珉和林涛(2009)基于1432家上市公司2007年公布的"自查报告和整改计划"从大股东、董事会监事会、经理层以及投资者法律保护四个方面对上市公司治理情况进行归纳和整理,从中提取出有用信息,综合反映目前我国上市公司治理情况和问题。

王福胜和刘仕煜(2009)对上市公司的股权结构、集中度、资本结构、董事会独立性等公司治理要素与公司成长、盈利能力之间关系的综合考量基础上,通过引入DEA模型来描述公司治理效率,进而构建了有关公司治理效率评价的指标体系。

安占强(2009)基于构建上市公司的经理层激励机制、股权结构、股权集中度、董事会及股东大会这四个治理维度,利用因子分析法和旋转矩阵分析的方式,构建了一个包含十个治理变量的综合指数。

魏明海、柳建华和刘峰(2010)从法律与证券市场监管、地区治理环境和公司治理三个层次综合衡量上市公司质量。在法律与证券市场监管方面,分别从证券市场立法、证券市场监管以及法律和监管制度执行三个角度构造17项指标衡量;在地区治理环境上,分别从地方政府治理和中介组织发展两个角度构造6项指标衡量。

程新生、谭有超和刘建梅(2012)通过构建对公司非财务信息披露质量的评价指标,探究了其与公司外部融资与投资效率的关系。他们发现,外部融资是非财务信息和投资效率之间的中介变量,但同时又受到了外部制度约束的影响。

高明华、苏然和方芳(2014)构建了包含董事会结构、独立董事独立性、董事会行为和董事激励与约束4个一级指标和37个二级指标的中国上市公司董事会治理评价指标体系,发现董事会治理对公司绩效、公司合规性、代理成本和盈余市场反应具有显著的正向影响,且非国有优于国有。高明华和谭玥宁(2014)利用上述指标进一步讨论了董事会治理与代理成本的关系,他们发现董事激励与约束是降低代理成本的关键因素,但是在国有控股公司中这一效应并不显著,且国有公司董事会结构的完善反而会提高代理成本。

王鹏程和李建标(2014)检验了利益相关者治理与企业融资约束的关系。他们发现企业利益相关者治理能够有效缓解企业融资约束,不同利益相关者治理行为对融资约束的影响存在差异,而且对国有企业和民营企业的影响也不同。

傅传锐和洪运超(2018)检验了公司治理水平与智力资本信息披露间的相关性以及产品市场竞争对这种关系的调节效应。他们发现,无论是整体公司治理水平的提高,还是股权治理、董事会与监事会治理、管理层激励等分维度治理水平的提高,都能够显著提升企业智力资本自愿信息披露水平,但不同维度公司治理机制与产品市场竞争间的关系存在异质性,即产品市场竞争与股权治理、管理层激励存在互补关系,和董事会与监事会治理存在替代关系。

王曙光、冯璐和徐余江(2019)检验了混合所有制改革背景下,企业不同股权占比与公司治理水平的关系。他们发现,国有股权占比与公司治理指数呈U型关系,私营化或国有化程度与公司治理水平呈正相关关系,在计算公司治理指数时,只考虑反映内部机制的三个主要方面:股权结构治理水平、董事会治理水平与高管薪酬治理水平,并采用主成分分析法将这三个方面进行拟合。

张宁和才国伟(2021)探究了沪深两地国资委与国有资本投资运营公司及其投资企业三层监管架构之双向治理路径。其结论表明在自上而下的治理路径中,监管系统和战略系统的构建与层层传导是核心作用机制;而在自下而上的治理路径中,国有资本投资运营公司会在内外部系统的动态平衡中建构自身的监管和战略系统,并将体制机制改革诉求与业务战略调整方向以向上反馈影响的方式参与治理。

祝继高、李天时和Yang Tianxia(2021)利用上市公司董事投票数据对非控股股东董事的监督动机和监督效果进行分析。他们通过检验非控股股东董事投非赞成票的监督效果发现非控股股东董事投非赞成票能降低上市公司的代理成本、提高上市公司的经营效率和企业价值。同时非控股股东董事的监督对独立董事履行监督职能具有溢出效应，且这一效应在经营风险较高的公司中，以及当独立董事和非控股股东董事的职业背景相似时更显著。

第二节 国外基于公司治理指数开展的相关研究

一、基于学者构建的公司治理评价指数的相关研究

国外最早的公司治理评价研究可追溯到 20 世纪 50 年代。1950 年，杰克逊·马丁德尔提出了董事会绩效分析。1952 年，美国机构投资者协会设计出了第一套正式评价董事会的程序。但直到 20 世纪 90 年代末，公司治理评价研究才真正引起学术界和实务界的关注。

冈珀斯、石井和梅特里克（Gompers, Ishii and Metrick, 2003）构建的 G 指数被认为在公司治理评价研究领域具有里程碑的意义。他们把美国投资者责任研究中心（Investor Responsibility Research Center, IRRC）提出的 24 项公司治理条款从延缓敌意收购的战术、投票权、董事/管理层保护、其他接管防御措施以及国家法律 5 个维度加以区分，并根据公司的实际情况对这些条款进行赋值，然后把每项条款的得分进行加总从而形成 G 指数。G 指数越高表示股东权利越小。他们依据 G 指标对样本公司分组并进行了对比。实证结果表明，股东权利与公司价值呈现正相关关系。廖和林（Liao and Lin, 2016）的研究采用了相同的 G 指数，他们发现在股东权利保护好的公司中，R & D 投资计划的公布会带来更高的财富效应。

别布互克、科恩和费雷尔（Bebchuk, Cohen and Ferrell, 2004; 2009）在深入分析 G 指数中 24 项公司治理条款的基础上，选出了能够充分反映股东投票权限制以及敌意收购防御的六项重要条款，并进行 0 或 1 的赋值，构建了壕沟指数（entrenchment index，简称 E 指数）。E 指数主要涵盖交错选举董事条款（staggered board provision）、股东修订公司章程的限制、毒丸计划、金色降落伞计划以及兼并和修订公司章程遵循绝对多数原则的规定等要素。他们利用 IRRC 的数据，证实了 E 指数与股票收益、公司价值（以托宾 Q 值来衡量）正相关。

克雷默斯和费雷尔（Cremers and Ferrell, 2009）利用 G 指数和 E 指数，以 IRRC 等提供的数据检验了公司治理对公司价值以及股票收益率的影响，他们在控制公司固定效应和年度固定效应之后研究发现，G 指数和 E 指数与公司价值之间存在显著的负相

关性,也就是说良好的公司治理与股票收益率之间存在显著的正相关性。同时,随着市场对良好公司治理重要性认知的增强,股票收益率有所下降。

别布互克、科恩和王(Bebchuk, Cohen and Wang, 2010)的实证研究则显示,1991—1999年G指数和E指数与异常股票收益正相关,而2001—2008年两者并没有表现出直接的显著关系,最后他们提出"学习假说"(Learning Hypothesis)来解释相关性消失现象。

阿曼、奥施和施密德(Ammann, Oesch and Schmid, 2011)利用GMI编制的64个公司治理特征,采用相加指数法和主成分分析法分别构建了公司治理指数,并在此基础上开展公司治理评价的跨国实证研究。

布莱克、德卡瓦略和桑帕约(Black, De Carvalho and Sampaio, 2014)构建了巴西公司治理指数(BCGI),并以之对2004年、2006年和2009年巴西上市公司的治理质量进行了评价。他们的指标包括董事会结构、所有权结构、董事会运作、小股东权益保护、关联交易和信息披露6个维度的指标。通过实证研究他们发现,他们的指标中与上市要求相同的部分会提升公司价值,上市要求中没有提及的则不会提升公司价值。

范和于(Fan and Yu, 2011)构建了公司治理偏离指数(CGD),他们通过观察1家公司在董事会特征、审计、反并购和高管薪酬与股权等方面与公司所在国其他公司相比所偏离的程度来评价公司治理的质量。他们发现,与传统公司治理评价方法相比,CGD更加适用于大陆法国家公司治理水平的评价。

达斯(Das, 2012)针对印度公司的特点构建了公司治理指标,包括股权结构、董事会、经理层薪酬、监事会公司控制权市场、信息披露等相关指标,并将印度公司的数据与发达国家公司的数据进行了国际比较。

法拉塔和迪金斯(Fallatah and Dickins, 2012)综合了董事会结构、高管激励等指标,构建了针对沙特阿拉伯上市公司的公司治理评价指数,并发现公司治理水平对公司绩效和公司价值具有显著的提升作用。

马尔卡维、皮莱和巴蒂(Al-Malkawi, Pillai and Bhatti, 2014)的研究通过构建公司治理指数(CGI)评价和分析了海湾阿拉伯国家合作委员会(GCC)国家上市公司的公司治理质量。他们的指标包括了信息披露、董事会有效性和股东权利3个维度30个指标的内容。

纳塔拉加、阿里和刘等(Nadarajah, Ali and Liu et al., 2016)构建了包括17个指标在内的公司治理指数,并通过实证研究发现,公司治理质量与财务杠杆之间呈现负相关关系,并且只有在股票流动性高的公司中,这一关系才是显著的。

阿拉拉特、布莱克和尤尔托卢(Ararat, Black and Yurtoglu, 2016)构建了土耳其公司治理指数。他们的指数包括了董事会结构、董事会程序、信息披露、股权结构和股东权利5个维度的指标。他们发现,公司治理指数高的土耳其上市公司具有更高的市场价值和盈利水平,而信息披露指数在其中起主导作用。

李、杨和于(Li,Yang and Yu,2017)的研究构建了包括董事会责任、财务披露与内控、股东权利、高管薪酬和公司行为5个维度、43个指标在内的公司治理指数,并通过研究发现,在中国上市公司中,好的公司治理不仅会提升竞争性行业公司的价值。

利奥波德、布劳内和希尔科诺瓦(Leopold,Braune and Hikkerova,2018)对2002—2014年间355家总部设在欧洲的公司进行了抽样,评估了公司治理所涉及的各种指数与这些公司所支持的系统性风险之间的关系,探讨公司治理机制对公司财务盈利能力波动的影响。研究结果表明,本文所建立的综合治理指标仅在10%的阈值上有显著性。该变量对公司系统风险的影响为1/10。将这一指数分解为5个变量表明,管理层对股东的承诺以及董事会在执行其监督任务方面的有效性很可能会降低(但在一定程度上)公司承担的风险。

科斯玛、马斯特罗莱奥和施魏策尔(Cosma,Mastroleo and Schwizer,2018)提出了一种不同的评价公司治理质量的方法,以克服以往评级体系在概念和方法上的局限性,为监测和决策提供一个简明的索引。该模型强调了行为特征和群体动态在公司治理中的重要性,并综合体现了与其他结构和组织要素的结合。该模型在实际和客观的决策过程中代表了影响公司治理质量的所有因素(结构和行为),是支持"董事会审查"和评估与特定决定相关的公司治理质量增加的灵活和有用的管理工具。主管人员可以用董事和经理填写的访谈/问卷取代或综合专家的意见,或通过直接观察,来评估公司治理是否适当。

埃尔维斯、伊尔马兹和克劳迪奥(Elvis,Yilmaz and Claudio,2019)引入了系统可靠性理论,以恰当地模拟企业在公司治理方面的行为。他们对公司治理框架进行评估,通过将其输入作为组件(无论是处于运行状态还是失败状态)与公司特征进行映射,以确定一个近似的结构函数,该函数能够交替地对系统的功能进行建模,量化其可靠性并检测关键组件。以2002—2014年间1 109家美国上市公司为样本,将财务和非财务信息作为公司治理体系的组成部分,并将资产收益率作为系统输出,研究结果印证了该映射方法的优势,此文所提议的方法也适用于其他非工程子系统的建模。

二、基于评价机构构建的公司治理评价指数的相关研究

国外的许多评价机构也构建和发布了各自的公司治理指数。例如,美国机构股东服务公司(ISS)依据董事会及其主要委员会的结构和组成、公司章程和制度、公司所属

州的法律、管理层和董事薪酬、相关财务业绩、最佳公司治理实践、管理层持股比例、董事受教育水平等指标构建了公司治理指数。国际管理评级机构(GMI)的公司治理指数则更加侧重于信息透明度与披露(含内部监控)、董事会问责制、企业社会责任、股权结构与股权集中度、股东权利、管理层薪酬、公司行为等因素。

乔克哈里亚和莱文(Chhaochharia and Laeven, 2009)、阿加沃尔等(Aggarwal et al., 2010)利用 ISS 提供的公司治理评价得分,阿什博-斯凯夫和拉丰(Ashbaugh-Skaife and Lafond, 2006)、德瓦尔和弗尔维梅林(Derwall and Verwijmeren, 2007)利用 GMI 提供的治理评价得分检验了公司治理与公司价值、股票收益、股权资本成本、财务风险等变量之间的关系,研究结果基本证实了公司治理对公司表现的积极作用。巴拉苏、布拉马尼亚姆、布莱克和康纳(Balasubramaniam, Black and Khanna, 2010)利用 2006 年印度公司治理调查,从董事会结构、信息披露、关联方交易、股东权利、董事会程序等方面对公司治理进行评价。埃杜尔和卡拉(Erdur and Kara, 2014)利用土耳其伊斯坦布尔交易所(BIST)发布的公司治理指数(XKURY)中的利益相关者分指标进行研究,他们发现企业社会责任对公司价值和财务绩效具有显著的积极影响。库尔特、贝内尔和尤瑟夫(Kurt, Bener and Yusuf, 2016)的研究则发现了 XKURY 指数与公司股票长期回报的正相关关系。另一方面,艾丁和厄兹鲁(Aydin and Ozcan, 2015)使用 XKURY 数据的研究发现,公司财务绩效良好的公司表现出更高的公司治理水平。巴拉戈贝(Balagobei, 2020)考察了公司治理对斯里兰卡上市银行不良贷款的影响,发现董事会活动对斯里兰卡上市银行的不良贷款有显著影响,而董事会规模、董事会独立性和首席执行官双重性等其他公司治理变量对不良贷款没有显著影响。莱恩(Lehn, 2021)研究了公司治理与公司对环境适应能力之间的关系,发现某些经常被视为增加代理成本的治理结构反而能够增强公司对环境的适应能力,进而提高公司的绩效和生存机会。

第三节 基于公司治理指数研究小结

如表 2.1 所示,目前国外已经有众多的学者和机构构建了公司治理指数,并开展了基于指数的相关研究。用公司治理指数作为公司治理评价的工具并开展研究已经成为国际理论界和实务界的共同趋势。

反观我国的公司治理指数研究,在研究的多样性上与发达国家有较大的差距。目前我国连续多年发布并得到广泛关注和应用的公司治理指数仅有南开大学中国公司治理研究院发布的 $CCGI^{NK}$。目前国内大部分基于公司治理指数的研究所采用的都是这一指数的数据。

在公司治理指数的应用方面,目前多数研究聚焦于公司治理指数与公司绩效指标之间的关系,多数研究观察到了公司治理指数与公司绩效之间的正相关关系。现有的许多研究已经开始关注公司治理指数的有效性以及公司治理的内生性问题,并采取了联立方程、工具变量等手段对这些问题进行控制。

表 2.1 国内外的主要公司治理评价指数汇总

评价机构或作者(年份)	主要评价内容	评价方法	评价对象
南开大学中国公司治理研究院(2003至今)	股东权益、董事会、监事会、经理层、信息披露、利益相关者	专家评分 层次分析 加权分析	中国上市公司
潘福祥(2004)	外部机构的审核评价、股权结构、董事会治理机制和经理人员激励情况	层次分析	中国上市公司
施东晖和司徒大年(2004)	控股股东行为、关键人选聘和激励与约束、董事会结构与运作和信息披露透明度	加权分析	中国上市公司
白重恩、刘俏和陆洲等(2005)	董事会、高管薪酬、股权结构、及财务信息披露和透明度、企业控制权市场、法制基础和中小投资者权益保护、产品市场的竞争程度	主元分析	中国上市公司
沈艺峰等(2009)	大股东、董事会监事会、经理层以及投资者法律保护四个方面对上市公司治理情况进行归纳和整理	综合计分	中国上市公司
魏明海、柳建华和刘峰(2010)	法律与证券市场监管、地区治理环境和公司治理三个层次综合衡量	综合计分	中国上市公司
冈珀斯、石井和梅特里克(Gompers, Ishii and Metrick, 2003)	延缓敌意收购的战术、投票权、董事/管理层保护、其他接管防御措施以及国家法律	综合计分	IRRC 数据库
别布互克、科恩和费雷尔(Bebchuk, Cohen and Ferrell, 2004; 2009)	交错选举董事条款、股东修订公司章程限制、毒丸计划、金色降落伞计划、兼并和修订公司章程遵循绝对多数原则的规定	综合计分	IRRC 数据库
贝纳尔、罗伯茨、施密德和齐默尔曼(Beiner, Drobetz, Schmid and Zimmermann, 2006)	公司治理承诺、股东权利、信息透明度、董事会和管理层、财务报告和审计	综合计分	瑞士上市公司
布朗和卡勒(Brown and Caylor, 2006)	审计、董事会章程/制度、董事培训、激励、所有权、累积实践、公司形式	综合计分	美国上市公司

续表

评价机构或作者(年份)	主要评价内容	评价方法	评价对象
乔克哈里亚和莱文(Chhaochharia and Laeven, 2009)	累积投票权、董事会轮选制、临时股东大会召集权、毒丸计划、审计委员会独立性、董事会独立性、提名委员会独立性、连锁董事	综合计分	ISS 数据库中30个国家数据
阿曼、奥施和施密德(Ammann, Oesch and Schmid, 2011)	董事会责任、财务披露和内部控制、股东权利、薪酬、公司控制权市场、公司行为	综合计分 主成分分析	GMI 数据库中22个国家数据
布莱克、德卡瓦略和桑帕约(Black, De Carvalho and Sampaio, 2014)	董事会结构、所有权结构、董事会运作、小股东权益保护、关联交易和信息披露	综合计分	巴西上市公司
马尔卡维、皮莱和巴蒂(Al-Malkawi, Pillai and Bhatti, 2014)	信息披露、董事会有效性和股东权利	综合计分	海湾阿拉伯国家合作委员会(GCC)国家上市公司
鲁桐等(2014)	股权结构与股东权利、董事会和监事会运作、信息披露与合规性以及激励机制	综合计分	中小板和创业板上市公司
韩少真、潘颖和张晓明(2015)	包括董事会治理、管理层治理、股东治理、会议治理	主成分分析	中国上市公司
傅传锐(2016)	股权治理、董事会治理和高管激励	主成分分析	中国上市公司
方红星和金玉娜(2013)	董事、高管的监督与激励	主成分分析	中国上市公司
韩少真、潘颖和张晓明(2015)	董事会治理、管理层治理、股东治理和会议治理	主成分分析	中国上市公司
范和于(Fan and Yu, 2012)	董事会特征、审计、反并购和高管薪酬与股权	主成分分析	大陆法国家公司
法拉塔和迪金斯(Fallatah and Dickins, 2012)	董事会结构、高管激励	主成分分析	沙特阿拉伯上市公司
李、杨和于(Li, Yang and Yu, 2017)	董事会责任、财务披露与内控、股东权利、高管薪酬和公司行为	综合计分	中国上市公司

资料来源:根据已有相关研究文献整理。

第三章 中国上市公司治理总体评价

第一节 中国上市公司治理评价样本情况

一、样本来源与选取

本次编制中国上市公司治理指数的样本为截至 2020 年 12 月 31 日在我国 A 股市场上市的公司,数据来源于公司网站、巨潮资讯网、中国证监会、沪深证券交易所网站等披露的公开信息以及万得(Wind)数据库、国泰安(CSMAR)数据库和色诺芬(CCER)数据库下载的公开信息,根据信息齐全和不含异常数据两项样本筛选的基本原则,我们最终确定 2021 年有效样本为 4 134 家,其中主板 2 062 家,含金融机构 99 家,非金融机构 1 963 家;中小企业板 965 家,含金融机构 18 家,非金融机构 947 家;创业板 892 家,含金融机构 5 家,非金融机构 887 家;科创板 215 家,均为非金融机构。样本公司的行业、控股股东性质及地区构成见表3.1、表3.2与表3.3。需要说明的是,考虑到中小企业板、创业板和科创板公司治理的特殊性,我们对这些板块的公司进行了单独分析;同时还考虑到金融机构治理的特殊性,将各板块中的金融机构抽取出来单独组成一个板块,即除主板、中小企业板、创业板和科创板外,还有一个金融业板块。最终总体评价样本为 4 134 家,主板 1 963 家,中小企业板 947 家,创业板 887 家,科创板 215 家,金融业板块 122 家,各板块详细分析见后面相关章节。

二、样本行业分布情况

从样本行业分布情况来看,最近几年评价中各行业样本所占比例较为稳定;制造业样本的比例最高,占 64.03%,相较 2020 年的 62.96% 有所上升。见表3.1。

表 3.1 样本公司的行业构成

行 业	数目	比例(%)
农、林、牧、渔业	42	1.02
采矿业	77	1.86

续表

行　业	数目	比例(%)
制造业(合计)	2 647	64.03
农副食品加工业	50	0.94
食品制造业	60	0.27
酒、饮料和精制茶制造业	44	0.19
纺织业	39	0.56
纺织服装、服饰业	39	0.80
皮革、毛皮、羽毛及其制品和制鞋业	11	0.34
木材加工及木、竹、藤、棕、草制品业	8	0.39
家具制造业	23	0.41
造纸及纸制品业	33	6.65
印刷和记录媒介复制业	14	6.14
文教、工美、体育和娱乐用品制造业	16	0.65
石油加工、炼焦及核燃料加工业	17	2.25
化学原料及化学制品制造业	275	2.35
医药制造业	254	0.77
化学纤维制造业	27	1.79
橡胶和塑料制品业	93	1.74
非金属矿物制品业	97	3.46
黑色金属冶炼及压延加工业	32	6.27
有色金属冶炼及压延加工业	74	3.34
金属制品业	72	1.45
通用设备制造业	143	6.19
专用设备制造业	259	10.16
汽车制造业	138	1.52
铁路、船舶、航空航天和其他运输设备制造业	60	0.22
电气机械及器材制造业	256	0.51
计算机、通信和其他电子设备制造业	420	0.94
仪器仪表制造业	63	0.27
废弃资源综合利用业	9	0.19
其他制造业	21	0.56
电力、热力、燃气及水生产和供应业	117	2.83

续表

行　业	数目	比例(%)
建筑业	99	2.39
批发和零售业	168	4.06
交通运输、仓储和邮政业	107	2.59
住宿和餐饮业	10	0.24
信息传输、软件和信息技术服务业	340	8.22
金融业	122	2.95
房地产业	121	2.93
租赁和商务服务业	58	1.40
科学研究和技术服务业	58	1.40
水利、环境和公共设施管理业	72	1.74
居民服务、修理和其他服务业	1	0.02
教育	8	0.19
卫生和社会工作	12	0.29
文化、体育和娱乐业	59	1.43
综合	16	0.39
合　计	4 134	100.00

资料来源：南开大学公司治理数据库。

三、样本控股股东分布情况

按控股股东性质分组样本中，国有控股和民营控股上市公司仍然占据较大的比例，二者合计占比88.73%，相较于2020年的88.91%略有下降；其他类型上市公司占5.47%，外资控股上市公司占4.79%。见表3.2。

表3.2　样本公司的控股股东构成

控股股东性质	数目	比例(%)
国有控股	1 188	28.74
集体控股	24	0.58
民营控股	2 480	59.99
社会团体控股	15	0.36
外资控股	198	4.79
职工持股会控股	3	0.07

续表

控股股东性质	数目	比例(%)
其他类型	226	5.47
合　计	4 134	100.00

资料来源:南开大学公司治理数据库。

总结历年控股股东性质的分布,就国有控股和民营控股上市公司所占比例的变化趋势来看,国有控股上市公司在2021年评价中有1 188家,比例为28.74%,呈现下降趋势;2020年评价中有1 129家,比例为30.08%;2019年评价中有1 112家,比例为31.22%;2018年评价中有1 075家,比例为31.03%;2017年评价中有1 044家,比例为34.44%;2016年评价中有1 034家,比例为36.84%;2015年评价中有1 034家,比例为39.92%;2014年评价中有1 027家,比例为41.63%;2013年评价中有1 038家,比例为42.02%;2012年评价中有1 019家,比例为43.77%;2011年评价中有900家,比例为46.15%;2010年评价中有950家,比例为60.94%;2009年评价中有852家,比例为67.57%;2008年评价中有779家,比例为67.50%;2007年评价中有787家,比例为67.73%;2006年评价中有901家,比例为72.14%;2005年评价中有914家,比例为71.29%;2004年评价中有850家,比例为73.98%。较之前几年的样本数据,2011年至今国有控股上市公司的比例均不足50%。国有控股上市公司分布情况见图3.1。

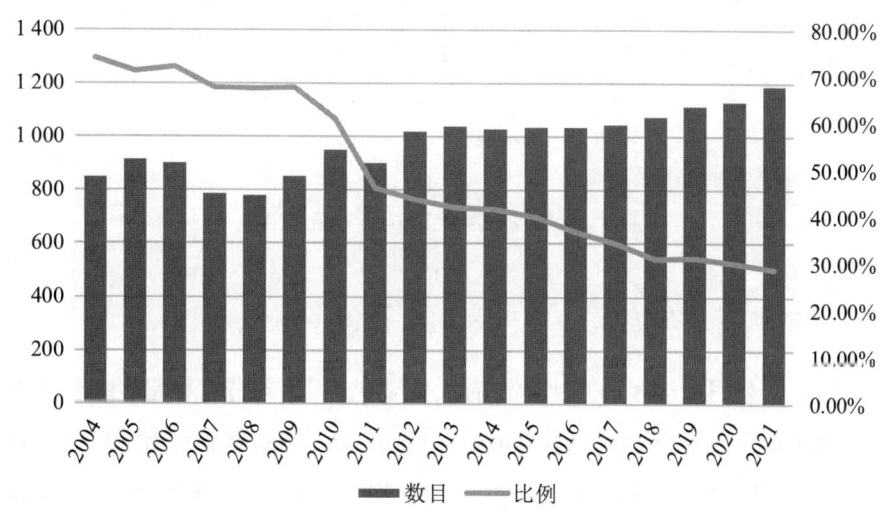

资料来源:南开大学公司治理数据库。

图3.1　国有控股上市公司分布图

民营控股上市公司在2021年评价中有2 480家,比例为59.99%,比例有所上升;2020年评价中有2 208家,比例为58.83%;2019年评价中有2 256家,比例为63.34%;

2018年评价中有2 243家,比例为64.75%;2017年评价中有1 877家,比例为61.93%;2016年评价中有1 687家,比例为60.10%;2015年评价中有1 471家,比例为56.80%;2014年评价中有1367家,比例为55.41%;2013年评价中有1 367家,比例为55.34%;2012年评价中有1 246家,比例为53.52%;2011年评价中有983家,比例为50.41%;2010年评价中有568家,比例为36.43%;2009年评价中有368家,比例为29.18%;2008年评价中有320家,比例为27.73%;2007年评价中有337家,比例为29.00%;2006年评价中有313家,比例为25.06%;2005年评价中为304家,比例为23.71%;2004年评价中有238家,比例为20.71%。2021年民营控股上市公司的比例再次超过国有控股上市公司。就其他股东性质来说,2021年外资控股、集体控股、社会团体控股和职工持股会控股上市公司样本所占比例仍然较低。民营控股上市公司分布情况见图3.2。

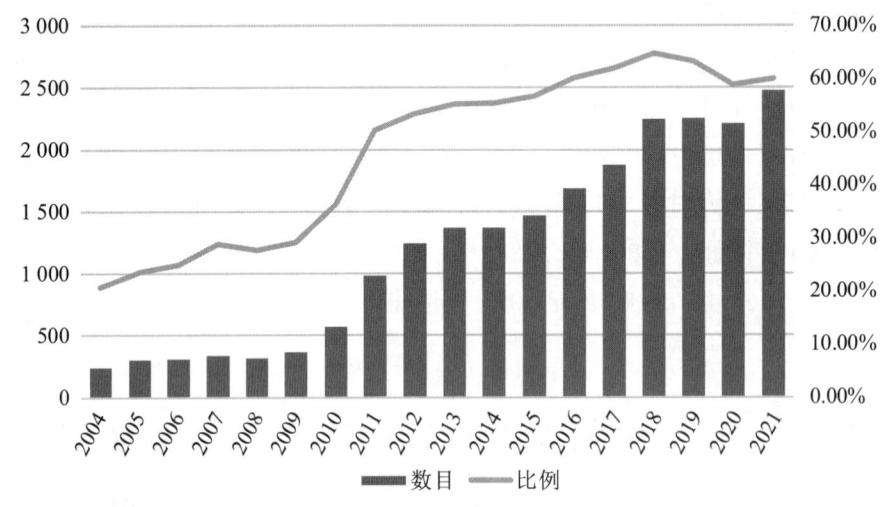

资料来源:南开大学公司治理数据库。

图3.2 民营控股上市公司分布图

四、样本地区分布情况

近年来上市公司的地区分布比例没有太大变化,从不同地区数量、占样本比例看,经济发达地区如广东省(673家,占样本公司的16.28%)、浙江省(518家,占样本公司的12.53%)、江苏省(479家,占样本公司的11.59%)、北京市(379家,占样本公司的9.17%)、上海市(338家,占样本公司的8.18%)、山东省(227家,占样本公司的5.49%)占有数量较多,而海南省、甘肃省、贵州省、内蒙古、西藏、宁夏和青海省等地区占样本量少,其中宁夏和青海省最少,分别为14家和11家,反映出地区经济发展水平与上市公司数量存在一定的关系。根据中国证监会发布的《关于在上海证券交易所设立科创板并试点注册制的实施意见》(中国证券监督管理委员会公告〔2019〕2号),我国在境外注册的企业可以到境内的科创板上市,因此2021年评价样本增加了3家开曼群岛的评价样本。区域分布详情见表3.3。

表3.3 样本公司的地区构成

地 区	数目	比例(%)	地 区	数目	比例(%)
北京市	379	9.17	湖南省	117	2.83
天津市	60	1.45	广东省	673	16.28
河北省	61	1.48	广 西	37	0.90
山西省	40	0.97	海南省	33	0.80
内蒙古	25	0.60	重庆市	56	1.35
辽宁省	74	1.79	四川省	135	3.27
吉林省	44	1.06	贵州省	31	0.75
黑龙江省	39	0.94	云南省	38	0.92
上海市	338	8.18	西 藏	20	0.48
江苏省	479	11.59	陕西省	58	1.40
浙江省	518	12.53	甘肃省	33	0.80
安徽省	126	3.05	青海省	11	0.27
福建省	151	3.65	宁 夏	14	0.34
江西省	56	1.35	新 疆	57	1.38
山东省	227	5.49	开曼群岛	3	0.07
河南省	87	2.10			
湖北省	114	2.76	合 计	4 134	100.00

资料来源:南开大学公司治理数据库。

五、样本市场板块分布情况

2004年6月我国中小企业板揭幕,中小企业板是深圳证券交易所为了鼓励自主创新而专门设置的中小型公司聚集板块。2009年10月我国创业板正式启动,创业板是主板之外的专为暂时无法上市的中小企业和新兴公司提供融资途径和成长空间的证券交易市场,是对主板市场的有效补充,在资本市场中占据着重要的位置。2019年6月13日,科创板正式开板。2021年2月5日,经中国证监会批准,深证证券交易所启动了主板和中小企业板的合并工作,合并后中小企业板将不再作为单独的市场板块存在。需要说明的是,本报告评价的样本为截至2020年底的A股上市公司,报告是针对两板合并前的公司进行评价,因此单独对中小企业板的治理状况进行了分析。2021年的评价对样本公司按照市场板块类型进行详细划分,其中47.48%的样本公司来自主板,共1963家;中小企业板947家,占22.91%;创业板887家,占21.46%;科创板215家,占5.20%;另有122家金融业上市公司,占2.95%。见表3.4。

表3.4 样本公司的市场板块构成

市场板块类型	数目	比例(%)
主板	1 963	47.48
中小企业板	947	22.91
创业板	887	21.46
科创板	215	5.20
金融业	122	2.95
合 计	4 134	100.00

资料来源:南开大学公司治理数据库。

第二节 中国上市公司治理总体分析

一、中国上市公司治理总体描述

在2021年评价样本中,上市公司治理指数平均值为64.05,较2020年的63.49提高0.56。见表3.5。

表3.5 公司治理指数描述性统计

统计指标	公司治理指数
平均值	64.05
中位数	64.32
标准差	3.60
偏 度	−0.37
峰 度	−0.13
极 差	23.31
最小值	51.66
最大值	74.97

资料来源:南开大学公司治理数据库。

如表 3.5 所示,2021 年中国上市公司治理指数最大值为 74.97,最小值为 51.66,样本的标准差为 3.60。中国上市公司治理指数分布情况见图 3.3。

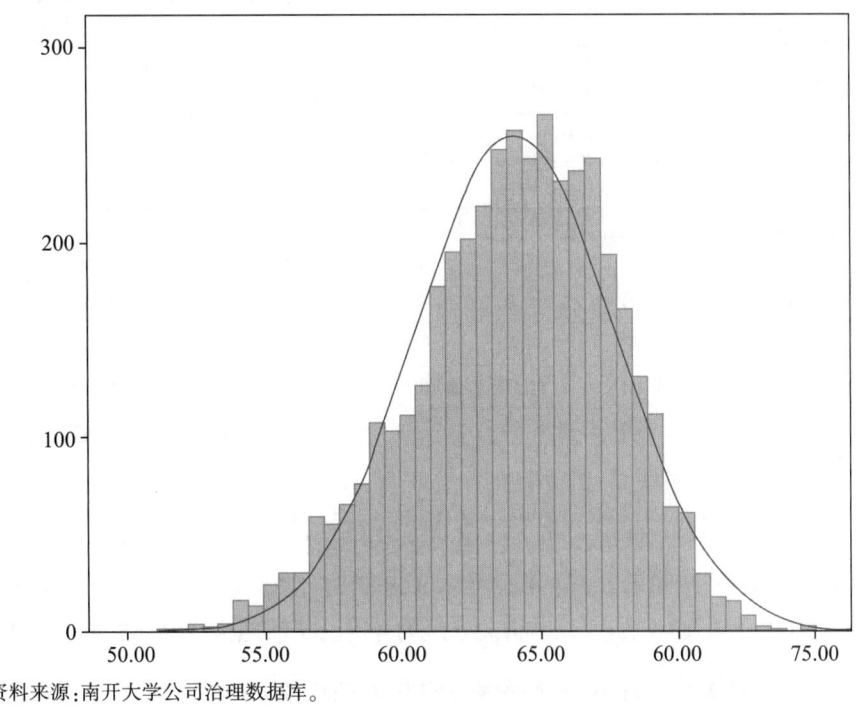

资料来源:南开大学公司治理数据库。

图 3.3 公司治理指数分布图

在 4 134 家样本公司中,没有 1 家达到 CCGI^{NK} Ⅰ 和 CCGI^{NK} Ⅱ;有 136 家达到了 CCGI^{NK} Ⅲ 水平;达到 CCGI^{NK} Ⅳ 的有 3 409 家,占全样本的 82.46%,较 2020 年的 83.59% 有所下降;处于 CCGI^{NK} Ⅴ 的公司有 589 家,占样本的 14.25%,与 2020 年的 14.84% 相比,有下降的趋势;没有上市公司的治理指数在 50 以下(2020 年该等级公司占全部样本的 0.05%,2019 年为 0.06%,2018 年为 0.09%,2017 年没有该等级公司,2016 年为 0.18%,2015 年为 0.04%,2014 年为 0.12%,2013 年为 0.16%,2012 年为 0.21%,2011 年为 0.67%,2010 年为 3.33%)。见表 3.6。

表 3.6 公司治理指数等级分布

公司治理指数等级		公司治理指数等级分布	
		数目	比例(%)
CCGI^{NK} Ⅰ	90—100	—	—
CCGI^{NK} Ⅱ	80—90	—	—
CCGI^{NK} Ⅲ	70—80	136	3.29

续表

公司治理指数等级		公司治理指数等级分布	
		数目	比例(%)
CCGI^{NK} IV	60—70	3 409	82.46
CCGI^{NK} V	50—60	589	14.25
CCGI^{NK} VI	50 以下	—	—
合 计		4 134	100.00

资料来源:南开大学公司治理数据库。

二、中国上市公司治理分行业分析

就平均值而言,金融业,科学研究和技术服务业,制造业,信息传输、软件和信息技术服务业,水利、环境和公共设施管理业等行业治理指数较高,依次为65.42、65.01、64.37、64.00和63.79。住宿和餐饮业,租赁和商务服务业,教育,居民服务、修理和其他服务业,综合等行业治理指数较低,分别为62.35、61.98、61.65、61.07和60.74。就公司治理总体状况而言,行业间存在一定的差异。相比较之前几年的评价,2021年评价中各行业的公司治理指数排名发生了一定的变化。行业分组的样本公司治理指数描述性统计见表3.7。

表3.7 按行业分组的样本公司治理指数描述性统计

行 业	数目	比例(%)	平均值	中位数	标准差	极差	最小值	最大值
农、林、牧、渔业	42	1.02	62.40	62.28	3.96	17.82	53.97	71.79
采矿业	77	1.86	62.59	62.53	3.61	16.42	54.38	70.80
制造业	2 647	64.03	64.37	64.67	3.43	21.34	51.66	73.01
电力、热力、燃气及水生产和供应业	117	2.83	63.44	63.85	3.55	15.87	55.45	71.32
建筑业	99	2.39	63.23	63.53	3.47	15.94	54.91	70.85
批发和零售业	168	4.06	62.84	62.93	3.91	19.42	52.57	72.00
交通运输、仓储和邮政业	107	2.59	63.65	63.95	3.29	15.79	55.92	71.71
住宿和餐饮业	10	0.24	62.35	62.80	3.58	11.56	55.97	67.53
信息传输、软件和信息技术服务业	340	8.22	64.00	64.38	3.81	18.17	54.25	72.43
金融业	122	2.95	65.42	66.09	3.78	21.88	52.69	74.57
房地产业	121	2.93	62.53	62.58	3.86	19.33	52.40	71.73
租赁和商务服务业	58	1.40	61.98	61.92	3.69	15.13	54.55	69.67
科学研究和技术服务业	58	1.40	65.01	65.66	3.94	15.33	56.59	71.92

续表

行 业	数目	比例(%)	平均值	中位数	标准差	极差	最小值	最大值
水利、环境和公共设施管理业	72	1.74	63.79	63.69	3.44	18.66	56.31	74.97
居民服务、修理和其他服务业	1	0.02	61.07	61.07	0.00	0.00	61.07	61.07
教育	8	0.19	61.65	61.00	3.54	11.67	57.65	69.31
卫生和社会工作	12	0.29	63.24	63.74	4.64	14.31	55.86	70.18
文化、体育和娱乐业	59	1.43	63.01	62.89	3.53	17.67	54.78	72.45
综合	16	0.39	60.74	62.00	3.48	9.92	54.29	64.21
合 计	4 134	100.00	64.05	64.32	3.60	23.31	51.66	74.97

资料来源:南开大学公司治理数据库。

三、中国上市公司治理分控股股东性质分析

表3.8分控股股东性质的描述性统计显示,样本中数量较少的是职工持股会控股、社会团体控股、集体控股、外资控股、其他类型几类,分别有3家、15家、24家、198家、226家;国有控股和民营控股样本量较多,分别有1 188家和2 480家。

就样本平均值而言,其他类型控股上市公司治理指数平均值最高,为64.55;其次为民营控股上市公司,为64.18;外资控股上市公司治理指数平均值为63.99,国有控股上市公司治理指数平均值为63.75,集体控股上市公司治理指数平均值为63.60,职工持股会控股上市公司治理指数平均值为63.18;社会团体控股上市公司治理指数平均值最低,为59.58。民营控股上市公司治理指数平均值高于国有控股上市公司。

表3.8 按控股股东性质分组的样本公司治理指数描述性统计

控股股东性质	数目	比例(%)	平均值	中位数	标准差	极差	最小值	最大值
国有控股	1 188	28.74	63.75	63.89	3.45	20.72	53.09	73.81
集体控股	24	0.58	63.60	62.99	3.73	13.15	57.46	70.61
民营控股	2 480	59.99	64.18	64.50	3.60	23.31	51.66	74.97
社会团体控股	15	0.36	59.58	58.04	4.14	12.05	54.39	66.44
外资控股	198	4.79	63.99	64.57	3.51	17.39	54.69	72.08
职工持股会控股	3	0.07	63.18	62.94	0.63	1.18	62.71	63.89
其他类型	226	5.47	64.55	65.11	4.12	20.25	54.33	74.57
合 计	4 134	100.00	64.05	64.32	3.60	23.31	51.66	74.97

资料来源:南开大学公司治理数据库。

四、中国上市公司治理分地区分析

与往年情况类似,经济发达地区如广东省、浙江省、江苏省、北京市和上海市的样本数量最多,而西部欠发达地区的样本量少,反映出经济活跃水平与上市公司数量的关系。各地区上市公司治理指数分析结果详见表3.9。在表3.9中的第三列数据(上市公司数量占总体比例)与第四列数据(上市公司治理指数平均值)之间存在较高的正相关性,说明经济发达地区的上市公司治理状况总体上要好于经济欠发达地区的情况。具体而言,河南省、安徽省、北京市、广东省、江苏省、上海市、山东省、江西省、浙江省、福建省、四川省、湖南省指数平均值较高,依次为64.64、64.55、64.47、64.46、64.46、64.29、64.29、64.20、64.15、64.15、64.11和64.01,指数平均值均在64.00以上;而黑龙江省、青海省和海南省指数平均值均在62.00以下,分别为61.87、61.63和60.60。需要说明的是,因治理环境的不同,开曼群岛上市公司指数平均值最低,仅为54.33。

表3.9 样本公司治理指数按地区分组的描述性统计

地 区	数目	比例(%)	平均值	中位数	标准差	极差	最小值	最大值
北京市	379	9.17	64.47	64.77	3.60	20.03	52.40	72.43
天津市	60	1.45	63.52	63.35	3.78	18.24	53.09	71.32
河北省	61	1.48	63.88	63.78	3.30	13.87	57.01	70.88
山西省	40	0.97	62.18	62.62	3.78	14.16	54.03	68.19
内蒙古	25	0.60	62.23	61.78	4.66	17.54	53.69	71.22
辽宁省	74	1.79	62.25	61.90	3.67	16.78	54.25	71.03
吉林省	44	1.06	62.91	62.63	3.85	15.20	55.38	70.59
黑龙江省	39	0.94	61.87	61.91	3.62	13.13	56.21	69.35
上海市	338	8.18	64.29	64.56	3.49	17.81	54.13	71.94
江苏省	479	11.59	64.46	64.78	3.52	18.74	53.99	72.73
浙江省	518	12.53	64.15	64.68	3.25	16.88	54.32	71.20
安徽省	126	3.05	64.55	64.62	2.96	15.27	56.67	71.95
福建省	151	3.65	64.15	64.19	3.49	16.84	55.24	72.08
江西省	56	1.35	64.20	64.35	3.65	19.62	52.82	72.45
山东省	227	5.49	64.29	64.30	3.66	19.93	54.64	74.57
河南省	87	2.10	64.64	65.01	3.44	13.59	57.21	70.81
湖北省	114	2.76	63.38	63.69	3.53	17.45	54.99	72.44
湖南省	117	2.83	64.01	64.28	3.43	18.53	53.97	72.50

续表

地 区	数目	比例(%)	平均值	中位数	标准差	极差	最小值	最大值
广东省	673	16.28	64.46	64.76	3.55	21.29	53.68	74.97
广　西	37	0.90	62.07	61.95	3.84	14.28	55.58	69.86
海南省	33	0.80	60.60	60.38	3.46	11.76	55.06	66.82
重庆市	56	1.35	63.63	63.66	3.27	13.28	57.70	70.98
四川省	135	3.27	64.11	64.74	3.80	20.32	52.69	73.01
贵州省	31	0.75	63.63	63.11	3.23	13.27	56.40	69.67
云南省	38	0.92	63.90	64.45	3.12	13.65	56.97	70.62
西　藏	20	0.48	63.64	63.93	3.50	13.84	54.94	68.77
陕西省	58	1.40	63.56	63.88	4.05	18.32	52.69	71.01
甘肃省	33	0.80	62.87	62.59	4.22	17.87	54.38	72.25
青海省	11	0.27	61.63	62.62	5.20	15.13	54.29	69.42
宁　夏	14	0.34	62.84	63.76	3.99	13.80	55.08	68.88
新　疆	57	1.38	62.75	63.08	4.07	22.15	51.66	73.81
开曼群岛	3	0.07	54.33	54.05	0.64	1.19	53.87	55.06
合　计	4 134	100.00	64.05	64.32	3.60	23.31	51.66	74.97

资料来源:南开大学公司治理数据库。

五、中国上市公司治理分市场板块分析

在2021年评价中,按照市场板块对样本公司进行划分,其中金融业治理指数位居首位,平均值达65.42;创业板为64.89;科创板为64.49;中小企业板为64.25;而同2020年一样,主板上市公司的治理指数仍然最低,为63.44,具体见表3.10。

表3.10　按市场板块分组的样本公司治理指数描述性统计

板块类型	数目	比例(%)	平均值	中位数	标准差	极差	最小值	最大值
主板	1 963	47.48	63.44	63.72	3.70	21.12	51.66	72.79
中小企业板	947	22.91	64.25	64.59	3.50	19.26	52.69	71.95
创业板	887	21.46	64.89	65.10	3.34	20.01	54.96	74.97
科创板	215	5.20	64.49	64.39	2.84	18.37	53.87	72.25
金融业	122	2.95	65.42	66.09	3.78	21.88	52.69	74.57
合　计	4 134	100.00	64.05	64.32	3.60	23.31	51.66	74.97

资料来源:南开大学公司治理数据库。

六、中国上市公司治理分年度分析

2021年度公司治理指数平均值为64.05,2016年、2017年、2018年、2019年和2020年治理指数平均值分别为62.49、62.67、63.02、63.19和63.49。对比连续几年来的中国上市公司治理指数可知,中国上市公司治理总体水平呈现逐年提高的趋势。各年公司治理评价的各级指数的比较见表3.11。

表3.11　公司治理指数六年比较

治理指数	2016	2017	2018	2019	2020	2021
公司治理指数	62.49	62.67	63.02	63.19	63.49	64.05
股东治理指数	66.04	65.00	66.47	67.06	67.86	68.45
董事会治理指数	64.11	64.28	64.28	64.51	64.95	64.93
监事会治理指数	58.76	58.78	59.05	59.55	59.65	59.65
经理层治理指数	58.01	58.92	58.91	58.85	59.12	59.32
信息披露指数	64.53	65.04	65.31	65.35	65.27	65.60
利益相关者治理指数	62.68	62.92	63.26	63.00	63.32	66.42

资料来源:南开大学公司治理数据库。

在几个分指数当中,股东治理指数2021年的数值为68.45,相对于2020年的67.86,上升了0.59;作为公司治理核心的董事会建设得到加强,董事会治理指数2017年增长至64.28,2018年与2017年持平,2019年达到64.51,2020年又上升至64.95,2021年略有下降,为64.93;2006年修订的《公司法》加强了监事会的职权,监事会治理状况连续多年提高明显,平均值从2016年的58.76提高到2021年的59.65;经理层治理状况呈现出较稳定的趋势,从2016到2021年的经理层治理指数平均值依次为58.01、58.92、58.91、58.85、59.12和59.32;2016—2019年信息披露状况呈现逐年改善趋势,2019年平均值达到65.35,2020年略有下降,2021年增长至65.60;利益相关者问题逐步引起上市公司的关注,一直保持着稳步提高的趋势,2021年增长至66.42,比2020年的63.32上升了3.10。

第三节　中国上市公司治理100佳评价

一、中国上市公司治理100佳描述统计

本节将2021年评价样本中公司治理指数排名前100位的公司(100佳)与其他样

本进行比较,分析100佳的行业、地区和控股股东性质分布,以及100佳公司的相对绩效表现。如表3.12的描述性统计显示,100佳上市公司治理指数为71.26,100佳上市公司中最高治理指数为74.97,最低为70.27,极差为4.70。对比表3.5,我们不难发现,100佳上市公司的各级治理指数的平均值都明显高于总样本。

表3.12 公司治理100佳治理指数描述性统计

项　目	平均值	中位数	标准差	极差	最小值	最大值
公司治理指数	71.26	70.99	0.92	4.70	70.27	74.97
股东治理指数	76.92	77.97	4.87	22.66	62.69	85.36
董事会治理指数	66.78	66.77	2.13	12.81	62.44	75.25
监事会治理指数	64.02	63.34	6.43	24.00	53.76	77.76
经理层治理指数	66.93	67.93	4.78	23.53	56.08	79.61
信息披露指数	77.19	78.13	4.27	22.58	63.34	85.92
利益相关者治理指数	76.73	76.97	7.28	31.53	60.30	91.83

资料来源:南开大学公司治理数据库。

二、中国上市公司治理100佳公司行业分布

表3.13的公司治理100佳行业分布表明,从绝对数量看,制造业所占数量最多,达63家;其次是信息传输、软件和信息技术服务业,有10家;金融业有7家;电力、热力、燃气及水生产和供应业,批发和零售业,科学研究和技术服务业分别有4家;房地产业有2家;农、林、牧、渔业,采矿业,建筑业,交通运输、仓储和邮政业,水利、环境和公共设施管理业以及文化、体育和娱乐业分别有1家;住宿和餐饮业,租赁和商务服务业,居民服务、修理和其他服务业,教育,卫生和社会工作以及综合没有公司进入100佳。从100佳占行业样本数量比例来看,科学研究和技术服务业、金融业以及电力、热力、燃气及水生产和供应业所占比例比较高,分别为6.90%、5.74%和3.42%;而交通运输、仓储和邮政业,建筑业的100佳所占比例较低,分别为0.93%和1.01%。

表3.13 公司治理100佳公司行业分布

行　业	100佳个数	样本个数	100佳所占比例(%)
农、林、牧、渔业	1	42	2.38
采矿业	1	77	1.30
制造业	63	2 647	2.38
电力、热力、燃气及水生产和供应业	4	117	3.42

续表

行 业	100佳个数	样本个数	100佳所占比例(%)
建筑业	1	99	1.01
批发和零售业	4	168	2.38
交通运输、仓储和邮政业	1	107	0.93
住宿和餐饮业	—	10	—
信息传输、软件和信息技术服务业	10	340	2.94
金融业	7	122	5.74
房地产业	2	121	1.65
租赁和商务服务业	—	58	—
科学研究和技术服务业	4	58	6.90
水利、环境和公共设施管理业	1	72	1.39
居民服务、修理和其他服务业	—	1	—
教育	—	8	—
卫生和社会工作	—	12	—
文化、体育和娱乐业	1	59	1.69
综合	—	16	—
合 计	100	4 134	2.42

资料来源：南开大学公司治理数据库。

三、中国上市公司治理100佳公司控股股东性质分布

从绝对数量看，公司治理100佳集中分布在民营控股和国有控股上市公司中。100佳上市公司中，控股股东性质为民营控股的占58家；其次为国有控股上市公司，有27家；其他类型上市公司为11家；外资控股上市公司为3家；集体控股上市公司有1家；社会团体控股上市公司和职工持股会控股上市公司均没有1家进入100佳。从相对比例来看，其他类型上市公司样本中的100佳比例最高，其次是集体控股上市公司，民营控股100佳的上市公司比例高于国有控股上市公司。

表3.14 公司治理100佳公司控股股东性质分布

控股股东性质	100佳个数	样本个数	比例(%)
国有控股	27	1 188	2.27
集体控股	1	24	4.17
民营控股	58	2 480	2.34

续表

控股股东性质	100佳个数	样本个数	比例(%)
社会团体控股	—	15	—
外资控股	3	198	1.52
职工持股会控股	—	3	—
其他类型	11	226	4.87
合计	100	4 134	2.42

资料来源：南开大学公司治理数据库。

四、中国上市公司治理100佳公司地区分布

据表3.15的地区分布数量显示，在100佳的上市公司中，广东省有21家，江苏省有13家，北京市有9家，上海市和浙江省分别有8家。其中，广东省也是在2020年、2019年、2018年、2017年、2016年、2015年和2014年评价中入选100佳的公司数目最多的地区。山西省、黑龙江省、广西、海南省、贵州省、西藏、青海省、宁夏、开曼群岛均没有入选100佳的上市公司。这些地区当中，青海省和宁夏等在以往的评价中，入选100佳的上市公司数量也较少。

从相对数来看，甘肃省比例最高，为6.06%，江西省为5.36%，吉林省为4.55%，内蒙古为4.00%；而江苏省、辽宁省、云南省、湖南省、安徽省、北京市、上海市、山东省、重庆市、天津市、河北省、浙江省、河南省、湖北省的比例均在3%以下。

表3.15 公司治理100佳公司地区分布

地 区	100佳个数	样本个数	比例(%)
北京市	9	379	2.37
天津市	1	60	1.67
河北省	1	61	1.64
山西省	—	40	—
内蒙古	1	25	4.00
辽宁省	2	74	2.70
吉林省	2	44	4.55
黑龙江省	—	39	—
上海市	8	338	2.37
江苏省	13	479	2.71
浙江省	8	518	1.54

续表

地 区	100佳个数	样本个数	比例(%)
安徽省	3	126	2.38
福建省	5	151	3.31
江西省	3	56	5.36
山东省	5	227	2.20
河南省	1	87	1.15
湖北省	1	114	0.88
湖南省	3	117	2.56
广东省	21	673	3.12
广　西	—	37	—
海南省	—	33	—
重庆市	1	56	1.79
四川省	5	135	3.70
贵州省	—	31	—
云南省	1	38	2.63
西　藏	—	20	—
陕西省	2	58	3.45
甘肃省	2	33	6.06
青海省	—	11	—
宁　夏	—	14	—
新　疆	2	57	3.51
开曼群岛	—	3	—
合　计	100	4 134	2.42

资料来源:南开大学公司治理数据库。

五、中国上市公司治理100佳公司绩效

为了考察公司治理与公司绩效之间的相关性,我们选取了反映上市公司盈利能力、代理成本状况的财务指标。其中反映上市公司盈利能力的指标有:净资产收益率(ROE,平均)、净资产收益率(ROE,加权)、净资产收益率(ROE,摊薄)、总资产报酬率(ROA1)、总资产净利率(ROA2)、投入资本回报率(ROIC)。反映公司代理成本状况的指标有:管理费用率、财务费用率以及应收账款周转天数。考虑公司治理滞后效应的存在,本部分还使用了滞后的绩效指标,即2021年一季报的指标。

各指标计算公式如下:净资产收益率(ROE,平均)=归属母公司股东净利润/[(期初归属母公司股东的权益+期末归属母公司股东的权益)/2]×100%;净资产收益率(ROE,加权)=归属母公司股东净利润/加权平均归属母公司股东的权益×100%;净资产收益率(ROE,摊薄)=归属母公司股东的净利润/期末归属母公司股东的权益×100%;总资产报酬率(ROA1)=息税前利润×2/(期初总资产+期末总资产)×100%;总资产净利率(ROA2)=净利润(含少数股东损益)×2/(期初总资产+期末总资产)×100%;投入资本回报率(ROIC)=EBIT反推法×(1-有效税率)×2/(期初全部投入资本+期末全部投入资本)×100%;管理费用率=管理费用/营业收入×100%;财务费用率=财务费用/营业收入×100%;应收账款周转天数=360/应收账款周转率。

不同样本组相关指标的比较结果如表3.16所示,可以发现,公司治理100佳上市公司的绩效指标总体来说好于非100佳上市公司样本。

表3.16 公司治理100佳公司绩效与其他样本的比较

财务指标	100佳样本	其他样本	差额
净资产收益率(ROE,平均)2020年报	2.9389	1.1596	1.7792
净资产收益率(ROE,加权)2020年报	2.2150	1.3711	0.8439
净资产收益率(ROE,摊薄)2020年报	1.8587	1.0289	0.8298
总资产报酬率(ROA1)2020年报	2.4217	1.5201	0.9017
总资产净利率(ROA2)2020年报	13.6262	23.1500	-9.5238
投入资本回报率(ROIC)2020年报	0.2355	6.5128	-6.2773
管理费用率2020年报	108.4181	278.6379	-170.2198
财务费用率2020年报	13.7524	3.7576	9.9948
应收账款周转天数2020年报	13.9397	4.7398	9.1999
净资产收益率(ROE,平均)2021一季报	12.6463	3.2614	9.3849
净资产收益率(ROE,加权)2021一季报	10.6399	4.5827	6.0572
净资产收益率(ROE,摊薄)2021一季报	0.5339	3.0040	5.4491
总资产报酬率(ROA1)2021一季报	11.2562	4.1719	7.0843
总资产净利率(ROA2)2021一季报	12.7470	84.0197	-71.2727
投入资本回报率(ROIC)2021一季报	0.5941	3.9592	-3.3652
管理费用率2021一季报	84.2249	114.4975	-30.2725
财务费用率2021一季报	3.0083	1.4133	1.5950
应收账款周转天数2021一季报	3.0095	1.5474	1.4621

资料来源:南开大学公司治理数据库。

主 要 结 论

第一,从时间序列比较来看,我国上市公司总体治理水平在2004—2021年间呈现出总体上升趋势,历经2009年拐点之后,呈现逐年上升的态势,并在2021年达到历史最高水平,为64.05。

第二,从行业比较分析来看,2021年评价排名中,金融业的公司治理指数位居第一,紧随其后的是科学研究和技术服务业,制造业,信息传输、软件和信息技术服务业,水利、环境和公共设施管理业;而住宿和餐饮业,租赁和商务服务业,教育,居民服务、修理和其他服务业,综合等行业治理指数较低。

第三,从控股股东性质比较分析来看,民营控股上市公司治理指数平均值2011—2018年各年均高于国有控股上市公司,2019年和2020年国有控股上市公司治理指数平均值超过民营控股上市公司,2021年民营控股上市公司治理指数平均值再度高于国有控股上市公司。

第四,从地区比较分析来看,河南省、安徽省、北京市、广东省、江苏省、上海市、山东省、江西省、浙江省、福建省、四川省、湖南省等地区指数平均值较高;而黑龙江省、青海省、海南省和开曼群岛指数平均值较低,均在62.00以下。

第五,从市场板块比较分析来看,2021年评价中金融业治理指数位居首位,平均值达65.42;其次是创业板、科创板和中小企业板;而同2020年一样,主板上市公司的治理指数仍然为各板块中最低,为63.44。

第六,从样本分组比较来看,公司治理100佳的上市公司治理状况显著好于总体样本公司的治理状况,二者公司治理指数平均值相差7.21(71.26—64.05),通过对100佳和非100佳两组样本的财务指标的比较,发现无论是盈利能力还是代理成本方面,100佳总体好于非100佳。

第四章 中国上市公司股东治理评价

第一节 中国上市公司股东治理总体分析

一、2021年中国上市公司股东治理总体描述

2021年度4134家中国上市公司股东治理指数的平均值为68.45,中位数为69.64,最小值为34.14,最大值为87.33,标准差为8.68,股东治理指数基本服从正态分布。股东治理指数的三个二级指标——独立性、中小股东权益保护和关联交易的平均值分别为67.61、71.10和66.20。三个二级指标公司之间的差距较大,独立性、中小股东权益保护和关联交易的标准差分别达到了14.93、10.77和15.53。股东治理指数及其三项二级指标的描述性统计情况如表4.1所示。

表4.1 中国上市公司股东治理总体状况描述性统计

项目	平均值	中位数	标准差	极差	最小值	最大值
股东治理指数	68.45	69.64	8.68	53.18	34.14	87.33
独立性	67.61	71.81	14.93	90.00	4.00	94.00
中小股东权益保护	71.10	72.10	10.77	62.75	34.30	97.05
关联交易	66.20	72.29	15.53	87.21	0.00	87.21

资料来源:南开大学公司治理数据库。

二、2016—2021年中国上市公司股东治理比较

从图4.1可以看出,在2016—2021年六年间,除了2017年有所回落外,股东治理指数稳步提升。从2016年的66.04降低到2017年的65.00,但从2018年开始股东治理指数逐渐回升,从2018年的66.47上升到2021年的68.45。

独立性、中小股东权益保护和关联交易三个二级指标中,独立性在2016—2018年基本保持稳定增长,由2016年的63.55上升到2018年的67.64,到达一个峰值;在2019年有一定的下降,降低为66.36,2020年后开始恢复增长,2021年的平均值为67.61,与2019年相比基本持平。中小股东权益保护的趋势与股东治理指数基本同步;

由 2016 年的 63.89 回落到 2017 年的 62.77，但从 2018 年开始又逐渐持续回升，2021 年上升为历史最高点 71.10。关联交易在 2016—2021 年这六年间呈急剧下降后保持稳定的趋势，由 2016 年的 69.43 下降为 2017 年的 66.41，后续年度保持平稳，除 2018 年降低为 65.66，其他年度稳定在 66.20—66.80 区间，波动幅度较小。从以上分析可以发现，2021 年股东治理指数的提升主要是由独立性和中小股东权益保护上升拉动。三个二级指标的时间趋势如表 4.2 和图 4.1 所示。

表 4.2 中国上市公司股东治理指数描述性统计六年比较

项　目	2016	2017	2018	2019	2020	2021
股东治理指数	66.04	65.00	66.47	67.06	67.86	68.45
独立性	63.55	66.63	67.64	66.36	66.77	67.61
中小股东权益保护	63.89	62.77	66.69	67.68	70.02	71.10
关联交易	69.43	66.41	65.66	66.80	66.23	66.20

资料来源：南开大学公司治理数据库。

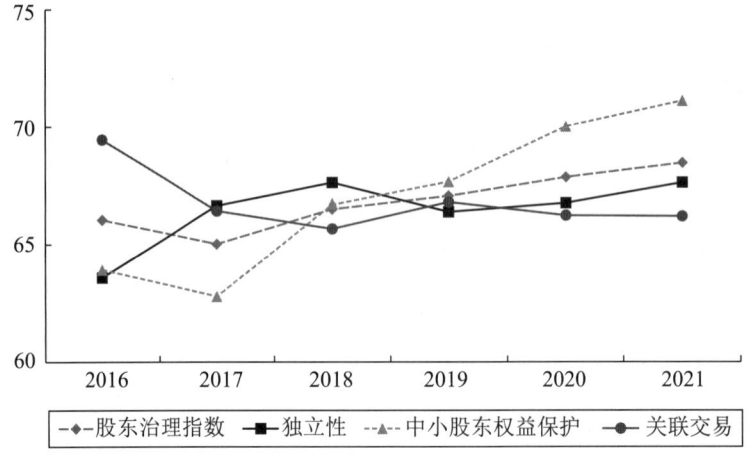

资料来源：南开大学公司治理数据库。

图 4.1 中国上市公司股东治理指数平均值六年折线图比较

第二节　中国上市公司股东治理分行业评价

一、2021 年中国上市公司股东治理分行业总体描述

表 4.3 列出了中国上市公司各行业股东治理指数的描述性统计结果。从行业分布

状况可以看出,股东治理指数居前三位的分别是金融业,信息传输、软件和信息技术服务业,制造业,平均值分别为 71.79、70.44 和 69.14。股东治理指数居后三位的行业分别是综合、教育以及卫生和社会工作,平均值分别为 59.34、60.94 和 62.76。股东治理指数行业平均值最高的金融业与最低的综合之间的差距为 12.45。不同行业内部的差异有所不同,教育上市公司股东治理指数的差异最大,标准差为 11.97;金融业上市公司股东治理指数差异程度最小,标准差为 7.20。

表 4.3 中国上市公司股东治理指数分行业描述性统计

行 业	数目	比例(%)	平均值	中位数	标准差	极差	最小值	最大值
农、林、牧、渔业	42	1.02	66.34	67.95	10.49	81.50	38.23	43.27
采矿业	77	1.86	63.72	64.17	8.73	80.72	37.85	42.88
制造业	2 647	64.03	69.14	70.38	8.46	85.96	34.14	51.81
电力、热力、燃气及水生产和供应业	117	2.83	64.71	65.20	9.57	80.24	40.41	39.84
建筑业	99	2.39	67.07	68.88	8.36	81.85	47.67	34.18
批发和零售业	168	4.06	65.88	66.40	8.28	81.59	45.97	35.62
交通运输、仓储和邮政业	107	2.59	65.96	67.85	9.13	82.02	39.34	42.68
住宿和餐饮业	10	0.24	64.95	64.17	9.65	83.50	50.88	32.63
信息传输、软件和信息技术服务业	340	8.22	70.44	71.82	7.81	85.07	46.23	38.84
金融业	122	2.95	71.79	73.38	7.20	84.42	49.90	34.52
房地产业	121	2.93	63.60	64.07	8.98	79.81	38.69	41.12
租赁和商务服务业	58	1.40	66.36	66.41	9.39	87.33	45.54	41.79
科学研究和技术服务业	58	1.40	68.18	68.97	8.61	80.59	47.74	32.85
水利、环境和公共设施管理业	72	1.74	67.64	67.80	8.35	82.96	47.68	35.28
居民服务、修理和其他服务业	1	0.02	66.08	66.08	—	66.08	66.08	66.08
教育	8	0.19	60.94	57.71	11.97	78.61	44.61	34.00
卫生和社会工作	12	0.29	62.76	62.07	10.02	77.24	44.58	32.66
文化、体育和娱乐业	59	1.43	66.73	67.39	8.57	82.18	45.33	36.85
综合	16	0.39	59.34	60.77	7.95	71.17	39.61	31.56
合 计	4 134	100.00	68.45	69.64	8.68	87.33	34.14	53.18

资料来源:南开大学公司治理数据库。

从股东治理的三个二级指标来看,股东治理指数居前三名的行业中,金融业的独立性、中小股东权益保护和关联交易的平均值分别为73.14、70.86和72.04,其中独立性比全样本平均值高5.53,中小股东权益保护比全样本平均值低0.24,关联交易得分比全样本平均值高5.84。信息传输、软件和信息技术服务业的独立性、中小股东权益保护和关联交易分别为71.70、71.04和69.20,独立性和关联交易高于全样本平均值,分别高出4.09和3.00,只是中小股东权益保护上比全样本平均值低0.06。制造业的三个二级指标的平均值分别为68.15、71.52和67.24,均高于全样本平均值,其中独立性比全样本平均值分别高0.54,中小股东权益保护比全样本高0.42,关联交易得分比全样本平均值高1.04。

股东治理指数居后三名的行业分别为综合、教育以及卫生和社会工作。股东治理指数最低的综合上市公司的独立性、中小股东权益保护和关联交易三个二级指标的平均值分别为53.91、61.44和59.96,分别比全样本对应的平均值低13.7、9.66和6.24。教育上市公司的中小股东权益保护和关联交易得分分别比全样本平均值低7.36、11.60,只是独立性比全样本高0.42。卫生和社会工作的中小股东权益保护和关联交易得分比全样本平均值低4.14和10.46,只是独立性比全样本高0.81。中国上市公司股东治理分指数分行业描述性统计如表4.4所示。

表4.4 中国上市公司股东治理分指数分行业描述性统计

行业	数目	比例(%)	股东治理指数	独立性	中小股东权益保护	关联交易
农、林、牧、渔业	42	1.02	66.34	65.64	68.25	64.79
采矿业	77	1.86	63.72	64.51	69.00	58.04
制造业	2 647	64.03	69.14	68.15	71.52	67.24
电力、热力、燃气及水生产和供应业	117	2.83	64.71	62.11	70.16	60.56
建筑业	99	2.39	67.07	66.82	71.79	62.47
批发和零售业	168	4.06	65.88	61.87	69.53	64.24
交通运输、仓储和邮政业	107	2.59	65.96	64.17	72.40	60.41
住宿和餐饮业	10	0.24	64.95	62.43	65.93	65.24
信息传输、软件和信息技术服务业	340	8.22	70.44	71.70	71.04	69.20
金融业	122	2.95	71.79	73.14	70.86	72.04
房地产业	121	2.93	63.60	60.09	70.50	58.45
租赁和商务服务业	58	1.40	66.36	67.55	69.73	62.40

续表

行　业	数目	比例(%)	股东治理指数	独立性	中小股东权益保护	关联交易
科学研究和技术服务业	58	1.40	68.18	69.50	70.15	65.54
水利、环境和公共设施管理业	72	1.74	67.64	67.71	70.93	64.30
居民服务、修理和其他服务业	1	0.02	66.08	56.95	57.50	79.21
教育	8	0.19	60.94	68.03	63.74	54.60
卫生和社会工作	12	0.29	62.76	68.42	66.96	55.74
文化、体育和娱乐业	59	1.43	66.73	66.54	70.04	63.51
综合	16	0.39	59.34	53.91	61.44	59.96
合　计	4 134	100.00	68.45	67.61	71.10	66.20

资料来源:南开大学公司治理数据库。

二、2016—2021年中国上市公司股东治理分行业比较

从表4.5的统计分析可以看出，2016—2021年信息传输、软件和信息技术服务业以及制造业的股东治理水平一直比较稳定,其中前者一直位于股东治理的前列,制造业六年的股东治理也一直高于全样本平均值。而综合,电力、热力、燃气及水生产和供应业,采矿业,批发和零售业,交通运输、仓储和邮政业,房地产业,水利、环境和公共设施管理业,教育等行业的股东治理水平六年来一直排名靠后。

表4.5　中国上市公司股东治理指数分行业描述性统计六年比较

行　业	2016	2017	2018	2019	2020	2021
农、林、牧、渔业	65.67	64.54	65.85	65.06	65.04	66.34
采矿业	63.63	60.24	62.40	62.89	65.82	63.72
制造业	66.39	65.60	67.05	67.63	68.44	69.14
电力、热力、燃气及水生产和供应业	62.73	61.19	64.23	64.64	64.93	64.71
建筑业	67.55	66.05	67.23	67.55	66.54	67.07
批发和零售业	65.43	64.68	65.43	65.97	65.30	65.88
交通运输、仓储和邮政业	64.87	63.07	65.12	65.43	66.08	65.96
住宿和餐饮业	63.49	61.87	67.61	67.04	67.07	64.95
信息传输、软件和信息技术服务业	68.84	67.25	67.34	68.31	69.66	70.44
金融业	67.56	64.86	66.82	68.12	71.59	71.79
房地产业	63.15	61.25	62.86	63.94	63.32	63.60
租赁和商务服务业	67.10	65.04	66.63	66.16	66.48	66.36

续表

行 业	2016	2017	2018	2019	2020	2021
科学研究和技术服务业	67.59	66.40	65.89	66.83	69.08	68.18
水利、环境和公共设施管理业	63.28	63.65	65.54	65.79	66.17	67.64
居民服务、修理和其他服务业	—	—	—	—	69.03	66.08
教育	61.77	59.85	66.52	64.45	60.22	60.94
卫生和社会工作	67.92	64.96	64.86	67.46	61.55	62.76
文化、体育和娱乐业	66.42	63.15	64.83	65.38	67.10	66.73
综合	63.46	60.51	61.88	61.28	60.86	59.34
合 计	66.04	65.00	66.47	67.06	67.86	68.45

资料来源:南开大学公司治理数据库。

第三节 中国上市公司股东治理分控股股东性质评价

一、2021年中国上市公司股东治理分控股股东性质总体描述

表4.6按照控股股东性质分类对中国上市公司股东治理指数进行统计分析。2021年中国公司治理评价总样本包含4 134家上市公司,其中集体控股、社会团体控股、外资控股、职工持股会控股和其他类型控股分别有24家、15家、198家、3家和226家上市公司。集体控股、社会团体控股和职工持股会控股样本量较少,不具有统计意义。中国上市公司的主体仍为国有控股上市公司和民营控股上市公司,两者相加占到了上市公司总数的88.73%,因此这里重点关注国有控股和民营控股两类上市公司。国有控股上市公司和民营控股上市公司的股东治理指数平均值分别为64.86和70.03,民营控股上市公司股东治理指数的平均值明显高于国有控股上市公司,二者之间的差距为5.17,相比2020年(4.60)和2019年(3.82),差距在不断扩大。

表4.6 中国上市公司股东治理指数分控股股东性质描述性统计

控股股东性质	数目	比例(%)	平均值	中位数	标准差	极差	最小值	最大值
国有控股	1 188	28.74	64.86	65.36	8.83	53.18	34.14	87.33
集体控股	24	0.58	65.81	66.55	6.59	25.06	54.31	79.37
民营控股	2 480	59.99	70.03	71.40	8.18	45.65	40.31	85.96
社会团体控股	15	0.36	60.58	61.22	10.11	28.50	45.54	74.04
外资控股	198	4.79	69.88	70.93	7.92	38.32	45.14	83.46

续表

控股股东性质	数目	比例(%)	平均值	中位数	标准差	极差	最小值	最大值
职工持股会控股	3	0.07	59.62	60.60	5.59	11.05	53.61	64.66
其他类型	226	5.47	69.56	71.11	8.10	39.57	43.98	83.54
合　计	4 134	100.00	68.45	69.64	8.68	53.18	34.14	87.33

资料来源:南开大学公司治理数据库。

如表 4.7 所示,民营控股上市公司的三个二级指标中独立性和关联交易得分均远高于国有控股上市公司,分别高出 9.30 和 10.01;而中小股东权益保护则比国有控股上市公司低 1.72。对三级指标做进一步的分析发现,民营控股上市公司在独立性方面优于国有控股上市公司主要是因为民营控股上市公司高管在控股股东单位兼职比例较低和控制层级链条较短;在关联交易方面,民营控股上市公司的经营类关联交易和资产类关联交易比例均明显低于国有控股上市公司,这是造成民营控股上市公司关联交易表现较好的主要原因。国有控股上市公司在中小股东权益保护方面优于民营控股上市公司的主要原因是由于国有控股上市公司在募集资金使用规范性、累积投票实施、股权质押冻结、现金股利支付率和分红连续性上表现较好。

表 4.7　中国上市公司股东治理分指数分控股股东性质描述性统计

控股股东性质	股东治理指数	独立性	中小股东保护	关联交易
国有控股	64.86	61.09	72.35	59.24
集体控股	65.81	61.90	70.36	63.20
民营控股	70.03	70.39	70.63	69.25
社会团体控股	60.58	54.06	62.55	61.87
外资控股	69.88	66.91	71.74	69.51
职工持股会控股	59.62	58.43	53.96	65.88
其他类型	69.56	73.51	70.08	67.06
合　计	68.45	67.61	71.10	66.20

资料来源:南开大学公司治理数据库。

二、2016—2021 年中国上市公司股东治理分控股股东性质比较

表 4.8 列出了 2016—2021 年连续六年国有控股上市公司和民营控股上市公司的股东治理指数,总体上看,2016—2021 年民营控股上市公司的股东治理指数均高于国有控股上市公司。从二级指标上来看,2016—2021 年民营控股上市公司在独立性和关联交易上均优于国有控股上市公司;除 2016 年外,民营控股上市公司在中小股东权益

保护上的表现均差于国有控股上市公司。

表 4.8　中国国有和民营控股上市公司股东治理指数描述性统计六年比较

年　份	控股股东性质	股东治理指数	独立性	中小股东权益保护	关联交易
2016	国有	63.04	56.36	61.88	67.53
	民营	67.92	68.09	65.19	70.56
2017	国有	61.87	60.99	62.80	61.38
	民营	66.79	69.93	62.76	69.25
2018	国有	63.70	61.75	68.11	60.26
	民营	67.81	70.46	66.03	68.26
2019	国有	64.48	59.58	69.21	62.18
	民营	68.30	69.69	66.91	68.99
2020	国有	64.70	59.67	71.49	60.44
	民营	69.30	70.10	69.34	68.86
2021	国有	64.86	61.09	72.35	59.24
	民营	70.03	70.39	70.63	69.25

资料来源:南开大学公司治理数据库。

第四节　中国上市公司股东治理分地区评价

一、2021年中国上市公司股东治理分地区总体描述

表4.9列出了各地区上市公司股东治理指数的描述性分析。股东治理指数平均值最高的三个地区分别是江苏省、广东省和浙江省,平均值分别为70.52、70.13和69.66;股东治理指数平均值最低的三个地区分别是海南省、新疆和山西省,平均值分别为61.57、63.36和63.54,股东治理指数平均值最高和最低的地区之间的差距达到了8.95,相比2020年的9.92差距有所减小。

表 4.9　中国上市公司股东治理指数分地区描述性统计

地　区	数目	比例(%)	平均值	中位数	标准差	极差	最小值	最大值
北京市	379	9.17	68.19	69.30	8.62	46.21	37.85	84.05
天津市	60	1.45	65.76	64.79	8.79	40.44	42.52	82.96
河北省	61	1.48	65.34	65.11	9.56	38.41	43.78	82.19

续表

地区	数目	比例(%)	平均值	中位数	标准差	极差	最小值	最大值
山西省	40	0.97	63.54	64.42	10.36	34.40	45.31	79.72
内蒙古	25	0.60	64.46	65.38	8.56	32.65	45.83	78.48
辽宁省	74	1.79	64.42	63.49	8.78	37.24	44.61	81.84
吉林省	44	1.06	66.87	68.38	8.57	33.57	48.57	82.14
黑龙江省	39	0.94	66.11	67.06	8.86	36.49	45.90	82.39
上海市	338	8.18	67.97	69.10	8.80	45.86	41.46	87.33
江苏省	479	11.59	70.52	72.10	8.46	40.90	43.53	84.42
浙江省	518	12.53	69.66	70.80	8.17	46.27	38.69	84.96
安徽省	126	3.05	68.46	69.64	8.27	37.77	45.69	83.46
福建省	151	3.65	68.64	69.43	7.98	42.54	42.53	85.07
江西省	56	1.35	67.15	67.03	8.91	38.46	45.24	83.70
山东省	227	5.49	68.09	68.66	8.64	44.30	39.61	83.91
河南省	87	2.10	69.65	71.55	8.94	42.88	43.08	85.96
湖北省	114	2.76	67.10	67.90	8.65	40.82	43.81	84.62
湖南省	117	2.83	68.73	70.09	8.64	43.03	40.31	83.34
广东省	673	16.28	70.13	71.52	7.89	42.32	41.54	83.86
广西	37	0.90	65.81	68.14	9.05	40.87	41.12	81.99
海南省	33	0.80	61.57	63.69	9.51	37.49	39.34	76.83
重庆市	56	1.35	66.44	66.10	8.08	32.12	49.75	81.87
四川省	135	3.27	67.53	68.24	9.84	51.21	34.14	85.36
贵州省	31	0.75	66.78	67.09	7.39	26.69	50.07	76.77
云南省	38	0.92	67.34	67.86	8.55	33.73	47.68	81.41
西藏	20	0.48	69.16	70.02	7.51	28.28	53.08	81.36
陕西省	58	1.40	65.46	65.16	8.58	35.35	49.09	84.43
甘肃省	33	0.80	67.22	69.90	8.90	34.03	49.01	83.03
青海省	11	0.27	64.03	64.14	9.62	31.59	48.35	79.94
宁夏	14	0.34	63.98	66.04	8.96	37.15	40.41	77.55
新疆	57	1.38	63.36	62.46	9.59	40.71	40.52	81.23
开曼群岛	3	0.07	66.35	65.85	5.25	10.46	61.36	71.83
合计	4 134	100.00	68.45	69.64	8.68	53.18	34.14	87.33

资料来源:南开大学公司治理数据库。

二、2016—2021 年中国上市公司股东治理分地区比较

从表 4.10 股东治理指数平均值分地区的六年比较中可以看出,各地区的股东治理指数排名波动较大。广东省、江苏省、浙江省、福建省和河南省等 5 个地区股东治理指数的平均值连续六年高于总样本平均值;而天津市、河北省、山西省、内蒙古、辽宁省、吉林省、黑龙江省、江西省、湖北省、海南省、重庆市、四川省、云南省、陕西省、宁夏、新疆、甘肃省、上海市等 18 个地区的股东治理连续六年低于总样本平均值。

表 4.10 中国上市公司股东治理指数分地区描述性统计六年比较

地 区	2016	2017	2018	2019	2020	2021
北京市	66.21	64.44	65.64	66.76	67.72	68.19
天津市	62.29	63.16	64.65	65.73	65.02	65.76
河北省	63.05	63.46	64.97	64.96	64.98	65.34
山西省	62.87	59.23	60.13	60.14	60.54	63.54
内蒙古	61.57	62.14	64.68	64.27	67.08	64.46
辽宁省	63.21	61.98	62.20	62.63	64.89	64.42
吉林省	63.64	62.35	64.93	65.47	64.81	66.87
黑龙江省	64.49	64.84	64.88	65.55	66.87	66.11
上海市	66.02	64.10	65.33	65.74	67.19	67.97
江苏省	67.46	66.73	68.49	68.76	69.41	70.52
浙江省	67.73	66.53	67.75	68.25	69.22	69.66
安徽省	65.46	64.67	66.23	66.75	67.14	68.46
福建省	67.16	65.98	67.77	67.89	68.04	68.64
江西省	63.41	63.29	64.40	66.43	65.46	67.15
山东省	66.48	65.45	67.06	67.69	68.37	68.09
河南省	67.48	65.59	66.78	67.67	68.44	69.65
湖北省	63.08	63.66	65.06	65.79	65.68	67.10
湖南省	65.69	65.51	66.91	67.42	67.53	68.73
广东省	68.29	67.15	68.30	68.97	69.82	70.13
广 西	64.55	65.16	65.38	66.00	65.55	65.81
海南省	59.70	58.81	61.40	60.87	62.43	61.57
重庆市	65.74	63.35	64.67	65.50	66.67	66.44
四川省	64.85	62.48	64.37	65.65	67.69	67.53
贵州省	64.16	63.59	66.93	66.01	66.39	66.78

续表

地　区	2016	2017	2018	2019	2020	2021
云南省	63.41	62.82	63.42	64.93	65.01	67.34
西　藏	65.10	64.37	67.15	66.26	70.46	69.16
陕西省	64.27	62.56	62.97	63.80	64.85	65.46
甘肃省	65.16	63.68	65.42	66.53	67.22	67.22
青海省	66.34	62.83	62.81	62.31	62.60	64.03
宁　夏	58.54	59.70	63.78	63.64	62.40	63.98
新　疆	62.18	63.20	64.40	64.63	63.53	63.36
开曼群岛	—	—	—	—	—	66.35
合　计	66.04	65.00	66.47	67.06	67.86	68.45

资料来源：南开大学公司治理数据库。

第五节　中国上市公司股东治理100佳评价

一、中国上市公司股东治理100佳比较分析

表4.11为中国上市公司股东治理100佳股东治理指数及二级指标的描述性统计结果，100佳公司的股东治理指数平均值为83.00；独立性、中小股东权益保护和关联交易的平均值分别为80.91、87.15和79.90。可以看出，100佳公司各项指标的平均值显著高于总样本。

表4.11　中国上市公司股东治理100佳描述性统计

项　目		样　本	平均值	中位数	标准差	极差	最小值	最大值
股东治理指数		100佳	83.00	82.74	0.98	5.48	81.85	87.33
		样本总体	67.86	68.75	8.63	50.50	36.16	86.66
独立性		100佳	80.91	81.30	5.94	35.05	58.95	94.00
		样本总体	66.77	70.86	15.74	88.29	5.71	94.00
中小股东权益保护		100佳	87.15	86.83	3.72	19.16	76.73	95.89
		样本总体	70.02	70.89	10.91	62.88	31.80	94.68
关联交易		100佳	79.90	79.00	2.34	9.45	77.24	86.69
		样本总体	66.23	70.67	14.89	75.22	12.00	87.22

资料来源：南开大学公司治理数据库。

二、中国上市公司股东治理100佳公司行业分布

表4.12列出了股东治理100佳公司在各个行业的分布情况,可以看出,100佳公司主要集中在制造业,有77家,这与制造业公司占全部样本的比例64.03%有关。从各行业入围100佳的上市公司个数占行业样本总数的比例上看,最高的是住宿和餐饮业,占比为10.00%;其次是金融业、租赁和商务服务业,占比分别为4.92%和3.45%。而农、林、牧、渔业,采矿业,电力、热力、燃气及水生产和供应业,批发和零售业,房地产业,科学研究和技术服务业,居民服务、修理和其他服务业,教育,卫生和社会工作以及综合等10个行业没有1家上市公司入围股东治理100佳。

表4.12 中国上市公司股东治理100佳公司行业分布

行业	样本总体		100佳		
	数目	比例(%)	数目	比例(%)	占本行业比例(%)
农、林、牧、渔业	42	1.02	—	—	—
采矿业	77	1.86	—	—	—
制造业	2 647	64.03	77	77	2.91
电力、热力、燃气及水生产和供应业	117	2.83	—	—	—
建筑业	99	2.39	1	1	1.01
批发和零售业	168	4.06	—	—	—
交通运输、仓储和邮政业	107	2.59	1	1	0.93
住宿和餐饮业	10	0.24	1	1	10.00
信息传输、软件和信息技术服务业	340	8.22	9	9	2.65
金融业	122	2.95	6	6	4.92
房地产业	121	2.93	—	—	—
租赁和商务服务业	58	1.40	2	2	3.45
科学研究和技术服务业	58	1.40	—	—	—
水利、环境和公共设施管理业	72	1.74	2	2	2.78
居民服务、修理和其他服务业	1	0.02	—	—	—
教育	8	0.19	—	—	—
卫生和社会工作	12	0.29	—	—	—

续表

行业	样本总体		100佳		
	数目	比例(%)	数目	比例(%)	占本行业比例(%)
文化、体育和娱乐业	59	1.43	1	1	1.69
综合	16	0.39	—	—	—
合计	4 134	100.00	100	100.00	2.66

资料来源:南开大学公司治理数据库。

三、中国上市公司股东治理100佳公司控股股东分布

表4.13给出了中国上市公司100佳公司控股股东性质的分布状况,可以看到,股东治理100佳几乎集中在民营控股上市公司和国有控股上市公司。民营控股上市公司进入100佳的上市公司有79家,国有控股上市公司有13家入围100佳,这与国有控股样本在全部样本的比例(30.08%)非常不对称。对100佳公司的股东性质分析再次支持民营控股上市公司的股东治理高于国有控股上市公司这一结论。

表4.13 中国上市公司股东治理100佳公司控股股东分布

控股股东性质	样本总体		100佳		
	数目	比例(%)	数目	比例(%)	占本组比例(%)
国有控股	1 129	30.08	13	13	1.15
集体控股	20	0.53	—	—	—
民营控股	2 208	58.83	79	79	3.58
社会团体控股	16	0.43	—	—	—
外资控股	187	4.98	2	2	1.07
职工持股会控股	3	0.08	—	—	—
其他类型	190	5.06	6	6	3.16
合计	3 753	100.00	100	100.00	2.66

资料来源:南开大学公司治理数据库。

四、中国上市公司股东治理100佳公司地区分布

表4.14给出了中国上市公司股东治理100佳公司的地区分布状况,可以看到,入选股东治理100佳的上市公司中,来自江苏省、广东省和浙江省的样本较多,所占的比例依次为18%、17%和16%,股东治理100佳上市公司中有51%来自这3个地区。山西省、内蒙古、吉林省、安徽省、海南省、贵州省、西藏、甘肃省、青海省、宁夏和新疆等

11个地区则没有1家公司进入股东治理100佳。100佳公司数占本地区样本总数比例最高的5个地区分别是：江西省、河南省、江苏省、湖南省和浙江省，比例分别为5.36%、4.60%、3.76%、3.42%和3.09%。

表4.14 中国上市公司股东治理100佳公司地区分布

地 区	样本总体		100佳		
	数目	比例(%)	数目	比例(%)	占本地区比例(%)
北京市	379	9.17	6	6.00	1.58
天津市	60	1.45	1	1.00	1.67
河北省	61	1.48	1	1.00	1.64
山西省	40	0.97	—	—	—
内蒙古	25	0.60	—	—	—
辽宁省	74	1.79	—	—	—
吉林省	44	1.06	1	1.00	2.27
黑龙江省	39	0.94	1	1.00	2.56
上海市	338	8.18	10	10.00	2.96
江苏省	479	11.59	18	18.00	3.76
浙江省	518	12.53	16	16.00	3.09
安徽省	126	3.05	2	2.00	1.59
福建省	151	3.65	3	3.00	1.99
江西省	56	1.35	3	3.00	5.36
山东省	227	5.49	4	4.00	1.76
河南省	87	2.10	4	4.00	4.60
湖北省	114	2.76	2	2.00	1.75
湖南省	117	2.83	4	4.00	3.42
广东省	673	16.28	17	17.00	2.53
广 西	37	0.90	1	1.00	2.70
海南省	33	0.80	—	—	—
重庆市	56	1.35	1	1.00	1.79
四川省	135	3.27	3	3.00	2.22
贵州省	31	0.75	—	—	—
云南省	38	0.92	—	—	—
西 藏	20	0.48	—	—	—
陕西省	58	1.40	1	1.00	1.72

续表

地区	样本总体		100佳		
	数目	比例(%)	数目	比例(%)	占本地区比例(%)
甘肃省	33	0.80	—	—	—
青海省	11	0.27	—	—	—
宁夏	14	0.34	—	—	—
新疆	57	1.38	—	—	—
开曼群岛	3	0.07	—	—	—
合计	4 134	100.00	100	100.00	2.66

资料来源:南开大学公司治理数据库。

主 要 结 论

第一,2021年中国上市公司股东治理指数相比2020年有所提升,由67.86上升到68.45,提升了0.59。从二级指标来看,独立性上升了0.84,中小股东权益保护上升了1.08,关联交易得分降低了0.03。

第二,独立性上升的主要原因是高管相对于控股股东的独立性增强。上市公司高管在控股股东单位兼任高管的比例从2020年的6.70%下降到2021年的5.30%。中小股东权益保护指数上升的主要原因是中小股东独立董事提名权、大股权抵押冻结等方面有所改善。

第三,股东治理行业之间的差距在不断扩大。平均值居前三位的分别是金融业,信息传输、软件和信息技术服务业以及制造业,平均值最低的三个行业分别是综合、教育以及卫生和社会工作。股东治理指数最高与最低的行业之间的差距为12.45,相比2020年度的11.37和2019年度的5.41,差距在不断扩大。

第四,民营控股上市公司股东治理指数的平均值明显高于国有控股上市公司,差距为5.17,相比2020年度(4.60)和2019年度(3.82),差距在不断扩大。三个二级指标中,民营控股上市公司在独立性和关联交易上的得分远高于国有控股上市公司,分别高出9.30和10.01;在中小股东权益保护上则比国有控股上市公司低1.72。对三级指标做进一步的分析发现,民营控股上市公司在独立性方面优于国有控股上市公司主要是因为民营控股上市公司高管在控股股东单位兼职比例较低和控制层级较短;在关联交易方面,民营控股上市公司的经营类关联交易和资产类关联交易比例均明显低于国有控股上市公司。国有控股上市公司在中小股东权益保护方面优于民营控股上市公司的主要原因是由于国有控股上市公司在募集资金使用规范性、累积投票实施、股权质押冻结、现金股利支付率和分红连续性上表现较好。

第五,股东治理地区之间的差距有所减小。股东治理指数平均值最高的三个地区分别是西藏、广东省和江苏省,股东治理指数平均值最低的三个地区分别是山西省、宁夏和海南省,股东治理指数平均值最高和最低的地区之间的差距达到了8.95,相比2020年9.92差距有所减小。

第六,股东治理100佳有79家为民营控股上市公司,只有13家为国有控股上市公司,这与国有控股上市公司在总样本中所占比例(28.74%)不相称,进一步反映了国有控股上市公司股东治理水平较低。

第五章 中国上市公司董事会治理评价

第一节 中国上市公司董事会治理总体分析

一、2021 年中国上市公司董事会治理总体描述

2021 年中国上市公司样本量为 4 134 家,董事会治理指数的平均值为 64.93,中位数为 65.05,标准差为 2.25。从董事会治理的五个主要因素来看,董事会组织结构指数最高,平均值为 69.36;董事会运作效率指数的平均值次之,为 67.20;董事权利与义务指数和董事薪酬指数位于中间,其平均值分别为 63.14 和 62.94;独立董事制度指数的平均值最低,为 61.41。从董事会分指数的公司间差异情况来看,上市公司在董事会组织结构和董事薪酬方面的差异程度较大,其标准差分别为 6.81 和 6.08;而在董事权利与义务、独立董事制度、董事会运作效率方面,上市公司之间的差异程度较小,其标准差分别为 4.77、4.27 和 4.20。见表 5.1。

表 5.1 中国上市公司董事会治理总体状况描述性统计

项 目	平均值	中位数	标准差	极差	最小值	最大值
董事会治理指数	64.93	65.05	2.25	26.06	49.39	75.45
董事权利与义务	63.14	63.00	4.77	29.00	46.50	75.50
董事会运作效率	67.20	67.56	4.20	25.30	49.16	74.46
董事会组织结构	69.36	70.00	6.81	97.00	0.00	97.00
董事薪酬	62.94	61.50	6.08	26.50	50.00	76.50
独立董事制度	61.41	61.75	4.27	23.75	48.75	72.50

资料来源:南开大学公司治理数据库。

二、2016—2021 年中国上市公司董事会治理比较

董事会治理指数的平均水平在 2016—2021 年呈现出不断上升并企稳的趋势,2021 年略有下降,但表现在董事会组织结构、独立董事制度、董事权利与义务、董事会运作效率和董事薪酬指数的平均水平在六年期间则具有不同程度的波动性,具体而言,董事权利与义务指数的平均水平 2017 年小幅上升, 2018 年小幅回落,而在 2019 年和

2020年又小幅回升;董事会运作效率指数在2016年稍有回降,2017—2020年稳步回升;董事会组织结构指数在六年间小幅波动且始终处于领先位置;董事薪酬指数在2016—2021年度总体保持上升趋势,2021年达到近六年的最高值;独立董事制度指数的平均值在六年期间呈波浪形发展,并不稳定。见表5.2和图5.1。

表5.2 中国上市公司董事会治理指数描述性统计六年比较

项目	2016	2017	2018	2019	2020	2021
董事会治理指数	64.11	64.28	64.28	64.51	64.95	64.93
董事权利与义务	61.73	62.94	61.81	62.88	63.18	63.14
董事会运作效率	66.79	66.97	66.96	66.99	67.31	67.20
董事会组织结构	68.77	68.89	69.00	68.60	69.34	69.36
董事薪酬	60.57	60.81	61.56	61.82	62.62	62.94
独立董事制度	61.49	61.21	60.96	61.54	61.64	61.41

资料来:南开大学公司治理数据库。

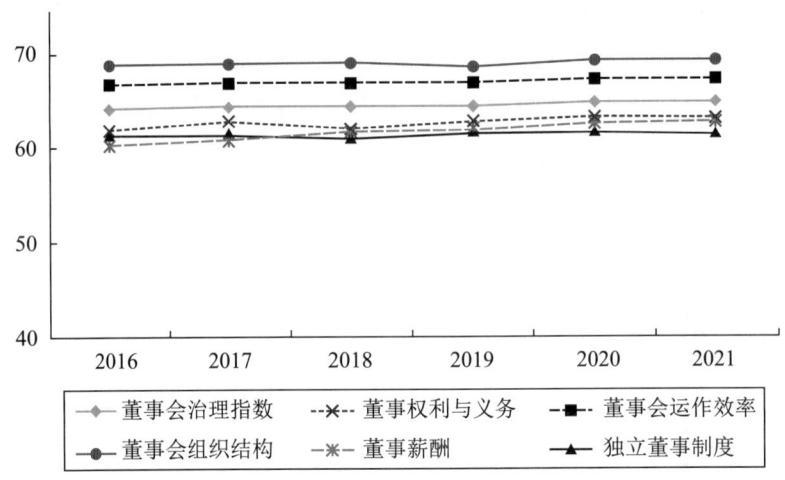

资料来源:南开大学公司治理数据库。

图5.1 中国上市公司董事会治理指数平均值六年折线图比较

第二节 中国上市公司董事会治理分行业评价

一、2021年中国上市公司董事会治理分行业总体描述

我们以证监会制定的行业分类标准为依据,对行业间的董事会治理状况进行分析,以

探究不同行业之间董事会治理的差异。从表5.3董事会治理指数分行业描述性统计中可以看出金融业的董事会治理质量的平均水平最高,为66.82;制造业的上市公司数目最多,为2 647家,占比64.03%,其公司治理指数的平均值为64.93。交通运输、仓储和邮政业,文化、体育和娱乐业,综合董事会治理指数的平均水平较低,分别为64.33、64.33和64.18。从标准差来看,房地产业,水利、环境和公共设施管理业的公司间差距较小,其标准差分别为1.79和1.77;金融业,交通运输、仓储和邮政业的标准差较大,分别为3.49和2.51。

表5.3 中国上市公司董事会治理指数分行业描述性统计

行业	数目	比例(%)	平均值	中位数	标准差	极差	最小值	最大值
农、林、牧、渔业	42	1.02	64.48	64.26	1.87	7.64	60.43	68.07
采矿业	77	1.86	64.45	64.55	2.16	9.68	60.54	70.22
制造业	2 647	64.03	64.93	65.07	2.19	22.47	49.39	71.87
电力、热力、燃气及水生产和供应业	117	2.83	64.38	64.47	1.94	11.56	57.33	68.89
建筑业	99	2.39	64.75	64.88	2.43	15.17	53.79	68.97
批发和零售业	168	4.06	64.92	64.96	2.07	12.80	56.64	69.44
交通运输、仓储和邮政业	107	2.59	64.33	64.77	2.51	15.51	55.43	70.94
住宿和餐饮业	10	0.24	64.64	64.31	2.00	7.12	62.04	69.17
信息传输、软件和信息技术服务业	340	8.22	65.07	65.37	2.22	19.02	50.70	69.73
金融业	122	2.95	66.82	66.63	3.49	25.50	49.95	75.45
房地产业	121	2.93	64.73	64.86	1.79	11.78	58.84	70.63
租赁和商务服务业	58	1.40	64.50	64.52	2.35	11.50	58.27	69.77
科学研究和技术服务业	58	1.40	65.17	65.33	2.19	10.60	60.01	70.62
水利、环境和公共设施管理业	72	1.74	64.79	65.05	1.77	8.39	59.62	68.00
居民服务、修理和其他服务业	1	0.02	66.07	66.07	0.00	0.00	66.07	66.07
教育	8	0.19	64.78	64.78	2.45	6.69	61.75	68.44
卫生和社会工作	12	0.29	66.17	66.04	1.90	6.24	63.42	69.65
文化、体育和娱乐业	59	1.43	64.33	64.33	1.86	10.74	56.80	67.54
综合	16	0.39	64.18	64.03	2.50	8.90	58.28	67.18
合计	4 134	100.00	64.93	65.05	2.25	26.06	49.39	75.45

资料来源:南开大学公司治理数据库。

从表 5.4 中国董事会治理分指数分行业描述性统计表中可以看出,居民服务、修理和其他服务业及住宿和餐饮业在董事会权利与义务方面表现较好,交通运输、仓储和邮政业在董事会权利与义务方面表现相对较差;董事会运作效率方面金融业的优势最大,而居民服务、修理和其他服务业在董事会运作效率方面有较大提升空间;金融业董事会组织结构方面表现也非常好,遥遥领先其他行业,其平均值名列行业第一,而租赁和商务服务业在董事会组织结构方面表现欠佳;居民服务、修理和其他服务业在董事薪酬方面位居行业第一,采矿业在董事薪酬方面位居行业末尾;教育在独立董事制度方面表现相对较好,住宿和餐饮业在独立董事制度方面表现较差。

表 5.4 中国上市公司董事会治理分指数分行业描述性统计

行　业	董事会治理指数	董事权利与义务	董事会运作效率	董事会组织结构	董事薪酬	独立董事制度
农、林、牧、渔业	64.48	63.32	67.54	69.81	59.69	61.43
采矿业	64.45	63.38	67.42	70.06	58.16	62.45
制造业	64.93	63.01	67.10	69.01	63.56	61.34
电力、热力、燃气及水生产和供应业	64.38	62.57	68.46	69.65	58.41	61.56
建筑业	64.75	63.04	66.26	69.04	62.61	62.23
批发和零售业	64.92	63.45	67.85	69.50	61.68	61.50
交通运输、仓储和邮政业	64.33	61.61	68.39	68.75	59.43	61.73
住宿和餐饮业	64.64	64.67	67.50	72.70	59.20	59.67
信息传输、软件和信息技术服务业	65.07	64.13	66.36	68.41	65.20	61.36
金融业	66.82	63.21	68.47	79.65	60.61	61.33
房地产业	64.73	63.54	67.46	69.67	61.05	61.49
租赁和商务服务业	64.50	64.00	66.69	67.29	62.73	61.68
科学研究和技术服务业	65.17	63.11	67.40	68.66	65.00	61.13
水利、环境和公共设施管理业	64.79	64.04	67.49	69.40	61.28	61.52
居民服务、修理和其他服务业	66.07	65.50	66.12	70.00	69.00	60.75
教育	64.78	64.06	66.56	70.00	59.56	63.28
卫生和社会工作	66.17	64.31	67.99	70.00	66.42	61.83
文化、体育和娱乐业	64.33	62.35	67.61	70.03	60.07	60.69
综合	64.18	63.61	67.99	68.38	59.72	60.80
合　计	64.93	63.14	67.20	69.36	62.94	61.41

资料来源:南开大学公司治理数据库。

二、2016—2021 中国上市公司董事会治理分行业比较

从表 5.5 董事会治理指数分行业描述性统计六年比较中可以看出,制造业、租赁和商务服务业的董事会治理质量的平均水平在六年间呈现不断上升的趋势,而其他行业则具有不同程度的波动性。金融业、教育、卫生和社会工作的董事会治理质量的平均水平在六年间较高,其中金融业的董事会治理平均值六年中有五年位列行业第一。交通运输、仓储和邮政业的董事会治理平均值在六年间表现较差。

表 5.5 中国上市公司董事会治理指数分行业描述性统计六年比较

行 业	2016	2017	2018	2019	2020	2021
农、林、牧、渔业	64.27	64.26	64.09	64.17	64.61	64.48
采矿业	64.19	64.32	64.05	64.44	65.21	64.45
制造业	64.09	64.21	64.25	64.50	64.92	64.93
电力、热力、燃气及水生产和供应业	63.77	64.23	63.42	63.96	64.43	64.38
建筑业	64.32	64.25	64.24	64.53	64.82	64.75
批发和零售业	64.14	64.56	64.53	64.55	64.90	64.92
交通运输、仓储和邮政业	63.11	63.34	63.21	63.39	64.04	64.33
住宿和餐饮业	63.42	64.33	64.80	63.76	65.34	64.64
信息传输、软件和信息技术服务业	64.39	64.70	64.48	64.69	64.91	65.07
金融业	66.36	66.33	66.35	66.66	67.43	66.82
房地产业	64.11	64.20	64.26	64.48	64.82	64.73
租赁和商务服务业	63.82	63.97	64.37	64.42	64.45	64.50
科学研究和技术服务业	64.44	64.44	64.51	64.71	65.26	65.17
水利、环境和公共设施管理业	63.70	63.62	64.03	64.46	65.00	64.79
居民服务、修理和其他服务业	—	—	—	—	66.67	66.07
教育	66.59	64.94	65.05	64.34	64.84	64.78
卫生和社会工作	65.02	63.71	64.69	64.96	65.60	66.17
文化、体育和娱乐业	63.97	64.16	64.32	64.05	64.68	64.33
综合	63.49	64.09	64.09	63.65	64.41	64.18
合 计	64.11	64.28	64.28	64.51	64.95	64.93

资料来源:南开大学公司治理数据库。

第三节 中国上市公司董事会治理分控股股东性质评价

一、2021年中国上市公司董事会治理分控股股东性质总体描述

从表5.6分控股股东性质董事会治理指数描述性统计中可以看出,其他类型控股上市公司董事会治理指数平均值最高,为65.59;民营控股、社会团体控股、国有控股和外资控股上市公司董事会治理的平均值位居中间,分别为65.09、64.71、64.56和64.44;集体控股和职工持股会控股上市公司的董事会治理质量相对较差,其平均值分别为64.18和63.71。从不同控股股东类别公司间的差异程度来说,职工持股会控股上市公司的差异程度较大,其标准差为4.54;除此以外的各上市公司的差异程度都较小,民营控股上市公司最小,其标准差为2.08。

表5.6 中国上市公司董事会治理指数分控股股东性质描述性统计

控股股东性质	数目	比例(%)	平均值	中位数	标准差	极差	最小值	最大值
国有控股	1 188	28.74	64.56	64.62	2.31	23.05	50.70	73.75
集体控股	24	0.58	64.18	64.75	3.00	12.52	55.89	68.41
民营控股	2 480	59.99	65.09	65.23	2.08	21.22	49.39	70.62
社会团体控股	15	0.36	64.71	65.53	2.78	10.61	56.64	67.25
外资控股	198	4.79	64.44	64.55	2.17	13.70	55.92	69.62
职工持股会控股	3	0.07	63.71	64.83	4.54	8.88	58.72	67.59
其他类型	226	5.47	65.59	65.42	3.13	25.50	49.95	75.45
合计	4 134	100.00	64.93	65.05	2.25	26.06	49.39	75.45

资料来源:南开大学公司治理数据库。

从董事权利与义务指数来看,社会团体控股上市公司最高,其平均值为64.30,职工持股会控股上市公司最低,其平均值为56.42;从董事会运作效率指数来看,职工持股会控股上市公司表现最好,其平均值为71.78,民营控股上市公司表现最差,其平均值为66.58;从董事会组织结构指数来看,其他类型控股上市公司最高,其平均值为71.22,职工持股会控股上市公司最低,其平均值为58.33;在董事薪酬方面,职工控股上市公司表现最好,其平均值为65.00,社会团体控股上市公司表现最差,其平均值为57.80;在独立董事制度方面,社会团体控股上市公司表现最好,其平均值为63.62,而外资控股上市公司表现最差,其平均值为60.83。见表5.7。

第三节 中国上市公司董事会治理分控股股东性质评价

表 5.7 中国上市公司董事会治理分指数分控股股东性质描述性统计

控股股东性质	董事会治理指数	董事权利与义务	董事会运作效率	董事会组织结构	董事薪酬	独立董事制度
国有控股	64.56	62.75	68.42	69.69	59.17	61.62
集体控股	64.18	61.73	66.90	67.10	61.92	61.90
民营控股	65.09	63.50	66.58	69.13	64.70	61.31
社会团体控股	64.71	64.30	67.68	69.47	57.80	63.62
外资控股	64.44	60.89	67.08	68.55	63.33	60.83
职工持股会控股	63.71	56.42	71.78	58.33	65.00	61.83
其他类型	65.59	63.28	67.66	71.22	63.48	61.63
合 计	64.93	63.14	67.20	69.36	62.94	61.41

资料来源:南开大学公司治理数据库。

二、2016—2021 年中国上市公司董事会治理分控股股东性质比较

从分控股股东性质董事会治理评价六年的发展趋势看,2016—2021 年,民营控股上市公司的董事会治理质量已持续六年超过国有控股上市公司。

以 2021 年度董事会治理状况来说,国有控股上市公司在董事会运作效率、董事会组织结构和独立董事制度方面超过民营控股上市公司,而民营控股上市公司在董事权利与义务、董事薪酬方面超过国有控股上市公司,尤其在董事薪酬方面,民营控股上市公司的优势较大。

从六年国有控股和民营控股上市公司在董事会分指数方面的变动趋势上来看,民营控股上市公司在董事薪酬、董事权利与义务方面一直具有较大优势;民营控股上市公司连续六年间均在董事薪酬、董事权利与义务方面超过国有控股上市公司。而国有控股上市公司在董事会组织结构和董事会运作效率方面具有较大优势,国有控股上市公司连续六年在董事会组织结构与董事会运作效率方面超过民营控股上市公司。民营控股上市公司的独立董事制度指数在 2016 年高于国有控股上市公司,其余年度国有控股上市公司在独立董事制度方面表现更佳。见表 5.8。

表 5.8 中国国有和民营控股公司董事会治理指数描述性统计六年比较

年 份	控股股东性质	董事会治理指数	董事权利与义务	董事会运作效率	董事会组织结构	董事薪酬	独立董事制度
2016	国有	63.77	60.77	67.74	68.98	58.03	61.42
	民营	64.35	62.41	66.21	68.72	62.12	61.56

续表

年份	控股股东性质	董事会治理指数	董事权利与义务	董事会运作效率	董事会组织结构	董事薪酬	独立董事制度
2017	国有	64.03	62.42	68.22	69.08	57.48	61.70
	民营	64.42	63.31	66.22	68.82	62.65	60.94
2018	国有	63.87	61.48	68.08	69.27	57.80	61.17
	民营	64.47	62.02	66.38	68.90	63.35	60.88
2019	国有	64.11	62.42	68.18	68.71	58.23	61.74
	民营	64.72	63.25	66.39	68.62	63.61	61.41
2020	国有	64.61	63.23	68.51	69.66	58.76	61.89
	民营	65.08	63.30	66.71	69.02	64.50	61.46
2021	国有	64.56	62.75	68.42	69.69	59.17	61.62
	民营	65.09	63.50	66.58	69.13	64.70	61.31

资料来源：南开大学公司治理数据库。

第四节 中国上市公司董事会治理分地区评价

一、2021年中国上市公司董事会治理分地区总体描述

上市公司的董事会治理状况在各地区之间具有明显的差异。由表5.9，贵州省、湖南省和重庆市上市公司董事会治理的平均水平较高，位居地区前三名，其平均值分别为65.68、65.38和65.25；辽宁省、甘肃省和宁夏上市公司的董事会治理平均值位于地区最后三名，其平均值分别为64.11、63.73和63.01。从董事会治理质量在公司间的差异程度来说，宁夏、福建省和青海省上市公司董事会治理质量的差异程度较大，其标准差分别为2.99、2.63和2.61；吉林省、湖南省和甘肃省上市公司董事会治理质量的差异程度较小，其标准差分别为1.76、1.74和1.69。

表5.9 中国上市公司董事会治理指数分地区描述性统计

地区	数目	比例(%)	平均值	中位数	标准差	极差	最小值	最大值
北京市	379	9.17	65.07	65.20	2.50	19.96	53.79	73.75
天津市	60	1.45	64.71	64.67	2.24	10.70	59.69	70.39
河北省	61	1.48	65.03	65.42	2.04	13.57	55.72	69.29
山西省	40	0.97	64.39	64.45	1.87	8.61	60.54	69.15

续表

地区	数目	比例(%)	平均值	中位数	标准差	极差	最小值	最大值
内蒙古	25	0.60	64.85	65.20	1.91	8.28	61.33	69.62
辽宁省	74	1.79	64.11	64.17	2.59	14.82	53.79	68.62
吉林省	44	1.06	64.62	64.56	1.76	8.11	59.63	67.74
黑龙江省	39	0.94	64.89	65.39	1.88	9.00	58.67	67.67
上海市	338	8.18	64.85	64.93	2.21	18.60	52.34	70.94
江苏省	479	11.59	65.17	65.15	2.19	19.41	56.04	75.45
浙江省	518	12.53	64.87	64.94	2.06	22.24	49.39	71.63
安徽省	126	3.05	64.58	64.46	2.45	19.33	51.02	70.34
福建省	151	3.65	64.69	64.93	2.63	19.92	49.95	69.88
江西省	56	1.35	64.40	64.72	2.19	12.95	55.17	68.12
山东省	227	5.49	64.82	65.08	2.42	23.11	50.70	73.82
河南省	87	2.10	65.02	65.06	1.82	9.55	60.30	69.85
湖北省	114	2.76	64.76	64.95	2.54	18.16	53.70	71.87
湖南省	117	2.83	65.38	65.42	1.74	9.08	60.34	69.42
广东省	673	16.28	65.16	65.36	2.17	14.57	55.92	70.49
广西	37	0.90	64.31	64.29	2.14	11.46	58.35	69.81
海南省	33	0.80	64.55	64.65	2.47	11.69	57.83	69.52
重庆市	56	1.35	65.25	65.55	2.31	11.73	61.36	73.09
四川省	135	3.27	65.12	65.23	2.23	15.59	54.98	70.57
贵州省	31	0.75	65.68	65.66	2.01	7.55	62.79	70.34
云南省	38	0.92	64.72	64.85	2.28	9.74	58.84	68.58
西藏	20	0.48	65.18	64.79	2.19	7.17	62.09	69.27
陕西省	58	1.40	64.22	64.35	2.48	14.23	54.83	69.06
甘肃省	33	0.80	63.73	63.69	1.69	6.76	60.43	67.19
青海省	11	0.27	64.94	65.17	2.61	8.85	59.62	68.46
宁夏	14	0.34	63.01	63.50	2.99	13.55	54.84	68.39
新疆	57	1.38	64.96	64.99	2.26	11.65	57.43	69.08
开曼群岛	3	0.07	62.59	63.32	1.80	3.37	60.53	63.91
合计	4 134	100.00	64.93	65.05	2.25	26.06	49.39	75.45

资料来源：南开大学公司治理数据库。

二、2016—2021 年中国上市公司董事会治理分地区比较

从表 5.10 中国分地区董事会治理指数平均值的六年比较中可以看出,贵州省、西藏和湖南省的董事会治理质量的平均水平在六年期间表现较好,位列前三名。贵州省在 2016 年、2017 年、2019 年、2020 年、2021 年均是第一名;西藏连续六年进入前五名;湖南省连续五年进入前五名;青海省、浙江省表现也较为居前;宁夏、甘肃省和海南省董事会治理质量的平均水平在六年期间表现相对较差。

表 5.10　中国上市公司董事会治理指数分地区描述性统计六年比较

地 区	2016	2017	2018	2019	2020	2021
北京市	64.33	64.40	64.29	64.65	65.20	65.07
天津市	63.99	64.15	64.21	64.28	65.03	64.71
河北省	64.14	64.10	64.33	64.34	64.83	65.03
山西省	63.73	63.75	64.10	64.19	64.59	64.39
内蒙古	64.25	64.19	64.23	64.20	64.95	64.85
辽宁省	64.02	63.87	63.76	64.37	64.38	64.11
吉林省	64.02	64.18	64.49	64.68	64.79	64.62
黑龙江省	64.01	64.23	63.62	64.03	64.40	64.89
上海市	63.90	64.25	64.37	64.36	64.98	64.85
江苏省	64.02	64.29	64.37	64.71	65.11	65.17
浙江省	64.41	64.36	64.37	64.58	64.77	64.87
安徽省	63.78	64.23	64.03	64.17	64.73	64.58
福建省	63.84	63.86	64.12	64.53	64.73	64.69
江西省	63.84	64.10	63.51	63.90	64.45	64.40
山东省	64.05	64.27	64.06	64.40	64.89	64.82
河南省	64.43	64.12	64.00	64.52	65.04	65.02
湖北省	63.42	64.29	64.06	64.23	64.81	64.76
湖南省	64.24	64.66	64.65	65.02	65.39	65.38
广东省	64.28	64.48	64.49	64.59	65.15	65.16
广　西	64.16	63.79	64.44	64.54	64.74	64.31
海南省	63.62	63.48	63.45	63.91	64.47	64.55
重庆市	64.29	64.63	64.58	64.67	65.09	65.25
四川省	64.20	64.17	64.11	64.49	65.01	65.12
贵州省	65.35	65.20	64.72	65.77	65.48	65.68

续表

地　区	2016	2017	2018	2019	2020	2021
云南省	63.62	63.94	64.34	63.93	64.32	64.72
西　藏	65.02	64.78	64.85	64.69	65.46	65.18
陕西省	63.94	64.50	64.04	64.22	64.59	64.22
甘肃省	63.26	63.60	63.64	63.73	63.77	63.73
青海省	64.63	64.63	64.42	64.94	64.95	64.94
宁　夏	63.42	63.12	63.28	64.38	63.21	63.01
新　疆	63.93	64.17	64.33	63.94	65.04	64.96
开曼群岛	—	—	—	—	—	62.59
合　计	64.11	64.28	64.28	64.51	64.95	64.93

资料来源：南开大学公司治理数据库。

第五节　中国上市公司董事会治理 100 佳评价

一、中国上市公司董事会治理 100 佳比较分析

如表 5.11 所示，董事会治理 100 佳上市公司的表现明显优于总样本上市公司。100 佳上市公司董事会治理指数的平均值为 69.98，比总样本高 5.05。100 佳公司董事会治理质量的优势主要体现在董事会组织结构、董事薪酬和独立董事制度方面，其平均值比总样本上市公司分别高 9.46、6.39 和 3.97。100 佳公司在董事会运作效率、董事权利与义务方面的优势并不是很明显，其平均值水平分别超过总样本 2.89 和 1.72。

表 5.11　中国上市公司董事会治理 100 佳描述性统计

项　目	样　本	平均值	中位数	标准差	极　差	最小值	最大值
董事会治理指数	100 佳	69.98	69.49	1.36	6.55	68.91	75.45
	样本总体	64.93	65.05	2.25	26.06	49.39	75.45
董事权利与义务	100 佳	64.86	64.75	4.36	18.50	56.00	74.50
	样本总体	63.14	63.00	4.77	29.00	46.50	75.50
董事会运作效率	100 佳	70.09	70.15	2.92	12.65	61.81	74.46
	样本总体	67.20	67.56	4.20	25.30	49.16	74.46
董事会组织结构	100 佳	78.82	70.00	11.79	36.00	70.00	97.00
	样本总体	69.36	70.00	6.81	106.00	0.00	97.00

续表

项　　目	样　　本	平均值	中位数	标准差	极　差	最小值	最大值
董事薪酬	100佳	69.33	69.00	6.23	22.00	54.50	76.50
	样本总体	62.94	61.50	6.08	26.50	50.00	76.50
独立董事制度	100佳	65.38	66.75	3.31	16.75	55.75	72.50
	样本总体	61.41	61.75	4.27	23.75	48.75	72.50

资料来源：南开大学公司治理数据库。

二、中国上市公司董事会治理100佳公司行业分布

表5.12是董事会治理100佳公司的行业分布。制造业和金融业入围100佳的公司数目较多，分别有52家和28家，在数量上位居行业前两位；金融业、住宿和餐饮业、卫生和社会工作分别有22.95%、10.00%、8.33%的公司入围100佳，在所占行业比重方面位于行业前三位。农、林、牧、渔业，电力、热力、燃气及水生产和供应业，居民服务、修理和其他服务业，教育，综合等行业没有公司入围100佳。

表5.12　中国上市公司董事会治理100佳公司行业分布

行　　业	样本总体		100佳	
	数目	比例(%)	数目	占本行业比例(%)
农、林、牧、渔业	42	1.02	—	—
采矿业	77	1.86	3	3.90
制造业	2 647	64.03	52	1.96
电力、热力、燃气及水生产和供应业	117	2.83	—	—
建筑业	99	2.39	1	1.01
批发和零售业	168	4.06	1	0.60
交通运输、仓储和邮政业	107	2.59	2	1.87
住宿和餐饮业	10	0.24	1	10.00
信息传输、软件和信息技术服务业	340	8.22	8	2.35
金融业	122	2.95	28	22.95
房地产业	121	2.93	1	0.83
租赁和商务服务业	58	1.40	1	1.72
科学研究和技术服务业	58	1.40	1	1.72
水利、环境和公共设施管理业	72	1.74	—	—
居民服务、修理和其他服务业	1	0.02	—	—
教育	8	0.19	—	—

续表

行　业	样本总体		100 佳	
	数目	比例(%)	数目	占本行业比例(%)
卫生和社会工作	12	0.29	1	8.33
文化、体育和娱乐业	59	1.43	—	—
综合	16	0.39	—	—
合　计	4 134	100.00	100	—

资料来源:南开大学公司治理数据库。

三、中国上市公司董事会治理 100 佳公司控股股东性质分布

表 5.13 给出了董事会治理 100 佳公司控股股东分布情况。2.69%的国有控股上市公司(32 家)入围 100 佳,44 家民营控股上市公司入围 100 佳,所占类别比重为 1.77%。23 家其他类型、1 家外资控股上市公司入围 100 佳行列,所占类别比重分别为 10.18%和 0.51%。社会团体控股、集体控股和职工持股会控股上市公司均没有公司入围100 佳。

表 5.13　中国上市公司董事会治理 100 佳公司控股股东分布

控股股东性质	样本总体		100 佳	
	数目	比例(%)	数目	占本组比例(%)
国有控股	1 188	28.74	32	2.69
集体控股	24	0.58	—	—
民营控股	2 480	59.99	44	1.77
社会团体控股	15	0.36	—	—
外资控股	198	4.79	1	0.51
职工持股会控股	3	0.07	—	—
其他类型	226	5.47	23	10.18
合　计	4 134	100.00	100	—

资料来源:南开大学公司治理数据库。

四、中国上市公司董事会治理 100 佳公司地区分布

从表 5.14 中国董事会治理 100 佳的地区分布情况来看,北京市、江苏省、广东省、浙江省分别有 22 家、13 家、12 家和 10 家公司入围 100 佳,所占地区比例分别为5.80%、2.71%、1.78%和 1.93%;从入围 100 佳公司占本地区比例来看,西藏以 10.00%

位居首位,其次是贵州省和北京市。辽宁省、吉林省、黑龙江省、江西省、云南省、甘肃省、青海省、宁夏没有上市公司入围100佳行列。

表5.14 中国上市公司董事会治理100佳公司地区分布

地 区	样本总体		100佳	
	数目	比例(%)	数目	占本地区比例(%)
北京市	379	9.17	22	5.80
天津市	60	1.45	2	3.33
河北省	61	1.48	1	1.64
山西省	40	0.97	1	2.50
内蒙古	25	0.60	1	4.00
辽宁省	74	1.79	—	—
吉林省	44	1.06	—	—
黑龙江省	39	0.94	—	—
上海市	338	8.18	6	1.78
江苏省	479	11.59	13	2.71
浙江省	518	12.53	10	1.93
安徽省	126	3.05	4	3.17
福建省	151	3.65	3	1.99
江西省	56	1.35	—	—
山东省	227	5.49	4	1.76
河南省	87	2.10	1	1.15
湖北省	114	2.76	5	4.39
湖南省	117	2.83	1	0.85
广东省	673	16.28	12	1.78
广 西	37	0.90	1	2.70
海南省	33	0.80	1	3.03
重庆市	56	1.35	2	3.57
四川省	135	3.27	3	2.22
贵州省	31	0.75	2	6.45
云南省	38	0.92	—	—
西 藏	20	0.48	2	10.00
陕西省	58	1.40	1	1.72
甘肃省	33	0.80	—	—

续表

地　区	样本总体		100佳	
	数目	比例(%)	数目	占本地区比例(%)
青海省	11	0.27	—	—
宁　夏	14	0.34	—	—
新　疆	57	1.38	2	3.51
开曼群岛	3	0.07	—	—
合　计	4 134	100.00	100	

资料来源:南开大学公司治理数据库。

主 要 结 论

在对2021年度4 134家中国上市公司董事会治理状况进行分析及历年数据进行比较的基础上,总结出我国上市公司董事会治理质量呈现的特征及变化趋势,并给出我国上市公司董事会治理质量在行业、控股股东性质、地区方面的差异。

第一,2021年中国上市公司样本量为4134家,董事会治理指数的平均值为64.93,中位数为65.05,标准差为2.25。从董事会治理的五个主要因素来看,董事会组织结构指数最高,平均值为69.36;董事会运作效率指数的平均值次之,为67.20;董事权利与义务指数和董事薪酬指数位于中间,其平均值分别为63.14和62.94;独立董事制度指数的平均值最低,为61.41。独立董事制度仍然是董事会治理的短板。

第二,董事会治理指数的平均水平在2016—2021年呈现出不断上升并企稳的趋势,2021年略有下降。其中,董事会组织结构、独立董事制度、董事权利与义务、董事会运作效率和董事薪酬指数的平均水平在六年期间则具有不同程度的波动性。

第三,2021年度中国上市公司董事会治理质量的平均水平略低于2020年的平均水平,五个分指数呈现出不同方向变化。其中董事权利与义务指数、董事会运作效率指数和独立董事制度指数分别下降0.04、0.11、0.23,董事会组织结构和董事薪酬指数分别提高0.02和0.32。

第四,随着混合所有制改革的推进,企业公司治理结构进一步完善,政策支持上市公司开展股权激励,董事会组织结构水平与董事薪酬水平得到提升。2021年度董事会组织结构指数增长体现在董事会专业委员会设置及有效运行方面。2021年93.61%的上市公司实现了在四类专业委员会(审计、战略、薪酬与提名)方面的有效运行,而2020年该比例是93.39%。2021年度董事薪酬指数增长主要体现在领薪董事比例的上升、持股董事比例的上升和股权激励授予情况方面。2021年度独立董事制度指数下降主要体现在独立董事津贴和独立董事外部兼职方面。

第五，董事会治理质量在不同行业及地区之间呈现出差异性。从行业分布情况来说，金融业、卫生和社会工作的董事会治理质量较高；交通运输、仓储和邮政业，文化、体育和娱乐业，综合上市公司的董事会治理指数的平均水平较低。从地区分布情况来说，贵州省、湖南省和重庆市的上市公司董事会治理的平均水平较高，位居地区前三名，其平均值分别为65.68、65.38和65.25；辽宁省、甘肃省和宁夏上市公司的董事会治理均值位于地区最后三名。

第六，2016—2021年，民营控股上市公司的董事会治理质量已持续六年超过国有控股上市公司。2021年度民营控股上市公司董事会治理的平均水平高于国有控股上市公司，国有控股上市公司在董事会运作效率、董事会组织结构和独立董事制度方面超过民营控股上市公司，而民营控股上市公司在董事权利与义务、董事薪酬方面超过国有控股上市公司，尤其在董事薪酬方面，民营控股上市公司的优势较大。

第七，2020年度董事会治理100佳上市公司的表现明显优于总样本上市公司，尤其在董事会组织结构、董事薪酬和独立董事制度方面具有较大优势。从100佳公司的行业分布来说，制造业、金融业入围100佳的公司数目较多，金融业、住宿和餐饮业、卫生和社会工作入围100佳的公司比例较高。从控股股东性质分布来说，民营控股上市公司入围100佳的公司数目高于国有控股上市公司。从地区分布来说，北京市、广东省、浙江省和江苏省入围100佳的公司数目较多，辽宁省、吉林省、黑龙江省、江西省、云南省、甘肃省、青海省、宁夏没有上市公司入围100佳行列。

第六章 中国上市公司监事会治理评价

第一节 中国上市公司监事会治理总体分析

一、2021年中国上市公司监事会治理总体描述

2021年中国上市公司样本量为4134家,监事会治理指数的平均值为59.65,标准差为5.86,监事会治理指数基本服从正态分布。从监事会指数的三个主要因素来看,样本公司运行状况指数平均值为75.88,规模结构指数平均值为47.18,胜任能力指数平均值为58.21。详见表6.1。

表6.1 中国上市公司监事会治理总体状况描述性统计

项 目	平均值	中位数	标准差	极差	最小值	最大值
监事会治理指数	59.65	58.02	5.86	78.23	0.00	78.23
运行状况	75.88	80.00	5.35	80.00	0.00	80.00
规模结构	47.18	40.00	12.65	80.00	0.00	80.00
胜任能力	58.21	58.20	6.63	79.04	0.00	79.04

资料来源:南开大学公司治理数据库。

二、2016—2021年中国上市公司监事会治理比较

从2016—2021年连续六年监事会治理指数的发展趋势看(见表6.2和图6.1),其平均值呈现上升趋势。三个分指数中,运行状况指数六年间都呈现出上升趋势,从2016年的70.99提高到2021年的75.86;规模结构指数在2016—2021年间有所降低;胜任能力指数2016—2020年间在56.00—57.00之间小幅波动,2021年有一定提升。

表6.2 中国上市公司监事会治理指数描述性统计六年比较

项 目	2016	2017	2018	2019	2020	2021
监事会治理指数	58.76	58.78	59.05	59.55	59.65	59.65

续表

项 目	2016	2017	2018	2019	2020	2021
运行状况	70.99	71.79	73.80	75.83	75.71	75.88
规模结构	50.32	49.59	48.85	48.44	48.66	47.18
胜任能力	56.70	56.82	56.62	56.72	56.89	58.21

资料来源:南开大学公司治理数据库。

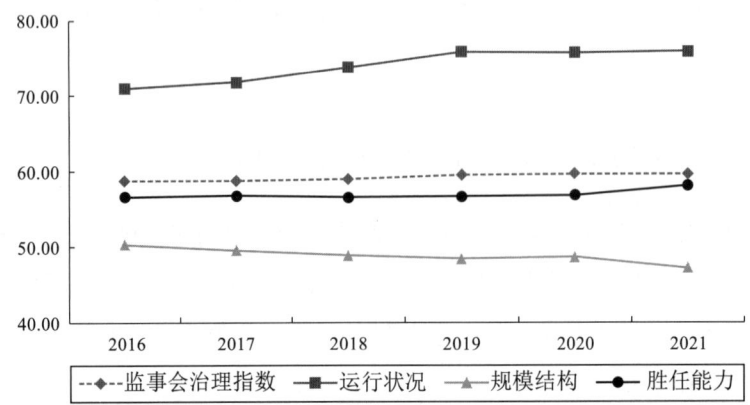

资料来源:南开大学公司治理数据库。

图 6.1 中国上市公司监事会治理指数平均值六年折线图比较

第二节 中国上市公司监事会治理分行业评价

一、2021 年中国上市公司监事会治理分行业总体描述

从行业分布状况可以看出,各行业监事会治理指数存在一定的差异。监事会治理指数排名前三位的行业分别是金融业,电力、热力、燃气及水生产和供应业,交通运输、仓储和邮政业,平均值分别为 66.90、63.61 和 63.25;监事会治理指数较低的三个行业是信息传输、软件和信息技术服务业,卫生和社会工作,以及居民服务、修理和其他服务业,平均值分别为 58.73、58.30 和 55.37。行业分布统计详情见表 6.3。

表 6.3 中国上市公司监事会治理指数分行业描述性统计

行 业	数目	比例(%)	平均值	中位数	标准差	极差	最小值	最大值
农、林、牧、渔业	42	1.02	59.83	58.32	4.82	18.96	52.99	71.95
采矿业	77	1.86	62.59	60.40	6.81	32.42	45.80	78.23

续表

行 业	数目	比例(%)	平均值	中位数	标准差	极差	最小值	最大值
制造业	2 647	64.03	58.85	57.53	5.55	77.11	0.00	77.11
电力、热力、燃气及水生产和供应业	117	2.83	63.61	63.60	6.07	25.31	52.08	77.39
建筑业	99	2.39	60.95	58.80	6.05	26.05	50.96	77.01
批发和零售业	168	4.06	60.25	58.75	5.68	30.87	43.35	74.22
交通运输、仓储和邮政业	107	2.59	63.25	63.41	6.26	21.06	52.36	73.42
住宿和餐饮业	10	0.24	62.29	59.82	6.55	16.06	55.72	71.78
信息传输、软件和信息技术服务业	340	8.22	58.73	57.67	4.61	31.70	42.40	74.10
金融业	122	2.95	66.90	68.66	6.80	25.09	52.67	77.76
房地产业	121	2.93	60.74	58.86	5.86	24.44	50.63	75.08
租赁和商务服务业	58	1.40	59.40	58.16	5.63	25.57	45.98	71.55
科学研究和技术服务业	58	1.40	59.62	58.66	5.08	20.99	51.48	72.47
水利、环境和公共设施管理业	72	1.74	59.27	58.41	4.38	18.61	52.33	70.94
居民服务、修理和其他服务业	1	0.02	55.37	55.37	—	0.00	55.37	55.37
教育	8	0.19	63.09	64.02	5.82	15.29	56.07	71.36
卫生和社会工作	12	0.29	58.30	58.49	6.24	24.34	42.47	66.81
文化、体育和娱乐业	59	1.43	61.22	59.14	6.01	22.04	52.26	74.30
综合	16	0.39	61.30	59.61	6.36	22.04	53.94	75.97
合 计	4 134	100.00	59.65	58.02	5.86	78.23	0.00	78.23

资料来源：南开大学公司治理数据库。

从分指数看，导致金融业，电力、热力、燃气及水生产和供应业，交通运输、仓储和邮政业居于前列的主要因素是这些行业的规模结构指数和胜任能力指数都明显高于平均值，其规模结构指数分别为 60.45、55.09 和 55.00，其胜任能力指数分别为 65.35、62.33 和 61.07；导致信息传输、软件和信息技术服务业，卫生和社会工作，居民服务、修理和其他服务业监事会治理指数分值较低的原因是较低的规模结构指数和胜任能力指数，规模结构指数分别为 44.13、44.17 和 40.00，胜任能力指数分别为 57.76、55.97 和 58.20。见表 6.4。

表 6.4 中国上市公司监事会治理分指数分行业描述性统计

行　业	数目	比例(%)	监事会治理指数	运行状况	规模结构	胜任能力
农、林、牧、渔业	42	1.02	59.83	77.14	47.62	57.20
采矿业	77	1.86	62.59	76.10	52.47	61.14
制造业	2 647	64.03	58.85	75.92	45.87	57.20
电力、热力、燃气及水生产和供应业	117	2.83	63.61	75.04	55.09	62.33
建筑业	99	2.39	60.95	76.26	48.99	59.79
批发和零售业	168	4.06	60.25	74.64	48.51	59.66
交通运输、仓储和邮政业	107	2.59	63.25	75.42	55.00	61.07
住宿和餐饮业	10	0.24	62.29	74.00	52.00	62.55
信息传输、软件和信息技术服务业	340	8.22	58.73	76.88	44.13	57.76
金融业	122	2.95	66.90	76.23	60.45	65.35
房地产业	121	2.93	60.74	74.55	48.72	60.92
租赁和商务服务业	58	1.40	59.40	75.86	46.38	58.30
科学研究和技术服务业	58	1.40	59.62	76.21	46.03	58.99
水利、环境和公共设施管理业	72	1.74	59.27	75.42	45.97	58.71
居民服务、修理和其他服务业	1	0.02	55.37	70.00	40.00	58.20
教育	8	0.19	63.09	76.25	56.25	58.66
卫生和社会工作	12	0.29	58.30	77.50	44.17	55.97
文化、体育和娱乐业	59	1.43	61.22	74.75	50.51	60.33
综合	16	0.39	61.30	75.63	49.38	60.94
合　计	4 134	100.00	59.65	75.88	47.18	58.21

资料来源:南开大学公司治理数据库。

二、2016—2021 年中国上市公司监事会治理分行业比较

从表 6.5 的统计数据可以看出,2016—2021 年金融业,教育,电力、热力、燃气及水生产和供应业,交通运输、仓储和邮政业的监事会治理指数一直居于前列,而制造业,信息传输、软件和信息技术服务业,卫生和社会工作等行业这六年来监事会治理指数一直排在后面,由六年数据分析可以认为行业因素会导致监事会治理水平的差异。

表 6.5 中国上市公司监事会治理指数分行业描述性统计六年比较

行　业	2016	2017	2018	2019	2020	2021
农、林、牧、渔业	58.29	58.97	59.33	59.51	60.29	59.83

续表

行　业	2016	2017	2018	2019	2020	2021
采矿业	60.00	61.25	61.89	63.46	62.51	62.59
制造业	58.24	58.02	58.27	58.72	58.81	58.85
电力、热力、燃气及水生产和供应业	61.89	62.44	62.97	63.31	63.55	63.61
建筑业	58.59	58.94	60.30	60.39	60.78	60.95
批发和零售业	59.14	59.65	60.00	60.90	60.74	60.25
交通运输、仓储和邮政业	60.81	61.81	62.10	62.47	62.45	63.25
住宿和餐饮业	58.87	60.48	61.98	62.13	62.63	62.29
信息传输、软件和信息技术服务业	58.34	57.68	58.24	58.36	58.54	58.73
金融业	66.68	64.50	64.37	65.63	66.78	66.90
房地产业	58.86	60.45	60.37	61.22	61.01	60.74
租赁和商务服务业	58.29	58.11	59.28	59.20	60.10	59.40
科学研究和技术服务业	59.57	57.86	58.07	59.40	59.73	59.62
水利、环境和公共设施管理业	57.47	60.04	59.20	60.27	60.23	59.27
居民服务、修理和其他服务业	—	—	—	—	57.84	55.37
教育	71.36	67.74	67.87	64.78	63.34	63.09
卫生和社会工作	59.09	59.11	56.63	59.20	58.05	58.30
文化、体育和娱乐业	60.03	60.39	60.61	60.72	60.31	61.22
综合	56.90	58.82	60.27	60.79	60.07	61.30
合　计	58.76	58.78	59.05	59.55	59.65	59.65

资料来源：南开大学公司治理数据库。

第三节　中国上市公司监事会治理分控股股东性质评价

一、2021年中国上市公司监事会治理分控股股东性质总体描述

从表6.6的数据中可以看出，控股股东性质为国有控股的上市公司监事会治理指数为63.20，集体控股上市公司为58.67，民营控股上市公司为57.88，社会团体控股上市公司为59.87，外资控股上市公司为57.23，职工持股会控股上市公司为61.38。国有控股上市公司监事会治理水平明显高于其他上市公司。

表 6.6　中国上市公司监事会治理指数分控股股东性质描述性统计

控股股东性质	数目	比例(%)	平均值	中位数	标准差	极差	最小值	最大值
国有控股	1 188	28.74	63.37	62.34	6.54	78.23	0.00	78.23
集体控股	24	0.58	60.05	59.08	5.01	16.58	53.87	70.44
民营控股	2 480	59.99	57.90	57.15	4.42	74.82	0.00	74.82
社会团体控股	15	0.36	57.97	57.37	1.97	6.85	54.39	61.24
外资控股	198	4.79	57.37	56.67	3.89	25.43	45.75	71.18
职工持股会控股	3	0.07	62.07	61.80	1.14	2.22	61.10	63.32
其他类型	226	5.47	61.40	59.70	7.59	77.04	0.00	77.04
合　计	4 134	100.00	59.65	58.02	5.86	78.23	0.00	78.23

资料来源：南开大学公司治理数据库。

从分指数看,导致国有控股上市公司监事会治理指数高于其他上市公司的原因是国有控股上市公司的规模结构和胜任能力分指数比较高,反映出国有控股上市公司监事会治理的各方面相对比较完善,可能的原因是国有控股上市公司的最终控制人更倾向于利用监事会作为治理公司的一种手段。见表 6.7。

表 6.7　中国上市公司监事会治理分指数分控股股东性质描述性统计

控股股东性质	数目	比例(%)	监事会治理指数	运行状况	规模结构	胜任能力
国有控股	1 188	28.74	63.37	75.18	54.71	61.90
集体控股	24	0.58	60.05	75.00	48.75	58.54
民营控股	2 480	59.99	57.90	76.25	43.72	56.35
社会团体控股	15	0.36	57.97	72.67	41.00	62.35
外资控股	198	4.79	57.37	75.51	42.37	56.82
职工持股会控股	3	0.07	62.07	76.67	46.67	64.97
其他类型	226	5.47	61.40	76.19	50.00	60.13
合　计	4 134	100.00	59.65	75.88	47.18	58.21

资料来源：南开大学公司治理数据库。

二、2016—2021 年中国上市公司监事会治理分控股股东性质比较

表 6.8 列出了 2016—2021 年六年国有控股和民营控股上市公司的监事会治理指数,总体上看,六年内国有控股上市公司的监事会治理质量一直优于民营控股上市公司;从监事会运行状况看,民营控股上市公司总体上高于国有控股上市公司,但差距在

逐渐缩小;从监事会的规模结构看,国有控股上市公司要明显好于民营控股上市公司,差距一直维持在 10.00 以上;从监事会胜任能力看,近六年来,国有控股上市公司要好于民营控股上市公司,近三年两者差距维持在 5.00 以上。

表 6.8 中国国有和民营控股上市公司监事会治理指数描述性统计六年比较

年份	控股股东性质	监事会治理指数	运行状况	规模结构	胜任能力
2016	国有	61.17	67.91	56.41	60.15
	民营	57.32	72.90	46.71	54.57
2017	国有	62.16	70.43	57.00	60.22
	民营	56.91	72.59	45.50	54.87
2018	国有	62.51	72.15	56.28	60.47
	民营	57.41	74.68	45.24	54.77
2019	国有	63.42	74.87	56.63	60.39
	民营	57.74	76.34	44.64	54.90
2020	国有	63.20	75.14	55.69	60.48
	民营	57.88	76.03	45.22	54.97
2021	国有	63.37	75.18	54.71	61.90
	民营	57.90	76.25	43.72	56.35

资料来源:南开大学公司治理数据库。

第四节 中国上市公司监事会治理分地区评价

一、2021 年中国上市公司监事会治理分地区总体描述

上市公司监事会治理指数排在前三位的地区是云南省(63.28)、山西省(62.88)和新疆(62.33),监事会治理指数排名后三位的地区是浙江省(57.87)、西藏(57.22)和开曼群岛(0.00)。详情见表 6.9。

表 6.9 中国上市公司监事会治理指数分地区描述性统计

地 区	数目	比例(%)	平均值	中位数	标准差	极差	最小值	最大值
北京市	379	9.17	60.89	58.97	5.91	35.36	42.40	77.76
天津市	60	1.45	60.87	59.19	5.84	22.56	52.26	74.82
河北省	61	1.48	61.34	59.70	5.33	20.19	51.91	72.09

续表

地 区	数目	比例(%)	平均值	中位数	标准差	极差	最小值	最大值
山西省	40	0.97	62.88	63.96	7.48	31.54	43.87	75.40
内蒙古	25	0.60	61.25	57.61	7.58	24.36	53.87	78.23
辽宁省	74	1.79	60.68	59.20	5.32	20.75	52.36	73.11
吉林省	44	1.06	59.94	57.45	6.14	27.06	45.21	72.27
黑龙江省	39	0.94	59.17	58.27	4.50	17.38	52.40	69.78
上海市	338	8.18	59.95	58.16	5.78	33.57	43.75	77.32
江苏省	479	11.59	58.65	57.15	5.07	24.49	50.89	75.38
浙江省	518	12.53	57.87	56.77	4.77	31.06	45.98	77.04
安徽省	126	3.05	60.12	58.90	5.88	25.10	50.63	75.73
福建省	151	3.65	59.30	57.77	5.42	23.42	51.72	75.14
江西省	56	1.35	60.76	59.65	5.39	19.85	50.96	70.81
山东省	227	5.49	59.72	57.77	5.72	31.70	45.43	77.13
河南省	87	2.10	61.53	59.88	5.88	21.33	53.34	74.67
湖北省	114	2.76	60.88	58.79	6.28	25.87	51.24	77.11
湖南省	117	2.83	60.13	58.30	5.72	22.96	51.87	74.83
广东省	673	16.28	58.78	57.60	4.88	34.36	42.47	76.83
广 西	37	0.90	60.41	57.46	5.55	16.96	54.18	71.14
海南省	33	0.80	60.36	58.23	6.05	20.16	51.96	72.13
重庆市	56	1.35	61.61	59.59	5.83	22.46	52.50	74.96
四川省	135	3.27	60.56	58.41	6.23	25.46	51.56	77.01
贵州省	31	0.75	60.69	58.88	6.16	21.93	51.84	73.77
云南省	38	0.92	63.28	62.25	6.64	22.39	53.66	76.05
西 藏	20	0.48	57.72	56.45	4.43	18.88	52.08	70.96
陕西省	58	1.40	61.32	59.12	6.38	23.50	51.98	75.47
甘肃省	33	0.80	61.15	59.45	5.71	19.45	51.91	71.36
青海省	11	0.27	60.18	58.30	5.18	16.96	54.74	71.70
宁 夏	14	0.34	61.14	61.15	5.91	16.16	53.31	69.47
新 疆	57	1.38	62.33	60.82	7.15	29.12	44.58	73.70
开曼群岛	3	0.07	0.00	0.00	0.00	0.00	0.00	0.00
合 计	4 134	100.00	59.65	58.02	5.86	78.23	0.00	78.23

资料来源:南开大学公司治理数据库。

二、2016—2021年中国上市公司监事会治理分地区比较

据表6.10可以看出,新疆、云南省、重庆市和山西省等地区的监事会治理状况总体相对较好,而西藏、黑龙江省、浙江省和江苏省等地区的监事会治理状况相对一般。

表6.10 中国上市公司监事会治理指数分地区描述性统计六年比较

地 区	2016	2017	2018	2019	2020	2021
北京市	59.59	59.51	60.01	60.86	61.04	60.89
天津市	58.07	59.35	59.23	60.98	60.21	60.87
河北省	58.86	60.52	60.23	59.99	60.45	61.34
山西省	60.51	60.56	61.67	62.90	63.71	62.88
内蒙古	57.26	59.18	58.11	60.89	60.11	61.25
辽宁省	59.00	59.31	60.26	60.52	60.31	60.68
吉林省	58.52	58.90	59.52	59.07	60.04	59.94
黑龙江省	57.96	57.12	59.53	58.52	57.84	59.17
上海市	59.67	59.50	59.53	60.02	59.81	59.95
江苏省	57.10	57.48	57.22	58.26	58.37	58.65
浙江省	57.75	57.21	57.35	57.87	57.99	57.87
安徽省	58.65	58.90	60.09	60.01	60.11	60.12
福建省	58.61	58.48	58.97	59.13	59.34	59.30
江西省	60.98	60.83	61.42	61.68	60.87	60.76
山东省	58.22	58.13	58.54	59.17	59.60	59.72
河南省	59.25	59.57	60.94	61.69	60.95	61.53
湖北省	59.20	59.91	60.72	60.67	61.16	60.88
湖南省	58.31	59.36	58.90	59.39	59.90	60.13
广东省	58.40	58.12	58.31	58.63	58.81	58.78
广 西	57.77	59.25	59.80	59.68	59.82	60.41
海南省	58.68	60.44	61.27	60.83	61.66	60.36
重庆市	62.36	61.32	62.29	62.27	61.01	61.61
四川省	59.00	59.21	59.99	60.40	60.20	60.56
贵州省	58.84	58.07	57.28	60.89	60.71	60.69
云南省	62.81	62.70	63.29	63.45	63.09	63.28
西 藏	59.02	56.38	56.93	59.53	57.71	57.72
陕西省	60.37	59.89	61.11	60.09	61.21	61.32

续表

地　区	2016	2017	2018	2019	2020	2021
甘肃省	57.69	58.82	59.37	60.23	61.67	61.15
青海省	58.95	60.58	60.06	60.89	61.50	60.18
宁　夏	58.07	60.70	60.92	60.78	61.63	61.14
新　疆	63.24	61.68	62.51	62.65	63.31	62.33
开曼群岛	—	—	—	—	—	0.00
合　计	58.76	58.78	59.05	59.55	59.65	59.65

资料来源:南开大学公司治理数据库。

第五节　中国上市公司监事会治理100佳评价

一、中国上市公司监事会治理100佳比较分析

如表6.11所示,监事会治理100佳上市公司监事会治理指数平均值为74.20,监事会治理运行状况指数、规模结构指数、胜任能力指数的平均值依次为78.80、76.05和68.42;100佳上市公司的监事会治理水平更为集中,监事会治理水平的标准差为1.64,最小值为72.26,最大值为78.23,极差为5.96。

表6.11　中国上市公司监事会治理100佳描述性统计

项　目	样　本	平均值	中位数	标准差	极差	最小值	最大值
监事会治理指数	100佳	74.20	73.82	1.64	5.96	72.26	78.23
	样本总体	59.65	58.02	5.86	78.23	0.00	78.23
运行状况	100佳	78.80	80.00	3.27	10.00	70.00	80.00
	样本总体	75.88	80.00	5.35	80.00	0.00	80.00
规模结构	100佳	76.05	80.00	4.99	15.00	65.00	80.00
	样本总体	47.18	40.00	12.65	80.00	0.00	80.00
胜任能力	100佳	68.42	68.50	3.60	19.97	59.07	79.04
	样本总体	58.21	58.20	6.63	79.04	0.00	79.04

资料来源:南开大学公司治理数据库。

二、中国上市公司监事会治理100佳公司行业分布

表6.12关于上市公司监事会治理100佳行业分布表明:从绝对数角度看,入选监事会

治理 100 佳上市公司最多的行业是制造业,有 35 家;从相对数角度,金融业最高,占比 22.95%,采矿业次之,占比 9.09%;农、林、牧、渔业,住宿和餐饮业,租赁和商务服务业,科学研究和技术服务业,水利、环境和公共设施管理业,居民服务、修理和其他服务业,教育,卫生和社会工作没有公司进入 100 佳。上市公司的监事会治理水平存在行业差异。

表 6.12 中国上市公司监事会治理 100 佳公司行业分布

行 业	样本总体		100 佳		
	数目	比例(%)	数目	比例(%)	占本行业比例(%)
农、林、牧、渔业	42	1.02	—	—	—
采矿业	77	1.86	7	7.00	9.09
制造业	2 647	64.03	35	35.00	1.32
电力、热力、燃气及水生产和供应业	117	2.83	3	3.00	2.56
建筑业	99	2.39	3	3.00	3.03
批发和零售业	168	4.06	4	4.00	2.38
交通运输、仓储和邮政业	107	2.59	6	6.00	5.61
住宿和餐饮业	10	0.24	—	—	—
信息传输、软件和信息技术服务业	340	8.22	5	5.00	1.47
金融业	122	2.95	28	28.00	22.95
房地产业	121	2.93	5	5.00	4.13
租赁和商务服务业	58	1.40	—	—	—
科学研究和技术服务业	58	1.40	1	1.00	1.72
水利、环境和公共设施管理业	72	1.74	—	—	—
居民服务、修理和其他服务业	1	0.02	—	—	—
教育	8	0.19	—	—	—
卫生和社会工作	12	0.29	—	—	—
文化、体育和娱乐业	59	1.43	2	2.00	3.39
综合	16	0.39	1	1.00	6.25
合 计	4 134	100.00	100	100.00	2.42

资料来源:南开大学公司治理数据库。

三、中国上市公司监事会治理 100 佳公司控股股东性质分布

表 6.13 显示,较高比例的监事会治理 100 佳上市公司控股股东性质为国有控股和其他类型,其所占比例分别为 75.00% 和 18.00%,分别占国有控股上市公司的 6.31% 和其他类型上市公司的 7.96%。

表 6.13　中国上市公司监事会治理 100 佳公司控股股东分布

控股股东性质	样本总体		100 佳		
	数目	比例(%)	数目	比例(%)	占本组比例(%)
国有控股	1 188	28.74	75	75.00	6.31
集体控股	24	0.58	—	—	—
民营控股	2 480	59.99	7	7.00	0.28
社会团体控股	15	0.36	—	—	—
外资控股	198	4.79	—	—	—
职工持股会控股	3	0.07	—	—	—
其他类型	226	5.47	18	18.00	7.96
合　计	4 134	100.00	100	100.00	2.42

资料来源：南开大学公司治理数据库。

四、中国上市公司监事会治理 100 佳公司地区分布

在入选监事会治理 100 佳上市公司中，100 佳上市公司占本地区上市公司的比例位居前三位的是内蒙古、山西省和四川省，依次为 12.00%、10.00% 和 5.93%。而河北省、黑龙江省、安徽省、江西省、广西、海南省、西藏、甘肃省、青海省、宁夏、开曼群岛均没有公司进入 100 佳。见表 6.14。

表 6.14　中国上市公司监事会治理 100 佳公司地区分布

地　区	样本总体		100 佳		
	数目	比例(%)	数目	比例(%)	占本地区比例(%)
北京市	379	9.17	18	18.00	4.75
天津市	60	1.45	3	3.00	5.00
河北省	61	1.48	—	—	—
山西省	40	0.97	4	4.00	10.00
内蒙古	25	0.60	3	3.00	12.00
辽宁省	74	1.79	2	2.00	2.70
吉林省	44	1.06	1	1.00	2.27
黑龙江省	39	0.94	—	—	—
上海市	338	8.18	9	9.00	2.66
江苏省	479	11.59	6	6.00	1.25
浙江省	518	12.53	3	3.00	0.58

续表

地 区	样本总体		100 佳		
	数目	比例(%)	数目	比例(%)	占本地区比例(%)
安徽省	126	3.05	3	3.00	2.38
福建省	151	3.65	3	3.00	1.99
江西省	56	1.35	—	—	—
山东省	227	5.49	5	5.00	2.20
河南省	87	2.10	3	3.00	3.45
湖北省	114	2.76	5	5.00	4.39
湖南省	117	2.83	1	1.00	0.85
广东省	673	16.28	16	16.00	2.38
广 西	37	0.90	—	—	—
海南省	33	0.80	—	—	—
重庆市	56	1.35	1	1.00	1.79
四川省	135	3.27	8	8.00	5.93
贵州省	31	0.75	1	1.00	3.23
云南省	38	0.92	1	1.00	2.63
西 藏	20	0.48	—	—	—
陕西省	58	1.40	2	2.00	3.45
甘肃省	33	0.80	—	—	—
青海省	11	0.27	—	—	—
宁 夏	14	0.34	—	—	—
新 疆	57	1.38	2	2.00	3.51
开曼群岛	3	0.07	—	—	—
合 计	4 134	100.00	100	100.00	2.42

资料来源:南开大学公司治理数据库。

主 要 结 论

第一,2020 年中国上市公司样本量为 4 134 家,监事会治理指数的平均值为 59.65,标准差为 5.86,监事会治理指数基本服从正态分布。在公司治理的 6 个维度中仍然处于较低位置。

第二,从 2016—2021 年连续六年监事会治理指数的发展趋势看,其呈现上升趋势。

三个分指数中,运行状况指数六年间都呈现出上升趋势;规模结构指数在2016—2021年间有所降低;胜任能力指数2016—2020年间在56.00—57.00之间小幅波动,2021年有一定提升。

第三,中国上市公司的监事会治理水平,因公司行业、股权性质和地区不同而呈现一定的差异。

第四,从行业来看,教育,金融业,电力、热力、燃气及水生产和供应业,交通运输、仓储和邮政业的监事会治理指数相对较高;信息传输、软件和信息技术服务业,卫生和社会工作,以及居民服务、修理和其他服务业的监事会治理水平相对较低,仍有待提高。

第五,从股权性质来看,2021年国有控股上市公司监事会治理平均水平与往年类似,明显高于民营控股上市公司;从分指数看,导致国有控股监事会治理指数高于其他上市公司的原因是国有控股上市公司的三项分指数比较高且较为均衡,说明国有控股上市公司监事会治理的各方面相对比较完善。

第六,从地区来看,2021年各地区上市公司监事会治理水平分布不均:云南省、山西省和新疆等地区的监事会治理状况总体相对较好,而浙江省、西藏等地区的监事会治理状况一般,开曼群岛上市公司则没有设立监事会。

第七,中国上市公司监事会治理100佳监事会治理水平显著高于总体样本。从100佳行业分布来看,制造业绝对数最多,但金融业的行业内相对占比最高。同往年,中国上市公司监事会治理100佳上市公司中国有控股上市公司所占比例高于民营控股上市公司。从地区来看,北京市、上海市和广东省的绝对数量较多,内蒙古、山西省和四川省等地区100佳比例较高。

第七章 中国上市公司经理层治理评价

第一节 中国上市公司经理层治理总体分析

一、2021年中国上市公司经理层治理状况总体描述

2021年样本上市公司的经理层治理指数最高值为79.61,最低值为34.72,平均值为59.32,标准差为6.58。从经理层评价的三个主因素层面来看,样本公司经理层任免制度指数平均值为62.37,样本标准差为10.14,极差最大,为69.79;执行保障指数的平均值为62.08,样本离散程度较大,标准差为13.58;激励与约束机制指数平均值为54.15,标准差为12.14。相比较上一年度,上市公司样本增加了381家,样本经理层治理指数与上一年度有所上升,平均值提升0.2。其中任免制度指数较2020年下降了0.15,执行保障指数的平均值较2020年下降了0.25,激励约束指数的平均值与2020年相比上升了0.91,样本公司经理层总体治理状况呈现平稳上升趋势。

表7.1 中国上市公司经理层治理总体状况描述性统计

项目	平均值	中位数	标准差	极差	最小值	最大值
经理层治理指数	59.32	59.26	6.58	44.89	34.72	79.61
任免制度	62.37	64.81	10.14	69.79	14.96	84.75
执行保障	62.08	57.42	13.58	66.26	22.09	88.34
激励约束	54.15	60.31	12.14	49.66	17.74	67.40

资料来源:南开大学公司治理数据库。

二、2016—2021年中国上市公司经理层治理比较

图7.1和表7.2列明了2016—2021年连续六年中国上市公司经理层治理状况与趋势特征。

2016—2021年连续六年经理层治理指数的发展趋势显示,样本公司经理层治理指数平均值分别为59.32(2021年)、59.12(2020年)、58.85(2019年)、58.91(2018年)、

58.92(2017年)和58.01(2016年)。六年中经理层治理指数2016年为最低,值为58.01,近六年指数较平稳。任免制度指数和执行保障指数近三年呈现平稳变化趋势。激励约束指数在2019年出现最低点,总体呈现上升趋势,2021年较大幅度上升至54.15。

表7.2 中国上市公司经理层治理指数描述性统计六年比较

项 目	2016	2017	2018	2019	2020	2021
经理层治理指数	58.01	58.92	58.91	58.85	59.12	59.32
任免制度	59.32	60.74	60.29	62.28	62.52	62.37
执行保障	62.32	63.08	63.73	62.14	62.33	62.08
激励约束	53.12	53.67	53.53	52.86	53.24	54.15

资料来源:南开大学公司治理数据库。

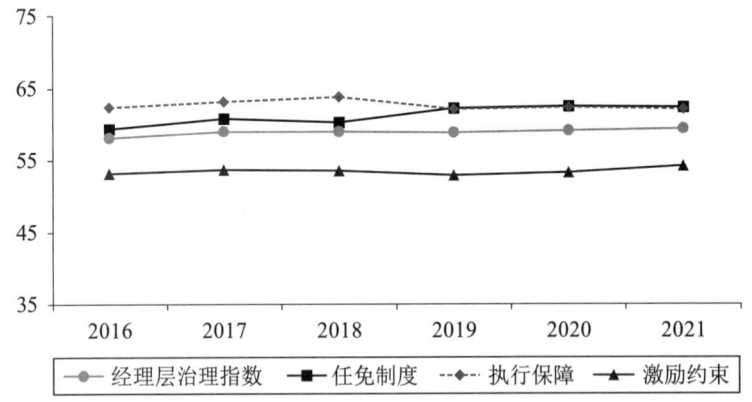

资料来源:南开大学公司治理数据库。

图7.1 中国上市公司经理层治理指数平均值六年折线图比较

第二节 中国上市公司经理层治理分行业评价

一、2021年中国上市公司经理层治理分行业总体描述

表7.3显示2021年度样本公司在经理层治理评价指数行业分布情况。样本公司的平均值为59.32,制造业,批发和零售业,住宿和餐饮业,信息传输、软件和信息技术服务业,金融业,房地产业,科学研究和技术服务业,水利、环境和公共设施管理业,教育,卫生和社会工作的经理层治理状况高于样本公司的平均水平,指数平均值分别为59.49、59.41、61.30、59.40、60.11、60.40、60.84、59.68、59.68、62.32。

综合，交通运输、仓储和邮政业，农、林、牧、渔业的年度经理层平均治理水平列于样本公司平均治理指数的最后三位。在全部上市公司样本中，经理层治理状况最佳的上市公司为水利、环境和公共设施管理业，该行业样本公司的经理层治理指数最大值为79.61。经理层治理评价指数平均值最高的大类行业为住宿和餐饮业、卫生和社会工作，平均值分别为61.30和62.32；而经理层治理评价指数平均值最低的行业则为综合，交通运输、仓储和邮政业，平均值为55.99和56.45。与上一年相比，各行业上市公司之间的经理层治理状况差距缩小。

表7.3 中国上市公司经理层治理指数分行业描述性统计

行 业	数目	比例(%)	平均值	中位数	标准差	极差	最小值	最大值
农、林、牧、渔业	42	1.02	57.11	57.44	7.72	34.93	43.02	77.95
采矿业	77	1.86	58.95	59.07	7.17	33.37	42.33	75.70
制造业	2 647	64.03	59.49	59.56	6.37	42.09	36.16	78.25
电力、热力、燃气及水生产和供应业	117	2.83	57.34	57.30	6.03	29.29	40.97	70.26
建筑业	99	2.39	58.52	58.96	8.01	40.98	34.72	75.70
批发和零售业	168	4.06	59.41	60.08	7.62	37.28	39.70	76.98
交通运输、仓储和邮政业	107	2.59	56.45	56.24	6.24	29.29	42.63	71.92
住宿和餐饮业	10	0.24	61.30	60.93	6.44	19.51	52.28	71.79
信息传输、软件和信息技术服务业	340	8.22	59.40	59.41	6.47	35.19	43.07	78.25
金融业	122	2.95	60.11	60.12	7.88	39.18	36.52	75.70
房地产业	121	2.93	60.40	61.30	6.97	30.13	45.49	75.62
租赁和商务服务业	58	1.40	58.53	58.02	6.74	26.87	45.05	71.92
科学研究和技术服务业	58	1.40	60.84	61.05	5.48	23.83	48.56	72.38
水利、环境和公共设施管理业	72	1.74	59.68	59.16	6.41	34.04	45.57	79.61
居民服务、修理和其他服务业	1	0.02	59.04	59.04	—	0.00	59.04	59.04
教育	8	0.19	59.68	58.56	5.09	11.73	54.75	66.49
卫生和社会工作	12	0.29	62.32	63.40	6.54	22.27	49.65	71.92
文化、体育和娱乐业	59	1.43	58.56	58.45	6.25	28.77	41.96	70.73
综合	16	0.39	55.99	53.83	6.51	25.30	42.79	68.09
合　计	4 134	100.00	59.32	59.26	6.58	44.89	34.72	79.61

资料来源：南开大学公司治理数据库。

表 7.4 显示样本公司在经理层治理评价三个维度分指数行业分布情况。任免制度指数平均值为 62.37，排在前三位的行业是卫生和社会工作，文化、体育和娱乐业，住宿和餐饮业，任免制度指数平均值分别为 64.81、65.73、67.30。而批发和零售业，科学研究和技术服务业，房地产业，农、林、牧、渔业，电力、热力、燃气及水生产和供应业，水利、环境和公共设施管理业，采矿业，金融业，交通运输、仓储和邮政业也处于平均水平以上。任免制度指数最低的三个行业依次为居民服务、修理和其他服务业，租赁和商务服务业，教育，指数平均值分别仅为 54.84、58.96、59.82，这些相关行业在高管行政任职、高管变更等方面均有改进空间。

样本上市公司在执行保障维度表现较好的行业依次是综合，交通运输、仓储和邮政业，信息传输、软件和信息技术服务业，建筑业，制造业，文化、体育和娱乐业，租赁和商务服务业等行业，执行保障指数平均值都高于样本总体平均水平 62.08。科学研究和技术服务业，教育，农、林、牧、渔业，水利、环境和公共设施管理业，卫生和社会工作，批发和零售业，电力、热力、燃气及水生产和供应业，金融业，居民服务、修理和其他服务业，房地产业，住宿和餐饮业，采矿业等均低于样本平均水平，这些相关行业在执行保障维度上还有较大的改善空间。

激励约束指数平均值排名前三位的行业分别为信息传输、软件和信息技术服务业，科学研究和技术服务业，卫生和社会工作，全部上市公司样本激励约束指数的平均水平为 54.15，其他高于平均水平的还有租赁和商务服务业，制造业，教育，居民服务、修理和其他服务业，激励约束指数分别为 55.23、55.36、56.76、56.76。

表 7.4 中国上市公司经理层治理分指数分行业描述性统计

行　业	数目	比例(%)	经理层治理指数	任免制度	执行保障	激励约束
农、林、牧、渔业	42	1.02	57.11	63.38	63.00	46.29
采矿业	77	1.86	58.95	64.03	68.90	45.75
制造业	2 647	64.03	59.49	62.27	61.33	55.36
电力、热力、燃气及水生产和供应业	117	2.83	57.34	63.65	65.77	44.30
建筑业	99	2.39	58.52	61.53	61.08	53.53
批发和零售业	168	4.06	59.41	62.49	64.73	52.01
交通运输、仓储和邮政业	107	2.59	56.45	64.48	60.81	45.29
住宿和餐饮业	10	0.24	61.30	67.30	68.03	50.02
信息传输、软件和信息技术服务业	340	8.22	59.40	60.33	60.84	57.30

续表

行　业	数目	比例(%)	经理层治理指数	任免制度	执行保障	激励约束
金融业	122	2.95	60.11	64.27	65.86	51.35
房地产业	121	2.93	60.40	63.07	66.66	52.57
租赁和商务服务业	58	1.40	58.53	58.96	61.92	55.23
科学研究和技术服务业	58	1.40	60.84	62.91	62.37	57.62
水利、环境和公共设施管理业	72	1.74	59.68	63.77	63.93	52.28
居民服务、修理和其他服务业	1	0.02	59.04	54.84	66.26	56.76
教育	8	0.19	59.68	59.82	62.95	56.76
卫生和社会工作	12	0.29	62.32	64.81	64.05	58.53
文化、体育和娱乐业	59	1.43	58.56	65.73	61.84	49.12
综合	16	0.39	55.99	62.31	60.18	46.56
合　计	4 134	100.00	59.32	62.37	62.08	54.15

资料来源：南开大学公司治理数据库。

二、2016—2021年中国上市公司经理层治理分行业比较

表 7.5 显示样本公司经理层治理指数 2016—2021 年行业分布及发展趋势情况。2016—2021 年的六年间，经理层治理状况较好的行业为综合，电力、热力、燃气及水生产和供应业，交通运输、仓储和邮政业，采矿业，农、林、牧、渔业，住宿和餐饮业，金融业，批发和零售业，文化、体育和娱乐业，高于平均水平；而经理层治理指数较低的行业为建筑业，租赁和商务服务业，制造业，水利、环境和公共设施管理业，房地产业，教育，居民服务、修理和其他服务业，卫生和社会工作，信息传输、软件和信息技术服务业，科学研究和技术服务业。近六年来，所有行业上市公司经理层治理指数平均水平基本呈平稳提升趋势，2021 年平均值为 59.32。

表 7.5　中国上市公司经理层治理指数分行业描述性统计六年比较

行　业	2016	2017	2018	2019	2020	2021
农、林、牧、渔业	57.67	58.39	57.16	58.22	58.38	57.11
采矿业	54.91	55.19	55.70	60.81	57.11	58.95
制造业	58.51	59.41	59.25	58.47	59.05	59.49
电力、热力、燃气及水生产和供应业	54.73	55.62	54.18	58.26	58.31	57.34

续表

行业	2016	2017	2018	2019	2020	2021
建筑业	57.12	58.47	57.81	60.47	61.05	58.52
批发和零售业	56.69	57.17	59.64	59.23	58.51	59.41
交通运输、仓储和邮政业	56.10	54.84	54.40	58.40	58.36	56.45
住宿和餐饮业	55.12	56.74	58.92	61.13	54.33	61.30
信息传输、软件和信息技术服务业	61.14	62.55	61.21	58.49	59.82	59.40
金融业	54.55	56.78	54.44	62.29	60.07	60.11
房地产业	56.80	57.96	59.77	61.60	59.24	60.40
租赁和商务服务业	57.44	58.42	60.61	58.48	60.27	58.53
科学研究和技术服务业	61.19	62.31	61.67	59.16	59.75	60.84
水利、环境和公共设施管理业	57.72	57.41	60.20	59.68	59.83	59.68
居民服务、修理和其他服务业	—	—	—	—	60.77	59.04
教育	66.59	55.22	55.28	60.10	62.04	59.68
卫生和社会工作	60.27	59.05	62.00	59.57	56.97	62.32
文化、体育和娱乐业	56.86	57.82	57.86	59.65	60.65	58.56
综合	55.46	57.21	57.14	56.06	56.29	55.99
合计	58.01	58.92	58.91	58.85	59.12	59.32

资料来源：南开大学公司治理数据库。

第三节　中国上市公司经理层治理分控股股东性质评价

一、2021年中国上市公司经理层治理分控股股东性质总体描述

表7.6给出了按控股股东性质分类的2021年评价中各组样本公司的经理层治理指数统计指标。控股股东性质为其他类型、职工持股会控股和民营控股的上市公司经理层治理指数平均值最高，分别为61.48、60.38和59.50。其次是国有控股、外资控股的上市公司，其经理层治理指数为58.70、58.79。最低的为社会团体控股、集体控股的上市公司，其经理层治理指数为56.85、57.93。国有控股的上市公司的经理层治理指数为58.70，处于年度平均水平之下。

表 7.6 中国上市公司经理层治理指数分控股股东性质描述性统计

控股股东性质	数目	比例(%)	平均值	中位数	标准差	极差	最小值	最大值
国有控股	1 188	28.74	58.70	58.86	6.96	43.23	34.72	77.95
集体控股	24	0.58	57.93	59.64	6.41	20.70	43.23	63.93
民营控股	2 480	59.99	59.50	59.26	6.25	43.45	36.16	79.61
社会团体控股	15	0.36	56.85	57.26	6.56	21.08	49.05	70.13
外资控股	198	4.79	58.79	59.09	7.25	36.99	39.91	76.90
职工持股会控股	3	0.07	60.38	58.79	3.08	5.52	58.42	63.93
其他类型	226	5.47	61.48	61.51	6.98	33.96	43.01	76.98
合计	4 134	100.00	59.32	59.26	6.58	44.89	34.72	79.61

资料来源:南开大学公司治理数据库。

表 7.7 中国上市公司经理层治理分指数分控股股东性质描述性统计

控股股东性质	数目	比例(%)	经理层治理指数	任免制度	执行保障	激励约束
国有控股	1 188	28.74	58.70	64.21	65.76	47.57
集体控股	24	0.58	57.93	60.03	59.45	54.69
民营控股	2 480	59.99	59.50	61.41	60.27	57.06
社会团体控股	15	0.36	56.85	67.46	65.96	39.26
外资控股	198	4.79	58.79	62.21	59.72	54.82
职工持股会控股	3	0.07	60.38	64.81	51.53	63.85
其他类型	226	5.47	61.48	63.28	64.81	56.96
合计	4 134	100.00	59.32	62.37	62.08	54.15

资料来源:南开大学公司治理数据库。

二、2016—2021 年中国上市公司经理层治理分控股股东性质比较

见表 7.8,2016—2021 年,国有控股上市公司样本经理层治理平均值分别为 56.03、56.29、56.84、60.65、59.63 和 58.70,民营控股上市公司经理层治理平均值分别为 59.26、60.41、59.92、57.95、58.94 和 59.50。

表 7.8 中国国有和民营控股上市公司经理层治理指数描述性统计六年比较

年 份	控股股东性质	经理层治理指数	任免制度	执行保障	激励约束
2016	国有	56.03	59.37	64.55	45.65
	民营	59.26	59.31	60.91	57.80

续表

年份	控股股东性质	经理层治理指数	任免制度	执行保障	激励约束
2017	国有	56.29	61.14	63.86	45.33
	民营	60.41	60.56	62.59	58.41
2018	国有	56.84	61.26	64.22	46.43
	民营	59.92	59.87	63.49	56.90
2019	国有	60.65	68.88	63.07	50.97
	民营	57.95	59.10	61.73	53.65
2020	国有	59.63	68.85	64.40	47.02
	民营	58.94	59.63	61.46	56.15
2021	国有	58.70	64.21	65.76	47.57
	民营	59.50	61.41	60.27	57.06

资料来源:南开大学公司治理数据库。

2021年,民营控股上市公司激励约束指数高于国有控股上市公司0.8,2016年高出国有控股上市公司12.15,2017年和2018年高出国有控股上市公司13.08和10.47,2019年和2020年低于国有控股,民营控股上市公司激励约束指数一般高于国有控股。民营控股上市公司和国有控股上市公司的任免制度指数近三年发展趋势较平稳,国有控股上市公司任免制度指数2016—2021年均高于民营控股上市公司。国有控股上市公司执行保障指数发展呈平稳趋势,民营控股上市公司的执行保障制度较国有控股上市公司相比有很大的上升空间,民营控股上市公司执行保障制度指数在2016年、2017年、2018年、2019年、2020年和2021年分别低于国有控股上市公司3.64、1.27、0.73、1.34、2.94、5.49。

综上所述,民营控股上市公司在经理层治理总体状况和激励与约束机制方面超过国有控股上市公司,民营控股上市公司在任免制度、执行保障制度较国有控股上市公司还需要进一步加强。

第四节 中国上市公司经理层治理分地区评价

一、2021年中国上市公司经理层治理分地区总体描述

表7.9显示,经理层治理指数各地区有一定差异,平均值最高的西藏和最低的青海省指数相差5.49,治理指数平均值排名前十四的地区依次为西藏、宁夏、重庆市、广东

省、江西省、北京市、湖北省、湖南省、山东省、四川省、江苏省、河南省、吉林省、贵州省，各地区经理层治理指数平均值分别为60.63、60.29、60.21、60.01、59.94、59.80、59.57、59.57、59.47、59.46、59.44、59.39、59.37、59.32,这些地区的上市公司经理层治理指数高于或等于上市公司总体样本指数平均值59.32。2021年治理指数最低的五个地区分别是黑龙江省、内蒙古、山西省、开曼群岛、青海省,经理层治理指数平均值分别为57.26、57.07、56.24、55.36、55.14。

表7.9 中国上市公司经理层治理指数分地区描述性统计

地 区	数目	比例(%)	平均值	中位数	标准差	极差	最小值	最大值
北京市	379	9.17	59.80	60.15	7.12	37.28	40.97	78.25
天津市	60	1.45	57.30	58.01	5.58	26.43	45.49	71.92
河北省	61	1.48	59.24	59.94	7.37	28.82	44.45	73.28
山西省	40	0.97	56.24	55.91	8.27	38.64	38.26	76.90
内蒙古	25	0.60	57.07	57.72	8.50	36.84	36.52	73.36
辽宁省	74	1.79	58.42	58.83	6.28	27.04	43.99	71.03
吉林省	44	1.06	59.37	58.88	5.79	26.87	46.19	73.07
黑龙江省	39	0.94	57.26	58.36	5.88	24.46	46.11	70.56
上海市	338	8.18	59.20	59.09	6.81	39.40	38.86	78.25
江苏省	479	11.59	59.44	58.96	6.43	35.92	39.70	75.62
浙江省	518	12.53	59.22	59.14	6.17	35.78	38.86	74.64
安徽省	126	3.05	58.93	58.78	5.98	28.69	43.23	71.92
福建省	151	3.65	58.82	58.96	6.52	34.94	40.60	75.54
江西省	56	1.35	59.94	61.73	7.16	35.33	39.91	75.24
山东省	227	5.49	59.47	59.75	6.24	30.26	43.02	73.28
河南省	87	2.10	59.39	59.07	5.33	21.71	47.66	69.37
湖北省	114	2.76	59.57	60.04	6.69	34.04	42.94	76.98
湖南省	117	2.83	59.57	59.72	6.79	35.62	41.36	76.98
广东省	673	16.28	60.01	60.02	6.22	43.45	36.16	79.61
广 西	37	0.90	57.86	57.55	8.01	33.66	44.29	77.95
海南省	33	0.80	58.11	59.29	6.66	24.99	43.01	68.01
重庆市	56	1.35	59.94	61.73	7.16	35.33	39.91	75.24
四川省	135	3.27	59.46	59.42	7.00	32.52	43.02	75.54
贵州省	31	0.75	59.32	58.45	7.29	29.34	46.36	75.70

续表

地 区	数目	比例(%)	平均值	中位数	标准差	极差	最小值	最大值
云南省	38	0.92	58.77	60.23	6.05	24.10	45.35	69.45
西 藏	20	0.48	60.63	60.31	8.78	34.35	41.36	75.70
陕西省	58	1.40	58.97	58.66	8.04	38.56	34.72	73.28
甘肃省	33	0.80	58.11	59.29	6.66	24.99	43.01	68.01
青海省	11	0.27	55.14	56.22	6.89	22.34	43.20	65.54
宁 夏	14	0.34	60.29	61.79	6.81	23.64	45.73	69.37
新 疆	57	1.38	58.86	58.58	6.98	31.49	40.90	72.38
开曼群岛	3	0.07	55.36	60.02	8.29	14.48	45.78	60.27
合 计	4 134	100.00	59.32	59.26	6.58	44.89	34.72	79.61

资料来源:南开大学公司治理数据库。

二、2016—2021年中国上市公司经理层治理分地区比较

表7.10反映了各地区经理层治理指数平均值2016—2021年的变化趋势。2016—2021年六年间,经理层治理状况连续年度较好的地区是广东省、北京市、河南省、湖北省和浙江省。海南省、吉林省、西藏等地区的上市公司治理状况2021年较2020年有较大程度的改善,经理层治理指数平均值提升超过2.00。

表7.10 中国上市公司经理层治理指数分地区描述性统计六年比较

地 区	2016	2017	2018	2019	2020	2021
北京市	59.46	60.61	59.61	59.22	59.99	59.80
天津市	56.40	56.95	58.56	59.37	58.53	57.30
河北省	57.16	57.25	59.09	61.62	58.13	59.24
山西省	52.86	54.47	55.54	59.19	58.05	56.24
内蒙古	57.28	56.07	57.25	58.87	58.07	57.07
辽宁省	57.46	57.96	57.75	58.48	59.13	58.42
吉林省	56.46	59.05	59.07	60.68	56.45	59.37
黑龙江省	55.95	54.80	55.27	56.34	58.29	57.26
上海市	57.35	57.88	59.43	58.38	58.43	59.20
江苏省	58.55	59.02	58.88	58.02	59.17	59.44
浙江省	59.21	59.78	58.98	57.75	59.60	59.22
安徽省	57.42	58.40	59.32	57.56	59.50	58.93

续表

地 区	2016	2017	2018	2019	2020	2021
福建省	57.72	58.45	58.05	56.88	57.90	58.82
江西省	58.94	58.17	54.12	60.16	60.60	59.94
山东省	57.63	58.24	58.11	60.00	57.77	59.47
河南省	59.02	59.56	58.48	60.18	59.65	59.39
湖北省	57.02	58.81	60.61	59.84	59.12	59.57
湖南省	57.71	59.26	59.32	59.13	59.16	59.57
广东省	59.73	61.31	60.72	59.38	60.35	60.01
广 西	56.90	58.88	56.22	55.14	56.58	57.86
海南省	54.69	54.15	56.13	61.47	55.84	58.11
重庆市	56.80	57.10	59.65	58.85	59.34	59.94
四川省	57.12	58.58	58.04	60.23	59.80	59.46
贵州省	57.60	57.37	56.73	59.75	58.68	59.32
云南省	54.63	55.47	56.30	60.18	60.11	58.77
西 藏	56.22	56.97	54.59	55.77	56.29	60.63
陕西省	55.12	57.04	56.10	58.56	57.35	58.97
甘肃省	55.62	55.61	56.55	60.72	56.45	58.11
青海省	50.78	53.26	52.98	53.72	53.68	55.14
宁 夏	53.39	53.19	59.39	58.83	61.26	60.29
新 疆	55.57	56.24	58.34	61.14	56.91	58.86
开曼群岛	—	—	—	—	—	55.36
合 计	58.01	58.92	58.91	58.85	59.12	59.32

资料来源:南开大学公司治理数据库。

第五节 中国上市公司经理层治理100佳评价

一、中国上市公司经理层治理100佳比较分析

表7.11是样本总体公司和100佳公司经理层治理指数以及各分项指标的描述统计结果,经理层治理100佳上市公司经理层治理指数平均值为73.74,任免制度、执行保障和激励约束指数的平均值依次为75.32、81.90和65.31。100佳公司各项指标的平均水平显著高于全体样本。

表 7.11 上市公司经理层治理指数 100 佳描述性统计

项　目	样本	平均值	中位数	标准差	极差	最小值	最大值
经理层治理指数	100 佳	73.74	73.28	1.71	7.69	71.92	79.61
	样本总体	59.32	59.26	6.58	44.89	34.72	79.61
任免制度	100 佳	75.32	69.79	6.94	14.96	69.79	84.75
	样本总体	62.37	64.81	10.14	69.79	14.96	84.75
执行保障	100 佳	81.90	83.93	3.94	17.67	70.68	88.34
	样本总体	62.08	57.42	13.58	66.26	22.09	88.34
激励约束	100 佳	65.31	67.40	3.35	10.64	56.76	67.40
	样本总体	54.15	60.31	12.14	49.66	17.74	67.40

资料来源:南开大学公司治理数据库。

二、中国上市公司经理层治理 100 佳公司行业分布

表 7.12 显示,经理层治理 100 佳上市公司的行业分布有较大的差异。制造业中的 2.23%,即 59 家上市公司进入 100 佳。紧跟其后的是金融业,有 10 家即 8.20% 的上市公司入选 100 佳。房地产业,信息传输、软件和信息技术服务业各有 7 家入选经理层治理 100 佳。批发和零售业,水利、环境和公共设施管理业分别有 6 家和 4 家公司入选。另外, 100 佳中,采矿业、科学研究和技术服务业都有 2 家公司入选,建筑业,农、林、牧、渔业,卫生和社会工作各有 1 家公司入选。

卫生和社会工作有 8.33% 的上市公司进入了全部样本公司的 100 佳行列,是入选的 100 佳上市公司占本行业百分比最高的行业。电力、热力、燃气及水生产和供应业,交通运输、仓储和邮政业,住宿和餐饮业,租赁和商务服务业,居民服务、修理和其他服务业,教育,文化、体育和娱乐业以及综合没有入选 100 佳的公司。

表 7.12 中国上市公司经理层治理 100 佳公司行业分布

行　业	样本总体		100 佳		
	数目	比例(%)	数目	比例(%)	占本行业比例(%)
农、林、牧、渔业	42	1.02	1	1.00	2.38
采矿业	77	1.86	2	2.00	2.60
制造业	2 647	64.03	59	59.00	2.23
电力、热力、燃气及水生产和供应业	117	2.83	—	—	—
建筑业	99	2.39	1	1.00	1.01
批发和零售业	168	4.06	6	6.00	3.57

续表

行 业	样本总体		100佳		
	数目	比例(%)	数目	比例(%)	占本行业比例(%)
交通运输、仓储和邮政业	107	2.59	—	—	—
住宿和餐饮业	10	0.24	—	—	—
信息传输、软件和信息技术服务业	340	8.22	7	7.00	2.06
金融业	122	2.95	10	10.00	8.20
房地产业	121	2.93	7	7.00	5.79
租赁和商务服务业	58	1.40	—	—	—
科学研究和技术服务业	58	1.40	2	2.00	3.45
水利、环境和公共设施管理业	72	1.74	4	4.00	5.56
居民服务、修理和其他服务业	1	0.02	—	—	—
教育	8	0.19	—	—	—
卫生和社会工作	12	0.29	1	1.00	8.33
文化、体育和娱乐业	59	1.43	—	—	—
综合	16	0.39	—	—	—
合　计	4 134	100.00	100	100.00	2.42

资料来源:南开大学公司治理数据库。

三、中国上市公司经理层治理100佳公司控股股东性质分布

表7.13显示,经理层治理100佳上市公司中比例较高的是控股股东性质为民营控股和国有控股的上市公司,其所占比例分别为52%和28%,与2020年的数据相比,国有控股上市公司中进入100佳的公司减少了32家,而民营控股的100佳上市公司增加了26家。外资控股上市公司进入100佳公司的比例为4%,其他类型控股的上市公司有16家进入100佳,集体控股、社会团体控股和职工持股会控股的上市公司均未进入100佳。

表7.13　中国上市公司经理层治理100佳公司控股股东性质分布

控股股东性质	样本总体		100佳		
	数目	比例(%)	数目	比例(%)	占本组比例(%)
国有控股	1 188	28.74	28	28.00	2.36
集体控股	24	0.58	—	—	—
民营控股	2 480	59.99	52	52.00	2.10
社会团体控股	15	0.36	—	—	—

续表

控股股东性质	样本总体		100佳		
	数目	比例(%)	数目	比例(%)	占本组比例(%)
外资控股	198	4.79	4	4.00	2.02
职工控股会控股	3	0.07	—	—	—
其他类型	226	5.47	16	16.00	7.08
合　计	4 134	100.00	100	100.00	2.42

资料来源：南开大学公司治理数据库。

四、中国上市公司经理层治理100佳公司地区分布

表7.14表明，广东省样本公司中入选经理层治理100佳的公司数量最多，有18家公司入选，占该地区上市公司样本的2.67%。其次是北京市，有16家上市公司入选经理层治理100佳，占该地区上市公司样本的4.22%。安徽省、甘肃省、河南省、黑龙江省、开曼群岛、辽宁省、宁夏、青海省、天津市、云南省没有上市公司入选治理100佳。重庆市、贵州省、广西有超过5%的上市公司进入了全部样本公司的100佳行列，是入选100佳上市公司占本地区百分比较高的地区，入选比例分别为5.36%、6.45%、8.11%。

表7.14　中国上市公司经理层治理100佳公司地区分布

地　区	样本总体		100佳		
	数目	比例(%)	数目	比例(%)	占本地区比例(%)
北京市	379	9.17	16	16.00	4.22
天津市	60	1.45	—	—	—
河北省	61	1.48	1	1.00	1.64
山西省	40	0.97	1	1.00	2.50
内蒙古	25	0.60	1	1.00	4.00
辽宁省	74	1.79	—	—	—
吉林省	44	1.06	2	2.00	4.55
黑龙江省	39	0.94	—	—	—
上海市	338	8.18	8	8.00	2.37
江苏省	479	11.59	9	9.00	1.88
浙江省	518	12.53	9	9.00	1.74
安徽省	126	3.05	—	—	—
福建省	151	3.65	3	3.00	1.99

续表

地 区	样本总体		100佳		
	数目	比例(%)	数目	比例(%)	占本地区比例(%)
江西省	56	1.35	2	2.00	3.57
山东省	227	5.49	5	5.00	2.20
河南省	87	2.10	—	—	—
湖北省	114	2.76	4	4.00	3.51
湖南省	117	2.83	4	4.00	3.42
广东省	673	16.28	18	18.00	2.67
广 西	37	0.90	3	3.00	8.11
海南省	33	0.80	—	—	—
重庆市	56	1.35	2	2.00	3.57
四川省	135	3.27	4	4.00	2.96
贵州省	31	0.75	2	2.00	6.45
云南省	38	0.92	—	—	—
西 藏	20	0.48	1	1.00	5.00
陕西省	58	1.40	2	2.00	3.45
甘肃省	33	0.80	—	—	—
青海省	11	0.27	—	—	—
宁 夏	14	0.34	—	—	—
新 疆	57	1.38	1	1.00	1.75
开曼群岛	3	0.07	—	—	—
合 计	4 134	100.00	100	100.00	2.42

资料来源:南开大学公司治理数据库。

主 要 结 论

第一,2021年样本上市公司的经理层治理指数最高值为79.61,最低值为34.72,平均值为59.32,标准差为6.58。从经理层评价的三个主因素层面来看,样本公司经理层任免制度指数平均值为62.37,样本标准差为10.14,极差最大,为69.79;执行保障指数的平均值为62.08,样本离散程度较大,标准差为13.58;激励与约束机制指数平均值为54.15,标准差为12.14。相比较上一年度,上市公司样本增加了381家,经理层治理指数与上一年度有所上升,平均值提升了0.20。其中任免制度指数较2020年下降了0.15,

执行保障指数的平均值较 2020 年下降了 0.25,激励约束指数的平均值与 2020 年相比上升了 0.91,样本公司经理层总体治理状况呈现平稳上升趋势。

第二,2016—2021 年连续六年经理层治理指数的发展趋势显示,样本公司经理层治理指数平均值分别为 59.32(2021 年)、59.12(2020 年)、58.85(2019 年)、58.91(2018 年)、58.92(2017 年)和 58.01(2016 年)。六年中经理层治理指数在 2016 年最低,平均值为 58.01,近六年指数较平稳。任免制度指数和执行保障指数近三年呈现平稳变化趋势。激励约束指数在 2019 年出现最低点,2021 年较大幅度上升至 54.15,总体呈现上升趋势。

第三,2021 年度样本公司在经理层治理评价指数行业分布情况。样本公司的平均值为 59.32,制造业,批发和零售业,住宿和餐饮业,信息传输、软件和信息技术服务业,金融业,房地产业,科学研究和技术服务业,水利、环境和公共设施管理业,教育,卫生和社会工作的经理层治理状况高于样本公司的平均水平,指数平均值分别为 59.49、59.41、61.30、59.40、60.11、60.40、60.84、59.68、59.68、62.32。

2016—2021 年行业分布及发展趋势情况。2016—2021 年的六年间,经理层治理状况较好的行业为综合,电力、热力、燃气及水生产和供应业,交通运输、仓储和邮政业,采矿业,农、林、牧、渔业,住宿和餐饮业,金融业,批发和零售业,文化、体育和娱乐业,高于平均水平;而经理层治理指数较低的行业为建筑业,租赁和商务服务业,制造业,水利、环境和公共设施管理业,房地产业,教育,居民服务、修理和其他服务业,卫生和社会工作,信息传输、软件和信息技术服务业,科学研究和技术服务业。近六年来,所有行业上市公司经理层治理指数平均水平基本呈平稳提升趋势,2021 年平均值为 59.32。

第四,2021 年评价中各组样本公司的经理层治理指数统计指标中,控股股东性质为其他类型、职工持股会控股和民营控股的上市公司经理层治理指数平均值最高,分别为 61.48、60.38 和 59.50。其次是国有控股、外资控股的上市公司,其经理层治理指数为 58.70、58.79。最低的为社会团体控股、集体控股的上市公司,其经理层治理指数为 56.85、57.93。国有控股上市公司的经理层治理指数为 58.70,处于年度平均水平之下。

从 2016—2021 年不同控股股东性质的上市公司样本经理层治理趋势看,民营控股上市公司在经理层治理总体状况和激励与约束机制方面超过国有控股上市公司,民营控投上市公司在任免制度、执行保障制度较国有控股上市公司还需要进一步加强。

第五,各地区经理层治理指数有一定差异,平均值最高的西藏和最低的青海省指数相差 5.49,治理指数平均值排名前十四的地区依次为西藏、宁夏、重庆市、广东省、江西省、北京市、湖北省、湖南省、山东省、四川省、江苏省、河南省、吉林省、贵州省,各地区经理层治理指数平均值分别为 60.63、60.29、60.21、60.01、59.94、59.8、59.57、59.57、

59.47、59.46、59.44、59.39、59.37、59.32，这些地区的上市公司经理层治理指数高于或等于上市公司总体样本指数平均值 59.32。2021 年指数最低的五个地区分别是黑龙江省、内蒙古、山西省、开曼群岛、青海省，经理层治理指数平均值分别为 57.26、57.07、56.24、55.36、55.14。

2016—2021 年六年间，经理层治理状况保持较好的是广东省、北京市、河南省、湖北省和浙江省。海南省、吉林省、西藏等地区 2021 年的上市公司治理状况较 2020 年有较大程度的改善，经理层治理指数平均值提升超过 2.00。

第七，经理层治理 100 佳上市公司经理层治理指数平均值为 73.74，任免制度、执行保障机制和激励约束指数的平均值依次为 75.32、81.90 和 65.31。100 佳公司各项指标的平均水平显著高于全体样本。

经理层治理 100 佳上市公司的行业分布有较大的差异。制造业中的 2.23%，即 59 家上市公司进入 100 佳。紧跟其后的是金融业，有 10 家即 8.20% 的样本公司入选 100 佳。房地产业，信息传输、软件和信息技术服务业各有 7 家入选经理层治理 100 佳。批发和零售业，水利、环境和公共设施管理业分别有 6 家和 4 家公司入选。另外，100 佳中，采矿业、科学研究和技术服务业各有 2 家公司入选，建筑业，农、林、牧、渔业，卫生和社会工作各有 1 家公司入选。

卫生和社会工作有 8.33% 的上市公司进入了全部样本公司的 100 佳行列，是入选的 100 佳上市公司占本行业百分比最高的行业。电力、热力、燃气及水生产和供应业，交通运输、仓储和邮政业，住宿和餐饮业，租赁和商务服务业，居民服务、修理和其他服务业，教育，文化、体育和娱乐业以及综合没有入选 100 佳的公司。

经理层治理 100 佳上市公司中比例较高的是控股股东性质为民营控股和国有控股的上市公司，其所占比例分别为 52% 和 28%，与 2020 年的数据相比，国有控股的上市公司中进入 100 佳的公司减少了 32 家，而民营控股的 100 佳上市公司增加了 26 家。外资控股上市公司进入 100 佳公司的比例为 4%，其他类型控股的上市公司有 16 家进入 100 佳，集体控股、社会团体控股和职工持股会控股的上市公司均未进入 100 佳。

广东省样本公司中入选经理层治理 100 佳的公司数量最多，有 18 家公司入选，占该地区上市公司样本的 2.67%。其次是北京市，有 16 家上市公司入选经理层治理 100 佳，占该地区上市公司样本的比例为 4.22%。安徽省、甘肃省、河南省、黑龙江省、开曼群岛、辽宁省、宁夏、青海省、天津市、云南省没有上市公司入选治理 100 佳。重庆市、贵州省、广西有超过本地区 5% 的上市公司进入了全部样本公司的 100 佳行列，是入选的 100 佳上市公司占本地区百分比较高的地区，入选比例分别为 5.36%、6.45%、8.11%。

第八章 中国上市公司信息披露评价

第一节 中国上市公司信息披露总体分析

一、2021年中国上市公司信息披露总体描述

2021年中国上市公司样本量为4134家,信息披露指数的平均值为65.60,标准差为9.95。从标准差来看,信息披露水平总体较为集中,上市公司之间的信息披露存在一定差距但不是很大;从极差40.97来看,信息披露最好和最差的公司存在较大差距。

表8.1 中国上市公司信息披露总体状况描述性统计

项目	平均值	中位数	标准差	极差	最小值	最大值
信息披露指数	65.60	66.23	9.95	40.97	45.37	86.34
真实性	65.22	65.14	15.76	46.97	40.00	86.97
相关性	65.19	64.47	6.54	36.56	53.31	89.87
及时性	67.15	68.38	12.82	47.19	42.50	89.69

资料来源:南开大学公司治理数据库。

从信息披露的三个分指数来看,中国上市公司信息披露的真实性、相关性和及时性指数的平均值依次为65.22、65.19和67.15,各指标之间的差异不大,其中及时性表现最好。从标准差来看,真实性、相关性和及时性指数的标准差依次为15.76、6.54和12.82,真实性和及时性的分散程度较大,上市公司信息披露的真实和及时程度存在较大差异。从极差来看,中国上市公司信息披露的真实性、相关性和及时性的极差依次为46.97、36.56和47.19,信息披露最好和最差的公司在真实性、相关性和及时性方面都存在非常大的差距。

二、2016—2021年中国上市公司信息披露比较

表8.2和图8.1列示了2016—2021年连续六年中国上市公司治理信息披露状况与趋势特征。2016—2019年,信息披露指数平均值呈现出逐年上升的趋势,从2016年的64.53提高到2019年的65.35,但2020年下降至65.27,2021年又回升到65.60。三个

分指数中,真实性指数从2016年的64.34提高到2019年的65.13,又在2020年下降至64.95,2021年又回升到65.22。及时性指数2016—2021年六年间变化幅度较小,从2016年的65.64逐年提高到2019年的66.91后2020年减少为66.49,但2021年重新增长至67.15。真实性和及时性的变化趋势与信息披露总指数类似。相关性指数六年间呈现出逐年上升的趋势,从2016年的64.10提高到2021年的65.19,提高了1.09。

从信息披露指数的横向比较来看,上市公司在信息披露的及时性方面做得最好,2016—2021年连续六年都是及时性指数最高,真实性次之,相关性最低。

表8.2 中国上市公司信息披露指数描述性统计六年比较

项　目	2016	2017	2018	2019	2020	2021
信息披露指数	64.53	65.04	65.31	65.35	65.27	65.60
真实性	64.34	64.74	65.11	65.13	64.95	65.22
相关性	64.10	64.54	64.92	64.98	64.99	65.19
及时性	65.64	66.57	66.87	66.91	66.49	67.15

资料来源:南开大学公司治理数据库。

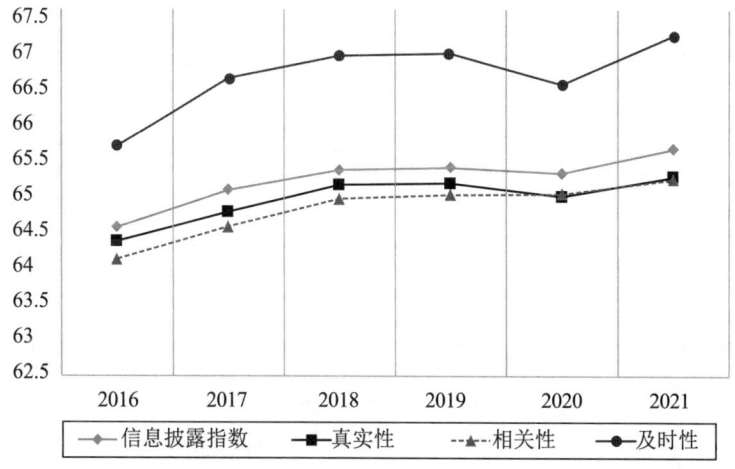

资料来源:南开大学公司治理数据库。

图8.1 中国上市公司信息披露指数平均值六年折线图比较

第二节　中国上市公司信息披露分行业评价

一、2021年中国上市公司信息披露分行业总体描述

表8.3显示了2021年度样本上市公司信息披露指数的分行业分布情况。从各行

业的平均值可以看出,各行业的信息披露水平存在较大差异,最高指数与最低指数相差13.33。19个行业分类中,信息披露指数水平大于总体平均值的行业有4个,每个行业的指数都高于65.00。其中信息披露指数平均值居于前三位的是科学研究和技术服务业、制造业、交通运输、仓储和邮政业,平均值分别为68.87、66.62和66.04。平均值最低的三个行业是教育、住宿和餐饮业以及租赁和商务服务业,指数均低于60.00,分别为55.54、58.94和59.64。

表8.3 中国上市公司信息披露指数分行业描述性统计

行业	数目	比例(%)	平均值	中位数	标准差	极差	最小值	最大值
农、林、牧、渔业	42	1.02	61.38	59.95	10.77	33.11	46.01	79.13
采矿业	77	1.86	62.23	60.91	10.99	40.64	45.69	86.34
制造业	2 647	64.03	66.62	67.63	9.73	40.44	45.48	85.92
电力、热力、燃气及水生产和供应业	117	2.83	66.00	65.21	10.03	36.63	46.57	83.20
建筑业	99	2.39	63.88	63.99	10.00	34.08	47.23	81.31
批发和零售业	168	4.06	62.82	62.29	9.60	35.34	46.59	81.93
交通运输、仓储和邮政业	107	2.59	66.04	66.21	8.94	33.96	47.91	81.87
住宿和餐饮业	10	0.24	58.94	59.36	6.72	19.83	48.51	68.34
信息传输、软件和信息技术服务业	340	8.22	64.61	64.77	10.44	35.81	45.63	81.43
金融业	122	2.95	62.45	63.09	8.12	34.28	45.75	80.03
房地产业	121	2.93	62.17	62.25	9.77	34.58	46.25	80.83
租赁和商务服务业	58	1.40	59.64	58.98	10.05	35.50	45.37	80.87
科学研究和技术服务业	58	1.40	68.87	72.55	9.94	34.03	47.56	81.59
水利、环境和公共设施管理业	72	1.74	64.92	65.69	10.15	35.56	46.82	82.38
教育	8	0.19	55.54	52.45	7.26	20.70	49.58	70.28
卫生和社会工作	12	0.29	61.93	65.65	11.87	30.88	47.17	78.05
文化、体育和娱乐业	59	1.43	63.10	64.61	10.72	32.89	46.03	78.92
居民服务、修理和其他服务业	1	0.02	59.87	59.87	0.00	0.00	59.87	59.87
综合	16	0.39	62.64	60.53	10.23	30.87	48.67	79.54
合计	4 134	100.00	65.6	66.23	9.95	40.97	45.37	86.34

资料来源:南开大学公司治理数据库。

从表8.4的分指数可以看出，真实性、相关性与及时性指数平均值分别为65.22、65.19和67.15。科学研究和技术服务业的信息披露水平最好，是由于真实性和及时性指数高于平均值，分别高出6.22与1.38。制造业信息披露水平位列第二，得益于其三个分指数都较高，分别为66.38、66.12和67.98，均高于相应平均值。交通运输、仓储和邮政业信息披露水平位于前列的主要因素在于其真实性和及时性指数较高，分别比平均值高出0.12与2.27。

导致教育、住宿和餐饮业以及租赁和商务服务业信息披露指数垫底的原因是三个行业的各项指标都低于平均值，真实性各低于相应平均值15.29、10.65和6.83；相关性各低于相应平均值3.12、2.16和4.54；及时性各低于相应平均值5.51、1.53和4.05。

表8.4 中国上市公司信息披露分指数分行业描述性统计

行 业	数目	比例(%)	信息披露指数	真实性	相关性	及时性
农、林、牧、渔业	42	1.02	61.38	59.25	63.49	63.54
采矿业	77	1.86	62.23	58.75	65.30	66.32
制造业	2 647	64.03	66.62	66.38	66.12	67.98
电力、热力、燃气及水生产和供应业	117	2.83	66.00	66.28	64.69	67.27
建筑业	99	2.39	63.88	64.17	64.16	62.70
批发和零售业	168	4.06	62.82	61.75	62.91	65.37
交通运输、仓储和邮政业	107	2.59	66.04	65.34	64.95	69.42
住宿和餐饮业	10	0.24	58.94	54.57	63.06	63.69
信息传输、软件和信息技术服务业	340	8.22	64.61	64.77	64.04	65.04
金融业	122	2.95	62.45	61.43	61.16	66.94
房地产业	121	2.93	62.17	61.09	61.90	65.28
租赁和商务服务业	58	1.40	59.64	58.39	60.68	61.17
科学研究和技术服务业	58	1.40	68.87	71.44	64.82	68.53
水利、环境和公共设施管理业	72	1.74	64.92	64.73	63.70	67.22
教育	8	0.19	55.54	49.93	62.10	59.71
卫生和社会工作	12	0.29	61.93	59.90	65.70	61.35
文化、体育和娱乐业	59	1.43	63.10	62.89	63.03	63.74
居民服务、修理和其他服务业	1	0.02	59.87	55.75	61.07	68.38
综合	16	0.39	62.64	56.96	64.96	73.35
合 计	4 134	100.00	65.60	65.22	65.19	67.15

资料来源：南开大学公司治理数据库。

二、2016—2021 年中国上市公司信息披露分行业比较

从表 8.5 的统计数据可以看出,整体而言,六年内各行业信息披露水平差异较大,各行业的信息披露指数平均值在各年度间波动较大。制造业在六年间表现较好,各年信息披露指数均大于整体平均值。与 2020 年相比,2021 年信息披露指数平均水平总体上略有提高,提高了 0.33。

从分行业来看,2021 年大部分行业较 2020 的信息披露指数均在下降,指数平均值增长的行业有 7 个。信息披露指数下降幅度最大的是住宿和餐饮业、教育以及租赁和商务服务业,分别下降了 10.9、5.53 和 2.38。升高幅度排名前三的是居民服务、修理和其他服务业,卫生和社会工作以及科学研究和技术服务业,分别提高了 9.46、2.55 和 2.09。

表 8.5 中国上市公司信息披露指数分行业描述性统计六年比较

行　业	2016	2017	2018	2019	2020	2021
农、林、牧、渔业	58.64	62.28	64.07	62.33	63.73	61.38
采矿业	60.57	62.50	57.40	64.54	64.77	62.23
制造业	65.54	65.58	66.48	65.87	65.78	66.62
电力、热力、燃气及水生产和供应业	64.89	66.55	62.95	64.91	66.41	66.00
建筑业	64.40	64.00	59.12	65.72	64.79	63.88
批发和零售业	60.44	62.27	62.97	64.18	64.18	62.82
交通运输、仓储和邮政业	65.42	65.80	63.93	65.78	65.96	66.04
住宿和餐饮业	62.39	67.41	66.40	65.90	69.84	58.94
信息传输、软件和信息技术服务业	66.09	65.15	66.89	64.63	63.96	64.61
金融业	60.41	64.40	60.89	63.31	64.16	62.45
房地产业	59.51	62.15	61.32	64.05	63.60	62.17
租赁和商务服务业	63.12	61.42	62.06	62.14	62.02	59.64
科学研究和技术服务业	68.86	66.46	66.32	64.80	66.78	68.87
水利、环境和公共设施管理业	66.32	66.24	65.79	65.54	64.57	64.92
教育	65.23	65.36	58.40	61.89	61.07	55.54
卫生和社会工作	70.31	67.69	65.43	66.06	59.38	61.93
文化、体育和娱乐业	62.48	65.08	65.62	63.97	63.14	63.10
居民服务、修理和其他服务业	—	—	—	—	50.41	59.87
综合	59.31	65.78	64.24	62.86	63.54	62.64
合　计	64.53	65.04	65.31	65.35	65.27	65.60

资料来源:南开大学公司治理数据库。

第三节 中国上市公司信息披露分控股股东性质评价

一、2021年中国上市公司信息披露分控股股东性质总体描述

表8.6给出了按控股股东性质分类的2021年评价中各组样本公司的信息披露指数统计指标。控股股东性质为国有控股的上市公司信息披露指数为65.70、集体控股为65.56、民营控股为65.69、社会团体控股为56.78、外资控股为67.27、职工持股会控股为58.86、其他类型为63.27。我国控股股东性质主要为国有控股和民营控股,占样本企业总比例达88.73%。其中,国有控股和民营控股上市公司的信息披露指数最高的分别为86.34和85.92,极差分别为39.77和40.44,标准差分别为9.50和10.09,以上数据表明国有控股上市公司信息披露水平高于民营控股上市公司信息披露水平,且公司之间差异较大。而在所有样本上市公司中,外资控股上市公司信息披露水平最高。

表8.6 中国上市公司信息披露指数分控股股东性质描述性统计

控股股东性质	数目	比例(%)	平均值	中位数	标准差	极差	最小值	最大值
国有控股	1 188	28.74	65.70	66.25	9.50	39.77	46.57	86.34
集体控股	24	0.58	65.56	66.96	10.80	32.35	48.17	80.52
民营控股	2 480	59.99	65.69	66.68	10.09	40.44	45.48	85.92
社会团体控股	15	0.36	56.78	52.35	8.72	25.04	48.17	73.21
外资控股	198	4.79	67.27	67.64	10.17	38.60	45.37	83.97
职工持股会控股	3	0.07	58.86	61.09	7.27	14.03	50.73	64.75
其他类型	226	5.47	63.27	63.34	9.88	37.17	46.03	83.20
合 计	4 134	100.00	65.60	66.23	9.95	40.97	45.37	86.34

资料来源:南开大学公司治理数据库。

从分指数看,外资上市公司信息披露水平最好是由于这类公司的真实性、相关性和及时性分指数均表现比较好,都高于分指数平均值。国有控股上市公司较民营控股上市公司的相关性和及时性分指数都较高,分别高出民营控股上市公司0.48和2.22,但民营控股在真实性上反超国有控股1.15。最终,2021年国有控股和民营控股上市公司信息披露水平总体相近。

表 8.7 中国上市公司信息披露分指数分控股股东性质描述性统计

控股股东性质	信息披露指数	真实性	相关性	及时性
国有控股	65.70	64.60	65.59	68.60
集体控股	65.56	65.45	65.18	66.42
民营控股	65.69	65.75	65.11	66.40
社会团体控股	56.78	50.58	61.52	65.15
外资控股	67.27	67.36	65.84	69.20
职工持股会控股	58.86	53.32	67.85	59.21
其他类型	63.27	61.88	63.59	66.27
合　计	65.60	65.22	65.19	67.15

资料来源：南开大学公司治理数据库。

二、2016—2021 年中国上市公司信息披露分控股股东性质比较

表 8.8 主要呈现了国有控股和民营控股性质的上市公司信息披露指数在 2016—2021 年间的变动。从信息披露指数总体来看，国有控股上市公司六年内信息披露指数整体提升，从 63.00 左右提高到 66.00 左右，2019 年和 2020 年有较大幅度提高后在 2021 年有所回落。民营控股上市公司信息披露水平在六年间比较稳定，维持在 65.50 左右，但 2019 年和 2020 年小幅回落，2021 年又有回升。横向比较来看，2016 年到 2018 年，民营控股上市公司信息披露水平高于国有控股上市公司，一直保持领先；但从 2019 年开始，国有控股上市公司信息披露水平实现反超，2020 年差距进一步扩大，但在 2021 年趋于接近。

表 8.8 中国国有和民营控股上市公司信息披露指数描述性统计六年比较

年　份	控股股东性质	信息披露指数	真实性	相关性	及时性
2016	国有	63.05	64.56	59.95	63.91
	民营	65.50	64.24	66.72	66.80
2017	国有	64.69	64.59	63.55	66.65
	民营	65.28	64.85	65.22	66.42
2018	国有	64.07	64.00	61.98	69.17
	民营	65.92	65.60	66.45	65.77
2019	国有	65.76	65.19	65.41	68.43
	民营	65.15	65.10	64.82	66.09

续表

年份	控股股东性质	信息披露指数	真实性	相关性	及时性
2020	国有	66.33	66.70	63.77	69.25
	民营	64.85	64.17	65.81	65.09
2021	国有	65.70	64.60	65.59	68.60
	民营	65.69	65.75	65.11	66.40

资料来源：南开大学公司治理数据库。

第四节 中国上市公司信息披露分地区评价

一、2021年中国上市公司信息披露分地区总体描述

表8.9显示，2021年中国上市公司信息披露各地区的指数平均值除了海南省以外均高于60.00。32个地区中，上市公司信息披露指数高于总体平均值的地区有15个。排在前五位的是安徽省（67.63）、上海市（66.85）、西藏（66.71）、江苏省（66.52）和浙江省（66.39）的上市公司。信息披露指数排名后五位的是海南省（58.36）、青海省（61.05）、黑龙江省（61.27）、吉林省（61.28）和内蒙古（61.50）的上市公司。关注各地区的指数极差和标准差可以发现，各地区信息披露指数的极差和标准差较大，说明各地区上市公司信息披露水平分布不平衡。

表8.9 中国上市公司信息披露指数分地区描述性统计

地区	数目	比例(%)	平均值	中位数	标准差	极差	最小值	最大值
北京市	379	9.17	66.00	67.52	9.78	40.71	45.63	86.34
天津市	60	1.45	66.28	67.16	10.84	37.18	46.57	83.75
河北省	61	1.48	65.61	66.28	9.75	36.28	47.45	83.73
山西省	40	0.97	63.14	62.15	9.66	33.76	47.48	81.24
内蒙古	25	0.60	61.50	57.90	10.33	32.04	45.48	77.53
辽宁省	74	1.79	62.77	63.51	10.30	34.63	46.99	81.61
吉林省	44	1.06	61.28	59.76	10.17	31.54	48.49	80.03
黑龙江省	39	0.94	61.27	58.36	10.04	31.26	46.22	77.48
上海市	338	8.18	66.85	66.69	9.31	36.31	46.93	83.24
江苏省	479	11.59	66.52	66.91	9.80	36.91	46.03	82.94
浙江省	518	12.53	66.39	67.24	9.81	38.01	46.00	84.01

续表

地 区	数目	比例(%)	平均值	中位数	标准差	极差	最小值	最大值
安徽省	126	3.05	67.63	68.88	8.91	35.49	46.89	82.38
福建省	151	3.65	65.82	66.62	10.43	37.48	46.06	83.54
江西省	56	1.35	65.97	66.03	9.49	35.43	46.70	82.12
山东省	227	5.49	66.37	67.37	9.62	37.35	45.69	83.05
河南省	87	2.10	65.79	66.55	10.57	37.14	46.83	83.97
湖北省	114	2.76	63.02	62.97	10.13	33.85	47.04	80.89
湖南省	117	2.83	64.36	65.82	9.63	34.55	45.75	80.30
广东省	673	16.28	65.75	66.89	10.12	40.55	45.37	85.92
广 西	37	0.90	61.59	62.62	9.39	30.46	48.88	79.34
海南省	33	0.80	58.36	54.39	10.65	32.98	47.44	80.42
重庆市	56	1.35	63.08	63.29	8.68	30.55	49.21	79.76
四川省	135	3.27	65.86	65.00	9.82	37.40	45.80	83.20
贵州省	31	0.75	63.15	62.49	9.90	32.42	48.52	80.94
云南省	38	0.92	64.98	66.34	9.00	35.84	47.28	83.12
西 藏	20	0.48	66.71	67.26	9.78	32.66	46.86	79.52
陕西省	58	1.40	65.96	65.92	10.41	33.60	48.06	81.66
甘肃省	33	0.80	63.42	62.35	10.22	36.58	46.28	82.86
青海省	11	0.27	61.05	57.74	11.23	31.72	47.08	78.80
宁 夏	14	0.34	65.18	65.75	12.64	36.44	45.97	82.42
新 疆	57	1.38	62.23	64.16	10.16	35.72	45.52	81.24
开曼群岛	3	0.07	65.36	61.01	10.61	19.84	57.62	77.45
合 计	4 134	100.00	65.60	66.23	9.95	40.97	45.37	86.34

资料来源：南开大学公司治理数据库。

二、2016—2021年中国上市公司信息披露分地区比较

从表 8.10 中国分地区信息披露指数平均值的六年比较中可以看出，浙江省、安徽省、江西省和河南省上市公司信息披露质量持续表现较好，六年间的指数平均值都高于总体平均值。广东省和江苏省的上市公司信息披露指数有五年高于总体平均值。从地区排名上来看，广东省上市公司信息披露水平 2016 年、2018 年排名第一，江苏省上市公司 2016—2018 年连续三年位列前三。云南省、安徽省、四川省上市公司信息披露水平近四年有所提升，其中安徽省上市公司 2020—2021 年连续两年进入前五，2021 升为第一。

相比较而言，青海省的信息披露水平最差，六个年度当中有五年排名在最后五名，黑

龙江省、山西省和宁夏的信息披露水平也较差,六个年度当中有四年排名在最后五名。山西省2016—2019年的排名均处于末尾三位,但2020年走出了后五位。2019年,海南省的上市公司信息披露水平大幅下降,在2019年和2021年垫底,2020年为倒数第二。

通过以上分地区分析可以看出,上市公司信息披露水平与相应地区经济社会的发展水平有一定的关联。

表8.10 中国上市公司信息披露指数分地区描述性统计六年比较

地 区	2016	2017	2018	2019	2020	2021
北京市	65.40	64.78	65.33	65.84	65.09	66.00
天津市	63.52	64.81	65.56	67.14	66.86	66.28
河北省	64.78	66.86	65.17	65.06	67.36	65.61
山西省	56.69	61.55	58.07	62.63	65.19	63.14
内蒙古	60.35	62.91	61.87	65.23	63.57	61.50
辽宁省	62.12	64.25	63.44	63.99	64.07	62.77
吉林省	59.89	62.93	64.15	64.39	62.64	61.28
黑龙江省	60.17	61.45	63.49	62.87	63.63	61.27
上海市	61.88	63.34	63.53	64.87	65.41	66.85
江苏省	66.13	65.99	66.40	65.35	65.90	66.52
浙江省	66.61	65.87	65.83	65.44	65.63	66.39
安徽省	65.00	65.88	65.73	65.85	66.14	67.63
福建省	65.28	64.44	65.30	66.14	65.61	65.82
江西省	65.54	65.32	66.22	66.89	65.69	65.97
山东省	64.72	65.09	65.35	65.49	65.23	66.37
河南省	65.82	65.87	65.96	66.13	65.69	65.79
湖北省	62.56	65.35	64.07	64.20	63.88	63.02
湖南省	64.05	64.84	66.15	64.74	64.63	64.36
广东省	66.99	65.87	66.67	66.14	65.23	65.75
广 西	59.83	61.98	65.90	63.15	64.55	61.59
海南省	63.00	65.13	63.28	61.51	62.18	58.36
重庆市	63.68	63.80	62.89	63.09	64.15	63.08
四川省	64.42	65.71	65.26	65.71	66.00	65.86
贵州省	64.56	65.50	65.04	64.83	64.91	63.15
云南省	59.41	66.90	64.64	66.55	66.95	64.98
西 藏	59.12	65.69	65.04	67.08	64.99	66.71

续表

地　区	2016	2017	2018	2019	2020	2021
陕西省	63.31	64.80	65.76	65.22	64.28	65.96
甘肃省	62.17	64.45	64.28	63.19	64.44	63.42
青海省	53.55	59.47	60.96	63.30	61.55	61.05
宁　夏	57.76	62.30	61.07	62.99	64.48	65.18
新　疆	62.38	63.52	63.65	64.38	63.89	62.23
开曼群岛	—	—	—	—	—	65.36
合　计	64.53	65.04	65.31	65.35	65.27	65.60

资料来源：南开大学公司治理数据库。

第五节　中国上市公司信息披露100佳评价

一、中国上市公司信息披露100佳比较分析

表8.11是样本总体公司和100佳公司信息披露指数以及各分项指标的描述统计结果。信息披露100佳上市公司信息披露评价指数平均值为81.97，比样本总体平均值高出16.37。信息披露真实性、相关性和及时性的平均值依次为85.26、74.09和85.57，分别高出全部样本20.04、8.9和18.42。100佳公司的信息披露三项分指数指标，均比样本总体平均值高出很多。样本总体的信息披露水平的标准差为9.95，极差为40.97，100佳上市公司信息披露水平的标准差为1.03，极差为5.43，说明100佳上市公司的信息披露水平相比样本总体来说更为集中。

表8.11　中国上市公司信息披露100佳描述性统计

项　目	样　本	平均值	中位数	标准差	极差	最小值	最大值
信息披露指数	100佳	81.97	81.64	1.03	5.43	80.91	86.34
	样本总体	65.60	66.23	9.95	40.97	45.37	86.34
真实性	100佳	85.26	85.49	1.31	11.47	75.34	86.81
	样本总体	65.22	65.14	15.76	46.97	40.00	86.97
相关性	100佳	74.09	72.97	4.65	21.51	67.94	89.45
	样本总体	65.19	64.47	6.54	36.56	53.31	89.87
及时性	100佳	85.57	85.57	3.16	20.44	68.38	88.81
	样本总体	67.15	68.38	12.82	47.19	42.50	89.69

资料来源：南开大学公司治理数据库。

二、中国上市公司信息披露100佳公司行业分布

表8.12的上市公司信息披露100佳行业分布表明,信息披露最好的上市公司主要集中在制造业,其他行业涉及数量较少。从绝对数角度来看,入选信息披露100佳上市公司最多的行业是制造业,有81家,占制造业的3.06%;采矿业和信息传输、软件和信息技术服务业次之,为4家,分别占该行业比例5.19%和1.18%。从相对数角度,采矿业入选100佳占该行业比例5.19%,相对比例最高。农、林、牧、渔业,住宿和餐饮业,金融业,房地产业,租赁和商务服务业,教育,卫生和社会工作,文化、体育和娱乐业,居民服务、修理和其他服务业以及综合这10个行业没有1家入选100佳公司。

表8.12 中国上市公司信息披露100佳公司行业分布

行　业	样本总体		100佳		
	数目	比例(%)	数目	比例(%)	占本行业比例(%)
农、林、牧、渔业	42	1.02	—	—	—
采矿业	77	1.86	4	4.00	5.19
制造业	2 647	64.03	81	81.00	3.06
电力、热力、燃气及水生产和供应业	117	2.83	2	2.00	1.71
建筑业	99	2.39	1	1.00	1.01
批发和零售业	168	4.06	2	2.00	1.19
交通运输、仓储和邮政业	107	2.59	3	3.00	2.80
住宿和餐饮业	10	0.24	—	—	—
信息传输、软件和信息技术服务业	340	8.22	4	4.00	1.18
金融业	122	2.95	—	—	—
房地产业	121	2.93	—	—	—
租赁和商务服务业	58	1.40	—	—	—
科学研究和技术服务业	58	1.40	2	2.00	3.45
水利、环境和公共设施管理业	72	1.74	1	1.00	1.39
教育	8	0.19	—	—	—
卫生和社会工作	12	0.29	—	—	—
文化、体育和娱乐业	59	1.43	—	—	—
居民服务、修理和其他服务业	1	0.02	—	—	—
综合	16	0.39	—	—	—
合　计	4 134	100.00	100	100.00	2.42

资料来源:南开大学公司治理数据库。

三、中国上市公司信息披露100佳公司控股股东性质分布

表8.13显示,按控股股东性质分,入选信息披露100佳的上市公司大多数为民营控股股东性质的公司,有56家,占民营控股企业的2.26%。国有控股股东性质的公司次之,有29家,占国有控股企业的2.44%。另外,外资控股上市公司有12家入选,占外资控股企业的6.06%,其他类型的上市公司有3家入选,占其他类型的上市公司1.33%。

表8.13 中国上市公司信息披露100佳公司控股股东分布

控股股东性质	样本总体		100佳		
	数目	比例(%)	数目	比例(%)	占本组比例(%)
国有控股	1 188	28.74	29	29.00	2.44
集体控股	24	0.58	—	—	—
民营控股	2 480	59.99	56	56.00	2.26
社会团体控股	15	0.36	—	—	—
外资控股	198	4.79	12	12.00	6.06
职工持股会控股	3	0.07	—	—	—
其他类型	226	5.47	3	3.00	1.33
合计	4 134	100.00	100	100.00	2.42

资料来源:南开大学公司治理数据库。

四、中国上市公司信息披露100佳公司地区分布

由表8.14可以看出,公司信息披露水平高的企业具有区域集中的特征。而且,100佳公司地区分布与分地区信息披露质量分析结果一致。在入选信息披露100佳上市公司中,来自广东省、浙江省、江苏省、上海市和北京市5个地区的上市公司共占到60%,依次有15家、13家、11家、11家、10家,分别占各地区样本的2.23%、2.51%、2.30%、3.25%、2.64%。

另外,从占本地区相对数比例来看,比例居前三位的是宁夏、云南省和陕西省,分别为14.29%、5.26%和5.17%,入选数目为2家、2家和3家。而内蒙古、吉林省、黑龙江省、湖北省、湖南省、广西、海南省、重庆市、西藏、青海省以及开曼群岛,没有1家公司入选100佳公司。

表 8.14 中国上市公司信息披露 100 佳公司地区分布

地 区	样本总体		100 佳		
	数目	比例(%)	数目	比例(%)	占本地区比例(%)
北京市	379	9.17	10	10.00	2.64
天津市	60	1.45	3	3.00	5.00
河北省	61	1.48	1	1.00	1.64
山西省	40	0.97	2	2.00	5.00
内蒙古	25	0.60	—	—	—
辽宁省	74	1.79	1	1.00	1.35
吉林省	44	1.06	—	—	—
黑龙江省	39	0.94	—	—	—
上海市	338	8.18	11	11.00	3.25
江苏省	479	11.59	11	11.00	2.30
浙江省	518	12.53	13	13.00	2.51
安徽省	126	3.05	3	3.00	2.38
福建省	151	3.65	5	5.00	3.31
江西省	56	1.35	2	2.00	3.57
山东省	227	5.49	6	6.00	2.64
河南省	87	2.10	4	4.00	4.60
湖北省	114	2.76	—	—	—
湖南省	117	2.83	—	—	—
广东省	673	16.28	15	15.00	2.23
广 西	37	0.90	—	—	—
海南省	33	0.80	—	—	—
重庆市	56	1.35	—	—	—
四川省	135	3.27	3	3.00	2.22
贵州省	31	0.75	1	1.00	3.23
云南省	38	0.92	2	2.00	5.26
西 藏	20	0.48	—	—	—
陕西省	58	1.40	3	3.00	5.17
甘肃省	33	0.80	1	1.00	3.03
青海省	11	0.27	—	—	—
宁 夏	14	0.34	2	2.00	14.29

续表

地区	样本总体		100 佳		
	数目	比例(%)	数目	比例(%)	占本地区比例(%)
新疆	57	1.38	1	1.00	1.75
开曼群岛	3	0.07	—	—	—
合计	4 134	100.00	100	100.00	2.42

资料来源:南开大学公司治理数据库。

主 要 结 论

过去的六年里,世界经济的变化影响到中国经济,并进一步导致中国上市公司的治理情况随之发生一些改变。在信息披露方面整体有以下结论。

第一,2021年中国上市公司样本量为4134家,信息披露指数的平均值为65.60,标准差为9.95。其中真实性、相关性和及时性指数的平均值依次为65.22、65.19和67.15,标准差依次为15.76、6.54和12.82,极差依次为46.97、36.56和47.19。相比2020年,2021年信息披露指数值的真实性、相关性和及时性分指数都有所上升。

第二,从连续六年信息披露指数的发展趋势看,样本公司信息披露指数平均值2016—2019年呈现出逐年上升的趋势,但2020年有所下降,2021又重新回升。三个分指数中,真实性和及时性指数在2016—2019年持续上升,在2020年下降,在2021年回升,变化趋势与信息披露总指数类似。相关性指数六年间呈现出逐年上升的趋势。

第三,从信息披露指数的横向比较来看,上市公司在信息披露的及时性方面做得最好,2016—2021年连续六年都是及时性指数最高,真实性次之,相关性最低。

第四,从行业来看,2021年信息披露指数平均值居于前三位的为科学研究和技术服务业、制造业以及交通运输、仓储和邮政业,分别为68.87、66.62和66.04。平均值最低的三个行业是教育、住宿和餐饮业以及租赁和商务服务业,指数均低于60.00,分别为55.54、58.94和59.64。从长期角度看,整体而言,各行业信息披露水平差异较大,各行业的信息披露指数平均值在各年度间波动较大。制造业在六年间表现较好,各年信息披露指数均大于整体平均值。与2020年相比,2021年信息披露指数平均水平总体上略有提高,提高了0.33。从分行业来看,2021年大部分行业较2020年的信息披露指数均在下降,但指数均值增长的行业有7个。信息披露指数下降幅度最大的是住宿和餐饮业、教育以及租赁和商务服务业,分别下降了10.90、5.53和2.38。

第五,从股权性质来看,上市公司的信息披露水平,因公司股权性质不同而呈现一定的差异。我国控股股东性质主要为国有控股和民营控股,占样本企业总比例达88.73%。其中国有控股的上市公司信息披露指数平均值为65.70,民营控股为65.69,表明国有控股上市公司信息披露水平与民营控股上市公司信息披露水平相当。从长期来看,国有控股上市公司六年内信息披露指数整体提升,从63.00左右提高到66.00左右,2019年和2020年有较大幅度提高后在2021年有所回落。民营控股上市公司信息披露水平在六年间比较稳定,维持在65.50左右,但2019年和2020年小幅回落,2021年又有回升。

第六,从地区来看,2021年上市公司信息披露指数排在前五名的地区是安徽省(67.63)、上海市(66.85)、西藏(66.71)、江苏省(66.52)和浙江省(66.39)。信息披露指数排名后五位的地区是海南省(58.36)、青海省(61.05)、黑龙江省(61.27)、吉林省(61.28)和内蒙古(61.50)。关注各地区的指数极差和标准差可以发现,各地区信息披露指数的极差和标准差较大,说明各地区上市公司信息披露水平分布不平衡。从长期角度看,浙江省、安徽省、江苏省、河南省、广东省和江苏省的信息披露状况表现较好,青海省、黑龙江省、山西省和宁夏的信息披露水平较差。

第七,信息披露100佳上市公司信息披露评价指数平均值为81.97,比样本总体平均值高出16.37。100佳公司的信息披露三项分指数指标,均比样本总体平均值高。信息披露100佳上市公司行业分布表明,信息披露最好的上市公司分布主要集中在制造业行业,其他行业涉及数量较少。从绝对数角度来看,入选信息披露100佳上市公司最多的行业是制造业,采矿业和信息传输、软件和信息技术服务业次之。从相对数角度,采矿业的相对比例最高。按控股股东性质分,入选信息披露100佳的上市公司绝大多数为民营控股股东性质的公司,国有控股股东性质的公司次之,另外,外资控股上市公司有12家入选,其他类型的上市公司有3家入选。公司信息披露水平高的企业具有区域集中的特征,而且,100佳地区分布与分地区信息披露质量分析结果一致。在入选信息披露100佳上市公司中,来自广东省、浙江省、江苏省、上海市和北京市五个地区的上市公司共占到60%。另外,从占本地区相对数比例来看,比例居前三位的是宁夏、云南省和陕西省,而内蒙古、吉林省、黑龙江省、湖北省、湖南省、广西、海南省、重庆市、西藏、青海省以及开曼群岛,没有1家公司入选100佳公司。

第九章 中国上市公司利益相关者治理评价

第一节 中国上市公司利益相关者治理总体分析

一、2021年中国上市公司利益相关者治理总体描述

截至2020年12月31日,中国上市公司样本量为4134家,利益相关者治理指数的平均值为66.42,标准差为9.00,利益相关者治理指数基本服从正态分布。

表9.1 中国上市公司利益相关者治理总体状况描述性统计

项目	平均值	中位数	标准差	极差	最小值	最大值
利益相关者治理指数	66.42	66.14	9.00	58.00	34.73	92.72
参与程度	59.97	56.50	12.00	53.50	39.00	92.50
协调程度	74.31	78.50	12.93	68.00	28.50	96.50

资料来源:南开大学公司治理数据库。

从利益相关者治理指数的两个主要因素来看,样本公司利益相关者分指数参与程度较低,平均值为59.97;利益相关者分指数协调程度较高,平均值为74.31。

二、2016—2021年中国上市公司利益相关者治理比较

从2016—2021年连续六年的发展趋势看(见表9.2),利益相关者治理指数平均值总体上呈现波动上升的趋势,2021年较去年有所提升。这说明随着ESG等治理理念的推广,上市公司更加注重利益相关者治理体系和治理能力建设,利益相关者治理能力得到提升。

从利益相关者的两个主要因素来看,我国上市公司利益相关者治理分指数参与程度在2021年有所降低。一方面,职工监事比例得分相对下降,2020年上市公司职工监事比例大于1/3的上市公司有883家,占全部上市公司比重为23.53%。2021年上市公司中职工监事比例大于1/3的上市公司有869家,占全部上市公司的比重降为21.02%。另一方面,网站更新得分较上年降低2.76。其中建立网站并及时更新的公司比例下降7.29%。此外,上市公司投资者关系管理得分下降4.09,设立专门的投资者关

系管理制度或部门的上市公司比例下降4.46%,投资者关系管理工作需要进一步加强。而另一分指数协调程度有所回升。其中,公司社会责任履行、违规处罚、诉讼和仲裁均较上年有不同程度的改善。其中88.68%的上市公司未受到监管部门违规处罚,同比增加28.73%。上市公司利益相关者治理理念不断完善,从传统股东责任上升到社会责任,逐步强化合规体系建设,提升与利益相关者关系的协调程度。2020年3月1日起正式施行的新证券法,显著提高违法违规成本。2020年10月国务院印发《关于进一步提高上市公司质量的意见》,指出规范公司治理和内部控制,促进股东大会、董事会、监事会、经理层依法合规运作。

表9.2 中国上市公司利益相关者治理指数描述性统计六年比较

项 目	2016	2017	2018	2019	2020	2021
利益相关者治理指数	62.68	62.92	63.26	63.00	63.32	66.42
参与程度	50.43	51.27	52.26	55.03	61.78	59.97
协调程度	77.05	77.18	76.72	72.75	65.21	74.31

资料来源:南开大学公司治理数据库。

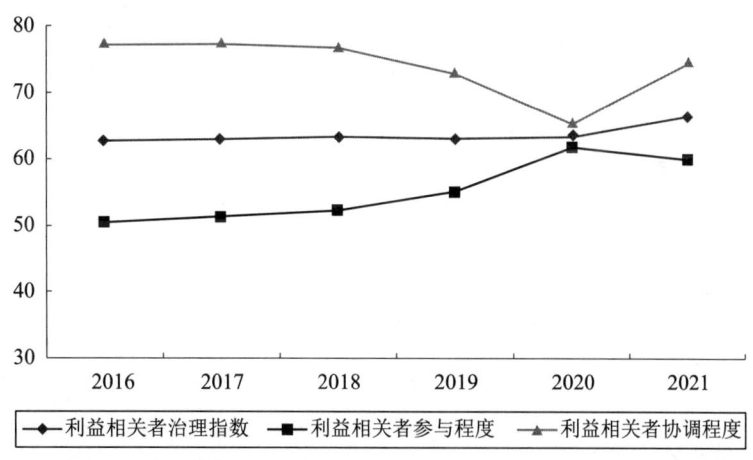

资料来源:南开大学公司治理数据库。

图9.1 中国上市公司利益相关者治理指数平均值六年折线图比较

第二节 中国上市公司利益相关者治理分行业评价

一、2021年中国上市公司利益相关者治理分行业总体描述

从行业分布状况可以看出,各行业利益相关者治理指数存在差异。其中平均值较

高的行业分别为教育,卫生和社会工作以及制造业,平均值分别为 68.76、68.07 和 67.19;平均值最低的三个行业分别是住宿和餐饮业,综合以及居民服务、修理和其他服务业,平均值分别为 62.40、59.74 和 57.44。见表 9.3。

表 9.3 中国上市公司利益相关者治理指数分行业描述性统计

行 业	数目	比例(%)	平均值	中位数	标准差	极差	最小值	最大值
农、林、牧、渔业	42	1.02	66.30	65.27	9.87	38.72	47.38	86.10
采矿业	77	1.86	63.97	65.05	8.62	36.72	44.68	81.40
制造业	2 647	64.03	67.19	66.72	8.82	58.00	34.73	92.72
电力、热力、燃气及水生产和供应业	117	2.83	64.84	64.98	8.65	44.69	44.10	88.80
建筑业	99	2.39	64.27	64.23	8.08	36.65	47.93	84.58
批发和零售业	168	4.06	63.46	63.81	9.18	53.05	38.78	91.83
交通运输、仓储和邮政业	107	2.59	66.76	66.50	9.46	45.37	42.63	88.00
住宿和餐饮业	10	0.24	62.40	60.49	11.78	37.50	43.27	80.77
信息传输、软件和信息技术服务业	340	8.22	65.79	65.72	9.30	53.90	36.53	90.42
金融业	122	2.95	66.05	67.07	9.16	46.20	41.70	87.90
房地产业	121	2.93	63.17	64.57	9.14	37.15	45.52	82.67
租赁和商务服务业	58	1.40	64.04	64.16	9.57	41.90	41.33	83.23
科学研究和技术服务业	58	1.40	66.60	65.61	9.07	38.13	48.47	86.60
水利、环境和公共设施管理业	72	1.74	66.60	65.24	8.26	42.72	47.25	89.97
居民服务、修理和其他服务业	1	0.02	57.44	57.44	0.00	0.00	57.44	57.44
教育	8	0.19	68.76	67.76	10.07	22.30	58.35	80.65
卫生和社会工作	12	0.29	68.07	67.91	7.81	27.55	56.35	83.90
文化、体育和娱乐业	59	1.43	64.51	64.15	9.50	48.85	35.18	84.02
综合	16	0.39	59.74	59.86	10.64	34.05	40.57	74.63
合 计	4 134	100.00	66.42	66.14	9.00	58.00	34.73	92.72

资料来源:南开大学公司治理数据库。

从利益相关者的两个分指数来看,参与程度平均值最高的行业是教育,卫生和社会工作以及租赁和商务服务业,平均值分别为 67.69、64.92 和 62.19,利益相关者分指数参与程度平均值最低的行业是房地产业,综合以及居民服务、修理和其他服务业,平均值分别为 56.73、54.09 和 43.50。利益相关者分指数协调程度平均值最高的行业是水利、环境和公共设施管理业,交通运输、仓储和邮政业以及制造业,平均值分别为 75.98、75.93 和 75.68,协调程度平均值最低的行业是住宿和餐饮业,综合以及租赁和商务服务业,平均值分别为 67.05、66.66 和 66.29。见表 9.4。

表 9.4　中国上市公司利益相关者治理分指数分行业描述性统计

行　业	数目	比例(%)	利益相关者治理指数	参与程度	协调程度
农、林、牧、渔业	42	1.02	66.30	61.37	72.32
采矿业	77	1.86	63.97	57.49	71.91
制造业	2 647	64.03	67.19	60.26	75.68
电力、热力、燃气及水生产和供应业	117	2.83	64.84	56.85	74.61
建筑业	99	2.39	64.27	60.37	69.04
批发和零售业	168	4.06	63.46	56.97	71.39
交通运输、仓储和邮政业	107	2.59	66.76	59.26	75.93
住宿和餐饮业	10	0.24	62.40	58.60	67.05
信息传输、软件和信息技术服务业	340	8.22	65.79	61.46	71.10
金融业	122	2.95	66.05	60.61	72.69
房地产业	121	2.93	63.17	56.73	71.04
租赁和商务服务业	58	1.40	64.04	62.19	66.29
科学研究和技术服务业	58	1.40	66.60	60.28	74.34
水利、环境和公共设施管理业	72	1.74	66.60	58.94	75.98
居民服务、修理和其他服务业	1	0.02	57.44	43.50	74.50
教育	8	0.19	68.76	67.69	70.06
卫生和社会工作	12	0.29	68.07	64.92	71.92
文化、体育和娱乐业	59	1.43	64.51	60.21	69.76
综合	16	0.39	59.74	54.09	66.66
合　计	4 134	100.00	66.42	59.97	74.31

资料来源:南开大学公司治理数据库。

二、2016—2021 年中国上市公司利益相关者治理分行业比较

2021 年利益相关者指数同比上升的行业有 18 个,同比下降的行业有 1 个。其中增长较大的行业为综合,采矿业以及电力、热力、燃气及水生产和供应业,分别增长 5.67、5.16 和 4.84。下降较大的行业为居民服务、修理和其他服务业,下降 7.16。2021 年不同行业利益相关者治理标准差平均值为 9.28,较上年增加 0.68。

六年来利益相关者治理平均值较高的行业为卫生和社会工作、教育以及金融业,利益相关者治理指数平均值为 66.08、64.59 和 64.55。六年来利益相关者治理指数平均值较低的行业为房地产业、住宿和餐饮业以及综合,利益相关者治理指数平均值为 59.77、58.96 和 57.36,表现有待改善。

表 9.5 中国上市公司利益相关者治理指数分行业描述性统计六年比较

行 业	2016	2017	2018	2019	2020	2021
农、林、牧、渔业	63.61	62.30	63.59	62.40	62.35	66.30
采矿业	59.55	59.55	61.87	58.73	58.81	63.97
制造业	63.24	63.93	64.13	63.70	64.25	67.19
电力、热力、燃气及水生产和供应业	61.00	60.34	60.43	61.40	60.00	64.84
建筑业	60.64	59.89	61.29	60.38	60.23	64.27
批发和零售业	60.11	59.07	59.60	61.22	60.38	63.46
交通运输、仓储和邮政业	64.98	63.44	64.12	63.08	63.65	66.76
住宿和餐饮业	56.44	57.13	59.02	59.25	59.53	62.40
信息传输、软件和信息技术服务业	63.95	63.76	64.07	63.24	63.06	65.79
金融业	64.65	65.20	62.53	64.50	64.39	66.05
房地产业	59.10	58.25	58.20	59.66	60.23	63.17
租赁和商务服务业	60.13	60.64	61.64	60.31	61.35	64.04
科学研究和技术服务业	65.82	63.43	62.99	62.50	63.85	66.60
水利、环境和公共设施管理业	63.79	63.77	63.96	64.08	63.85	66.60
居民服务、修理和其他服务业	—	—	—	—	64.60	57.44
教育	62.30	64.36	62.50	64.92	64.71	68.76
卫生和社会工作	69.32	70.14	62.81	62.80	63.32	68.07
文化、体育和娱乐业	62.65	61.40	62.02	62.05	62.02	64.51
综合	57.95	55.98	58.17	58.23	54.07	59.74
合 计	62.68	62.92	63.26	63.00	63.32	66.42

资料来源:南开大学公司治理数据库。

第三节　中国上市公司利益相关者治理分控股股东性质评价

一、2021年中国上市公司利益相关者治理分控股股东性质总体描述

利益相关者治理指数由高到低分别为职工持股会控股、集体控股、民营控股、其他类型控股、国有控股、外资控股和社会团体控股上市公司,平均值分别为79.77、69.04、66.82、66.70、65.66、65.54和59.93。民营控股的利益相关者治理平均水平好于国有控股上市公司和外资控股上市公司。见表9.6。

表9.6　中国上市公司利益相关者治理指数分控股股东性质描述性统计

控股股东性质	数目	比例（%）	平均值	中位数	标准差	极差	最小值	最大值
国有控股	1 188	28.74	65.66	65.72	8.62	51.48	38.55	90.03
集体控股	24	0.58	69.04	67.67	8.91	36.63	53.84	90.48
民营控股	2 480	59.99	66.82	66.37	9.09	58.00	34.73	92.72
社会团体控股	15	0.36	59.93	58.82	8.81	36.10	50.72	86.83
外资控股	198	4.79	65.54	65.24	8.81	45.97	40.63	86.60
职工持股会控股	3	0.07	79.77	82.00	7.53	14.55	71.37	85.93
其他类型	226	5.47	66.70	67.07	9.72	48.35	40.05	88.40
合　计	4 134	100.00	66.42	66.14	9.00	58.00	34.73	92.72

资料来源:南开大学公司治理数据库。

从利益相关者治理两个分指数来看,参与程度平均值由高到低分别为职工持股会控股、集体控股、其他类型控股、民营控股、国有控股、外资控股和社会团体控股上市公司,职工持股会控股、集体控股、其他类型控股和民营控股上市公司高于全部上市公司利益相关者参与程度平均值,较为重视完善利益相关者参与治理;协调程度平均值由高到低分别为职工持股会控股、集体控股、外资控股、民营控股、国有控股、其他类型控股和社会团体控股上市公司。内资企业中,职工持股会控股、集体控股上市公司利益相关者协调程度均高于外资控股上市公司,显示出内资上市公司积极履行社会责任,同利益相关者之间的关系得到较大改善。而国有控股、其他类型控股和社会团体控股上市公司利益相关者参与程度与协调程度均较低,需要进一步加强同利益相关者之间的协调,细化社会责任举措,提升了利益相关者治理水平。

表 9.7 中国上市公司利益相关者治理分指数分控股股东性质描述性统计

控股股东性质	数目	比例(%)	利益相关者治理指数	参与程度	协调程度
国有控股	1 188	28.74	65.66	58.59	74.31
集体控股	24	0.58	69.04	63.40	75.94
民营控股	2 480	59.99	66.82	60.63	74.40
社会团体控股	15	0.36	59.93	52.90	68.53
外资控股	198	4.79	65.54	58.14	74.59
职工持股会控股	3	0.07	79.77	76.17	84.17
其他类型	226	5.47	66.70	61.46	73.10
合 计	4 134	100.00	66.42	59.97	74.31

资料来源:南开大学公司治理数据库。

二、2016—2021 年中国上市公司利益相关者治理分控股股东性质比较

表 9.8 列出了 2016—2021 年的国有控股和民营控股上市公司的利益相关者治理指数。总体上看,2016—2021 年民营控股上市公司的利益相关者治理状况好于国有控股上市公司,但领先幅度有所降低,进一步反映出在推动混合所有制改革等过程中,国有企业公司治理不断完善,利益相关者治理能力得到提升。从利益相关者治理两个分指数来看,民营控股上市公司参与程度与协调程度均好于国有控股上市公司。国有控股上市公司参与程度得分落后较大。应进一步加强治理创新,创新投资者关系管理手段,不断提升利益相关者参与水平。

表 9.8 中国国有和民营控股上市公司利益相关者治理指数描述性统计六年比较

年 份	控股股东性质	利益相关者治理指数	参与程度	协调程度
2016	国有	61.75	49.52	76.11
	民营	63.19	50.83	77.69
2017	国有	61.47	49.09	76.62
	民营	63.70	52.45	77.47
2018	国有	62.15	50.78	76.06
	民营	63.83	53.04	77.04
2019	国有	62.08	53.66	72.38
	民营	63.43	55.67	72.92
2020	国有	62.23	60.70	64.10
	民营	63.87	62.41	65.66

续表

年份	控股股东性质	利益相关者治理指数	参与程度	协调程度
2021	国有	65.66	58.59	74.31
	民营	66.82	60.63	74.40

资料来源：南开大学公司治理数据库。

第四节　中国上市公司利益相关者治理分地区评价

一、2021 年中国上市公司利益相关者治理分地区总体描述

与 2020 年相比，今年新增 3 家在开曼群岛注册的上市公司。从国内注册公司情况来看，利益相关者治理呈现西北部、东北部较低，中东部较高的态势。利益相关者治理水平同比上升的地区有 30 个，增幅较大的为青海省、黑龙江省和吉林省。同比降幅较大的地区为西藏。上市公司利益相关者治理指数排在前三名的是福建省（68.23）、安徽省（67.85）和江西省（67.49）的上市公司；利益相关者治理指数排名后三位的是黑龙江省（62.19）、海南省（60.36）和西藏（59.94）的上市公司。新增开曼群岛注册的上市公司利益相关者治理平均值为 66.75，高于全国利益相关者治理平均水平，见表 9.9。

表 9.9　中国上市公司利益相关者治理指数分地区描述性统计

地区	数目	比例(%)	平均值	中位数	标准差	极差	最小值	最大值
北京市	379	9.17	67.19	67.15	8.34	50.52	39.90	90.42
天津市	60	1.45	66.33	66.05	8.22	40.77	46.50	87.28
河北省	61	1.48	66.95	67.68	8.17	36.77	47.25	84.02
山西省	40	0.97	63.08	63.20	8.15	33.10	47.32	80.42
内蒙古	25	0.60	64.89	63.89	11.70	53.67	34.73	88.40
辽宁省	74	1.79	62.86	63.80	8.79	44.62	38.55	83.17
吉林省	44	1.06	66.28	65.84	8.82	39.85	50.85	90.70
黑龙江省	39	0.94	62.19	63.80	10.41	38.57	44.10	82.67
上海市	338	8.18	66.88	66.23	8.94	51.37	36.53	87.90
江苏省	479	11.59	66.19	65.69	9.34	54.85	35.18	90.03
浙江省	518	12.53	66.68	66.06	8.46	49.45	40.80	90.25

续表

地区	数目	比例(%)	平均值	中位数	标准差	极差	最小值	最大值
安徽省	126	3.05	67.85	67.27	8.58	42.88	45.75	88.62
福建省	151	3.65	68.23	68.22	8.09	41.43	49.50	90.93
江西省	56	1.35	67.49	66.93	10.10	50.12	41.70	91.83
山东省	227	5.49	67.46	67.09	9.12	48.10	42.37	90.48
河南省	87	2.10	67.05	66.37	8.23	41.98	43.72	85.70
湖北省	114	2.76	65.39	65.40	9.32	47.95	40.05	88.00
湖南省	117	2.83	66.12	65.69	9.19	41.60	47.93	89.52
广东省	673	16.28	66.95	67.04	9.30	48.12	41.85	89.97
广西	37	0.90	62.35	61.98	9.20	40.25	40.63	80.87
海南省	33	0.80	60.36	61.27	8.96	46.93	40.57	87.50
重庆市	56	1.35	65.55	65.11	8.41	39.72	49.85	89.58
四川省	135	3.27	66.04	65.92	8.75	49.85	37.88	87.72
贵州省	31	0.75	66.68	65.69	10.43	41.92	44.40	86.32
云南省	38	0.92	64.68	63.19	7.73	33.82	48.85	82.67
西藏	20	0.48	59.94	59.32	7.54	29.28	49.57	78.85
陕西省	58	1.40	65.39	65.14	7.03	35.42	47.30	82.72
甘肃省	33	0.80	64.01	63.67	11.81	52.10	40.63	92.72
青海省	11	0.27	65.16	66.87	8.93	33.59	49.75	83.35
宁夏	14	0.34	62.92	66.01	9.86	29.16	47.32	76.48
新疆	57	1.38	65.30	64.34	10.37	42.15	44.62	86.77
开曼群岛	3	0.07	66.75	69.85	9.02	17.22	56.60	73.82
合计	4 134	100.00	66.42	66.14	9.00	58.00	34.73	92.72

资料来源:南开大学公司治理数据库。

二、2016—2021 年中国上市公司利益相关者治理分地区比较

据表9.10可以看出,山东省、安徽省和福建省近六年的利益相关者治理状况较好;而海南省、黑龙江省和宁夏近六年的利益相关者治理状况较差,平均值均低于60.00。

表 9.10　中国上市公司利益相关者治理指数分地区描述性统计六年比较

地　区	2016	2017	2018	2019	2020	2021
北京市	63.32	63.36	63.61	63.33	64.29	67.19
天津市	62.54	60.66	64.30	65.54	62.51	66.33
河北省	62.01	64.46	63.15	61.97	64.34	66.95
山西省	59.31	57.81	61.07	60.50	61.46	63.08
内蒙古	59.17	60.41	61.31	60.99	59.97	64.89
辽宁省	59.40	61.37	61.24	60.50	59.93	62.86
吉林省	58.84	59.67	60.18	61.78	60.35	66.28
黑龙江省	59.57	57.55	60.68	58.93	55.73	62.19
上海市	63.16	61.96	62.60	62.79	62.81	66.88
江苏省	63.25	63.95	64.48	63.72	63.66	66.19
浙江省	62.66	63.46	63.46	63.44	63.52	66.68
安徽省	63.26	64.08	64.43	63.29	65.23	67.85
福建省	63.17	63.72	63.81	64.16	64.89	68.23
江西省	60.62	61.04	65.35	63.20	65.28	67.49
山东省	64.32	64.62	64.52	63.94	64.50	67.46
河南省	62.56	64.98	65.27	64.43	63.33	67.05
湖北省	60.56	61.32	63.09	61.98	62.46	65.39
湖南省	64.94	63.36	63.52	63.17	63.86	66.12
广东省	64.43	64.86	63.65	63.38	64.34	66.95
广　西	61.68	59.41	60.90	60.12	59.31	62.35
海南省	59.11	56.65	59.87	59.95	58.93	60.36
重庆市	60.92	59.28	59.00	61.40	60.77	65.55
四川省	59.94	61.13	62.31	62.88	62.84	66.04
贵州省	63.15	63.01	63.69	61.55	62.25	66.68
云南省	64.36	62.11	64.75	62.80	61.91	64.68
西　藏	58.74	58.89	59.86	63.85	63.60	59.94
陕西省	62.01	61.53	61.90	62.20	61.81	65.39
甘肃省	63.20	63.77	63.40	61.19	61.90	64.01
青海省	58.90	58.80	62.07	60.67	58.26	65.16
宁　夏	57.99	59.51	55.49	56.45	57.87	62.92

续表

地 区	2016	2017	2018	2019	2020	2021
新 疆	60.14	59.32	58.68	60.06	61.02	65.30
开曼群岛	—	—	—	—	—	66.75
合 计	62.68	62.92	63.26	63.00	63.32	66.42

资料来源:南开大学公司治理数据库。

第五节 中国上市公司利益相关者治理100佳评价

一、中国上市公司利益相关者治理100佳比较分析

如表9.11所示,利益相关者治理100佳上市公司利益相关者治理指数平均值为86.80,而利益相关者治理分指数,即参与程度和协调程度的平均值分别为86.80和86.79;100佳上市公司的利益相关者治理参与程度高于协调程度,而全部上市公司利益相关者治理协调程度更高。

表9.11 中国上市公司利益相关者治理100佳描述性统计

项 目	样 本	平均值	中位数	标准差	极差	最小值	最大值
利益相关者治理指数	100佳	86.80	86.32	1.90	8.48	84.25	92.72
	样本总体	66.42	66.14	9.00	58.00	34.73	92.72
参与程度	100佳	86.80	87.50	3.63	15.00	77.50	92.50
	样本总体	59.97	56.50	12.00	53.50	39.00	92.50
协调程度	100佳	86.79	87.00	4.05	21.00	75.50	96.50
	样本总体	74.31	78.50	12.93	68.00	28.50	96.50

资料来源:南开大学公司治理数据库。

二、中国上市公司利益相关者治理100佳公司行业分布

表9.12关于上市公司利益相关者治理100佳行业分布表明,从绝对数角度,入选利益相关者治理100佳上市公司最多的行业是制造业,有70家;其次是信息传输、软件和信息技术服务业,有10家。采矿业,住宿和餐饮业,房地产业,租赁和商务服务业,居民服务、修理和其他服务业,教育,卫生和社会工作,文化、体育和娱乐业以及综合没有公司进入100佳。从入选100佳公司占行业比重情况看,交通运输、仓储和邮政业,电力、热力、燃气

及水生产和供应业,信息传输、软件和信息技术服务业公司占比较高。说明在这些行业利益相关者治理工作的渗透率较高,带动行业整体利益相关者治理水平的提升。

表 9.12　中国上市公司利益相关者治理 100 佳公司行业分布

行　业	样本总体		100 佳		
	数目	比例(%)	数目	比例(%)	占本行业比例(%)
农、林、牧、渔业	42	1.02	1	1.00	2.38
采矿业	77	1.86	—	—	—
制造业	2 647	64.03	70	70.00	2.64
电力、热力、燃气及水生产和供应业	117	2.83	4	4.00	3.42
建筑业	99	2.39	1	1.00	1.01
批发和零售业	168	4.06	2	2.00	1.19
交通运输、仓储和邮政业	107	2.59	7	7.00	6.54
住宿和餐饮业	10	0.24	—	—	—
信息传输、软件和信息技术服务业	340	8.22	10	10.00	2.94
金融业	122	2.95	2	2.00	1.64
房地产业	121	2.93	—	—	—
租赁和商务服务业	58	1.40	—	—	—
科学研究和技术服务业	58	1.40	1	1.00	1.72
水利、环境和公共设施管理业	72	1.74	2	2.00	2.78
居民服务、修理和其他服务业	1	0.02	—	—	—
教育	8	0.19	—	—	—
卫生和社会工作	12	0.29	—	—	—
文化、体育和娱乐业	59	1.43	—	—	—
综合	16	0.39	—	—	—
合　计	4 134	100.00	100	100.00	2.42

资料来源:南开大学公司治理数据库。

三、中国上市公司利益相关者治理 100 佳公司控股股东性质分布

表 9.13 显示,利益相关者治理 100 佳中,控股股东性质为民营控股、国有控股、外资控股的上市公司所占比例分别为 61.00%、28.00% 和 2.00%,分别占民营控股企业的 2.46%、国有控股企业的 2.36% 和外资控股企业的 1.01%。与去年相比,国有控股、外资控股、职工持股会控股上市公司进入利益相关者治理 100 佳公司比重有所增加,民营控股、集体控股和其他类型控股上市公司进入利益相关者治理 100 佳公司比例有所降低。

表 9.13　中国上市公司利益相关者治理 100 佳公司控股股东分布

控股股东性质	样本总体		100 佳		
	数目	比例(%)	数目	比例(%)	占本组比例(%)
国有控股	1 188	28.74	28	28.00	2.36
集体控股	24	0.58	1	1.00	4.17
民营控股	2 480	59.99	61	61.00	2.46
社会团体控股	15	0.36	1	1.00	6.67
外资控股	198	4.79	2	2.00	1.01
职工持股会控股	3	0.07	1	1.00	33.33
其他类型	226	5.47	6	6.00	2.65
合　计	4 134	100.00	100	100.00	2.42

资料来源：南开大学公司治理数据库。

四、中国上市公司利益相关者治理 100 佳公司地区分布

在入选利益相关者治理 100 佳上市公司中，从绝对数来看，广东省、江苏省、浙江省、上海市、北京市和山东省进入 100 佳上市公司较多，分别为 20 家、13 家、13 家、8 家、7 家和 7 家；从比例来看，占本组比例较高的地区是甘肃省、吉林省和内蒙古，分别为 6.06%、4.55% 和 4.00%。河北省、山西省、辽宁省、黑龙江省、广西、云南省、西藏、青海省、宁夏和开曼群岛没有公司进入利益相关者治理 100 佳。见表 9.14。

表 9.14　中国上市公司利益相关者治理 100 佳公司地区分布

地　区	样本总体		100 佳		
	数目	比例(%)	数目	比例(%)	占本地区比例(%)
北京市	379	9.17	7	7.00	1.85
天津市	60	1.45	1	1.00	1.67
河北省	61	1.48	—	—	
山西省	40	0.97	—	—	
内蒙古	25	0.60	1	1.00	4.00
辽宁省	74	1.79	—	—	
吉林省	44	1.06	2	2.00	4.55
黑龙江省	39	0.94	—	—	
上海市	338	8.18	8	8.00	2.37
江苏省	479	11.59	13	13.00	2.71

续表

地　　区	样本总体		100 佳		
	数目	比例(%)	数目	比例(%)	占本地区比例(%)
浙江省	518	12.53	13	13.00	2.51
安徽省	126	3.05	2	2.00	1.59
福建省	151	3.65	3	3.00	1.99
江西省	56	1.35	2	2.00	3.57
山东省	227	5.49	7	7.00	3.08
河南省	87	2.10	3	3.00	3.45
湖北省	114	2.76	3	3.00	2.63
湖南省	117	2.83	4	4.00	3.42
广东省	673	16.28	20	20.00	2.97
广　西	37	0.90	—	—	—
海南省	33	0.80	1	1.00	3.03
重庆市	56	1.35	2	2.00	3.57
四川省	135	3.27	3	3.00	2.22
贵州省	31	0.75	1	1.00	3.23
云南省	38	0.92	—	—	—
西　藏	20	0.48	—	—	—
陕西省	58	1.40	1	1.00	1.72
甘肃省	33	0.80	2	2.00	6.06
青海省	11	0.27	—	—	—
宁　夏	14	0.34	—	—	—
新　疆	57	1.38	2	2.00	3.51
开曼群岛	3	0.07	—	—	—
合　计	4134	100.00	100	100.00	2.42

资料来源：南开大学公司治理数据库。

主　要　结　论

第一，截至 2020 年 12 月 31 日，中国上市公司样本量为 4 143 家，利益相关者治理指数的平均值为 66.42，中位数为 66.14，标准差为 9.00，利益相关者治理指数基本服从正态分布。

第二,从行业分布来看,2021年利益相关者治理指数平均值较高的行业分别为教育,卫生和社会工作以及制造业;平均值最低的三个行业分别是住宿和餐饮业,综合以及居民服务、修理和其他服务业。综合以及居民服务、修理和其他服务业两类行业的利益相关者治理参与程度也处于相对较低位置。2021年利益相关者治理总指数有所上升,按行业大类来看,多数行业利益相关者治理水平均较上年有所提升。行业之间利益相关者治理水平存在差异,差异比上年有所扩大。从近六年指数整体情况来看,六年来利益相关者治理指数平均值较高的行业为卫生和社会工作,教育以及金融业;六年来利益相关者治理指数平均值较低的行业为房地产业、住宿和餐饮业以及综合,表现有待改善。

第三,从控股股东性质来看,2016—2021年民营控股上市公司的利益相关者治理状况好于国有控股上市公司,但领先幅度有所降低。这表明在推动混合所有制改革等过程中,国有企业公司治理不断完善,利益相关者治理能力得到提升。从利益相关者治理两个分指数来看,民营控股上市公司参与程度与协调程度均好于国有控股上市公司。其中,国有控股上市公司参与程度得分落后较大。国有控股上市公司在深化改革中应进一步加强治理创新,创新投资者关系管理手段,不断提升利益相关者参与程度。

第四,从国内注册公司情况来看,多数地区利益相关者治理水平同比上升,同比降幅较大的地区为西藏。上市公司利益相关者治理指数排在前三名的是福建省、安徽省和江西省的上市公司;利益相关者治理指数排名后三位的是黑龙江省、海南省和西藏的上市公司。新增开曼群岛注册的上市公司利益相关者治理指数平均值高于全国利益相关者治理平均水平。2016—2021年山东省、安徽省和福建省的上市公司利益相关者治理平均水平较好;而海南省、黑龙江省和宁夏的近六年的利益相关者治理平均水平较差。开曼群岛注册的三家科创板上市公司利益相关者治理水平高于全国平均水平。

第五,中国上市公司利益相关者治理100佳上市公司民营有控股公司所占比例高于国有上市公司。进一步来看,国有控股、外资控股、职工持股会控股上市公司进入利益相关者治理100佳公司比重有所增加,民营控股、集体控股和其他类型控股上市公司进入利益相关者治理100佳公司比例有所降低。利益相关者治理100佳上市公司行业、地区分布不平衡,广东省、浙江省和江苏省较多,河北省、山西省、辽宁省、黑龙江省、广西、云南省、西藏、青海省、宁夏和开曼群岛没有公司进入利益相关者治理100佳。从行业来看,制造业,信息传输、软件和信息技术服务业上市公司进入100佳上市公司的绝对数最多,而采矿业,住宿和餐饮业,房地产业,租赁和商务服务业,居民服务、修理和其他服务业,教育,卫生和社会工作,文化、体育和娱乐业以及综合没有公司进入100佳。

第六,从 2016—2021 年连续六年的发展趋势看,利益相关者治理指数平均值总体上呈现比较平稳发展的态势。这表明随着我国资本市场投资者保护、违规处罚成本上升等一系列资本市场结构性改革举措的推出,上市公司利益相关者治理逐步深入,利益相关者之间的关系趋于改善,利益相关者治理能力有所提升。从利益相关者指数构成指标来看,利益相关者参与程度得分较上年有所下降,主要原因是新上市公司员工持股比例、职工监事比例、投资者关系管理制度及执行得分较低,拉低了本年利益相关者治理参与程度。例如 2020 年之前上市公司实施员工持股计划的比例为 14.61%,2020 年上市的公司实施员工持股计划的比例为 3.28%。2020 年之前上市的公司职工监事比例大于 1/3 的比例为 21.86%,2020 年上市的公司职工监事比例大于 1/3 的比例为 13.13%。2020 年之前上市公司有 41.09% 的上市公司在年报中未阐述投资者关系管理有关的内容,而 2020 年上市公司中该比例为 42.68%。

值得注意的是,与上年相比,利益相关者协调程度得分有所改善,这也是导致利益相关者总指数增长的原因。进一步来看,利益相关者协调分指数中,公司在社会责任履行、违规处罚以及诉讼仲裁等方面均有所改善。社会责任履行增加 4.54。其中上市公司公益捐赠平均值增长 73.60%。特别是国有控股上市公司在疫情冲击以及扶贫工作中主动履行社会责任,强化公益捐赠支出,国有控股上市公司公益性捐赠支出增长 146.97%。定期报告或社会责任报告中披露债权人权益保护、供应商权益保护的公司比例分别增长 2.99% 和 2.07%。2021 年未受违规处罚的上市公司占比提升约 28.73%,无诉讼仲裁事项的公司占比提升约 4.80%。

综上,2021 年上市公司利益相关者治理提升,利益相关者治理协调程度有较大幅度改善,但新上市公司利益相关者治理参与程度是短板。新上市公司应坚持公司治理过程性理念,在合规基础上,进一步推动治理机制创新,健全人力资本参与公司治理的手段,完善投资者关系管理制度和落地机制,推动的利益相关者治理水平升级。

第十章 主板上市公司治理总体评价

第一节 主板上市公司治理总体分析

一、样本来源及选取

2021年评价中按照市场板块划分样本公司,根据信息齐全和不含异常数据两项样本筛选的基本原则,我们最终确定主板非金融上市公司有效样本为1963家。样本公司的行业、控股股东性质及地区构成见表10.1、表10.2与表10.3。本章主要对1963家主板非金融上市公司样本进行分析。

从样本行业分布情况来看,最近几年评价中各行业样本所占比例较为稳定,2021年仍然是制造业样本所占比例最高,为58.79%。

表10.1 主板上市公司的行业构成

行 业	数目	比例(%)
农、林、牧、渔业	20	1.02
采矿业	64	3.26
制造业(合计)	1 154	58.79
农副食品加工业	26	1.32
食品制造业	31	1.58
酒、饮料和精制茶制造业	40	2.04
纺织业	23	1.17
纺织服装、服饰业	18	0.92
皮革、毛皮、羽毛及其制品和制鞋业	8	0.41
木材加工及木、竹、藤、棕、草制品业	5	0.25
家具制造业	16	0.82
造纸及纸制品业	22	1.12
印刷和记录媒介复制业	8	0.41
文教、工美、体育和娱乐用品制造业	4	0.20

续表

行　业	数目	比例(%)
石油加工、炼焦及核燃料加工业	15	0.76
化学原料及化学制品制造业	129	6.57
医药制造业	106	5.40
化学纤维制造业	16	0.82
橡胶和塑料制品业	35	1.78
非金属矿物制品业	50	2.55
黑色金属冶炼及压延加工业	29	1.48
有色金属冶炼及压延加工业	42	2.14
金属制品业	30	1.53
通用设备制造业	53	2.70
专用设备制造业	82	4.18
汽车制造业	85	4.33
铁路、船舶、航空航天和其他运输设备制造业	36	1.83
电气机械及器材制造业	97	4.94
计算机、通信和其他电子设备制造业	126	6.42
仪器仪表制造业	9	0.46
废弃资源综合利用业	4	0.20
其他制造业	9	0.46
电力、热力、燃气及水生产和供应业	103	5.25
建筑业	54	2.75
批发和零售业	132	6.72
交通运输、仓储和邮政业	90	4.58
住宿和餐饮业	8	0.41
信息传输、软件和信息技术服务业	85	4.33
房地产业	108	5.50
租赁和商务服务业	27	1.38
科学研究和技术服务业	25	1.27
水利、环境和公共设施管理业	32	1.63
教育	4	0.20
卫生和社会工作	5	0.25
文化、体育和娱乐业	36	1.83
综合	16	0.82
合　计	1 963	100.00

资料来源：南开大学公司治理数据库。

按控股股东性质分组样本中,国有控股和民营控股上市公司仍然占据较大的比例,二者合计占比89.61%。国有控股上市公司在2021年评价样本中有877家,比例为44.68%,相对于2020年的46.35%显著下降;民营控股上市公司在2021年评价样本中有882家,比例为44.93%,相对于2020年的43.19%上升了1.74个百分点。外资控股、集体控股、社会团体控股、职工持股会控股和其他类型上市公司样本所占比例较低。

表10.2 主板上市公司的控股股东构成

控股股东性质	数目	比例(%)
国有控股	877	44.68
集体控股	14	0.71
民营控股	882	44.93
社会团体控股	13	0.66
外资控股	91	4.64
职工持股会控股	3	0.15
其他类型	83	4.23
合　计	1 963	100.00

资料来源:南开大学公司治理数据库。

近年来主板上市公司的地区分布比例没有太大变化,从不同地区样本数量、所占比例看,浙江省(245家,占样本公司的12.48%)、江苏省(205家,占样本公司的10.44%)、上海市(203家,占样本公司的10.34%)、广东省(178家,占样本公司的9.07%)、北京市(161家,占样本公司的8.20%)、山东省(107家,占样本公司的5.45%)等经济发达地区占有数量较多,而江西省、黑龙江省、广西、海南省、甘肃省、云南省、内蒙古、贵州省、宁夏、西藏和青海省等欠发达地区占样本量较少,这反映出经济发展水平与上市公司数量存在一定的关系。

表10.3 主板上市公司的地区构成

地　区	数目	比例(%)	地　区	数目	比例(%)
北京市	161	8.20	湖北省	66	3.36
天津市	36	1.83	湖南省	47	2.39
河北省	35	1.78	广东省	178	9.07
山西省	33	1.68	广　西	27	1.38
内蒙古	19	0.97	海南省	25	1.27
辽宁省	46	2.34	重庆市	40	2.04

续表

地 区	数目	比例(%)	地 区	数目	比例(%)
吉林省	31	1.58	四川省	64	3.26
黑龙江省	28	1.43	贵州省	19	0.97
上海市	203	10.34	云南省	22	1.12
江苏省	205	10.44	西 藏	11	0.56
浙江省	245	12.48	陕西省	33	1.68
安徽省	62	3.16	甘肃省	23	1.17
福建省	71	3.62	青海省	10	0.51
江西省	29	1.48	宁 夏	13	0.66
山东省	107	5.45	新 疆	36	1.83
河南省	38	1.94	合 计	1 963	100.00

资料来源:南开大学公司治理数据库。

二、2021年主板上市公司治理总体描述

在2021年评价样本中,主板上市公司治理指数平均值为63.44,较2020年的62.96上升了0.48。2021年公司治理指数最大值为72.79,最小值为51.66,详见表10.4。指数分布情况如图10.1所示。

表10.4 主板上市公司治理指数描述性统计

统计指标	公司治理指数
平均值	63.44
中位数	63.72
标准差	3.70
偏度	−0.32
峰度	−0.28
极差	21.12
最小值	51.66
最大值	72.79

资料来源:南开大学公司治理数据库。

在1963家样本公司中,没有1家达到CCGI^{NK}Ⅰ和CCGI^{NK}Ⅱ,达到CCGI^{NK}Ⅲ的有43家,占全部样本的2.19%;达到CCGI^{NK}Ⅳ的有1562家,占全部样本的79.57%,较2020年的81.06%有所下降;处于CCGI^{NK}Ⅴ的公司有358家,占样本的18.24%,与2020年的17.97%相比,有上升趋势;没有1家上市公司的治理指数在50以下。见表10.5。

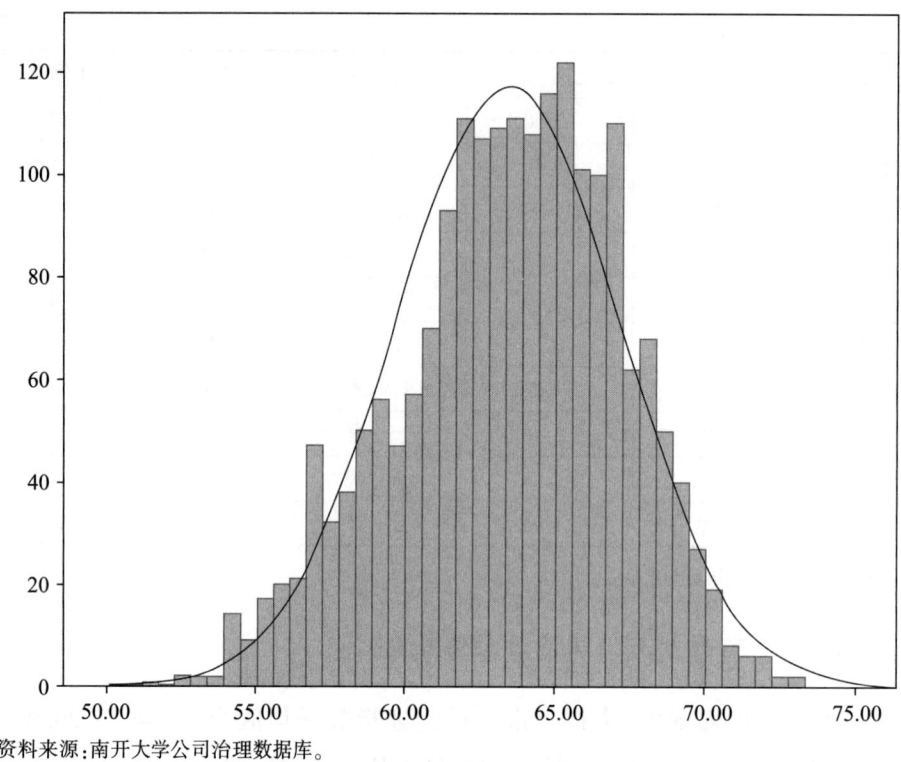

资料来源:南开大学公司治理数据库。

图 10.1　主板上市公司治理指数分布图

表 10.5　主板上市公司治理指数等级分布

公司治理指数等级		公司治理指数等级分布	
		数目	比例(%)
CCGI^{NK} Ⅰ	90—100	—	—
CCGI^{NK} Ⅱ	80—90	—	—
CCGI^{NK} Ⅲ	70—80	43	2.19
CCGI^{NK} Ⅳ	60—70	1 562	79.57
CCGI^{NK} Ⅴ	50—60	358	18.24
CCGI^{NK} Ⅵ	50 以下	—	—
合　计		1 963	100.00

资料来源:南开大学公司治理数据库。

三、2016—2021 年主板上市公司治理年度比较

2021 年度主板上市公司治理指数平均值为 63.44。2016 年、2017 年、2018 年、2019 年和 2020 年主板上市公司治理指数平均值分别为 60.79、61.38、61.91、62.59 和

62.96。对比连续几年来的主板上市公司治理指数,可以发现,主板上市公司治理水平呈现出逐年提高的趋势。

各年度公司治理评价分级指数如表 10.6 所示。观察分析 2021 年数据可知,在几个分指数当中,股东治理指数为 66.27,相比较 2020 年的 66.12 略有提高;董事会治理指数 2016—2021 年呈显著的逐年上升趋势,2021 年与 2020 年持平,作为公司治理核心的董事会建设得到加强;新《公司法》加强了监事会的职权,监事会治理状况明显提高,平均值从 2016 年的 59.02 提高到 2017 年的 60.01,2018 年略有回调,2019 年提升到 60.67,2020 年小幅下降至 60.44,2021 年又增长至 60.64;经理层治理状况呈现稳步小幅上升态势,2016 年为 55.94,2021 年上升到 58.71;信息披露状况呈现出一定的波动性,从 2016 到 2021 年的信息披露指数平均值依次为 60.96、63.48、63.23、64.80、65.56 和 65.37;利益相关者问题逐步引起上市公司的关注,2021 年有显著提升,为 64.71。

表 10.6 主板上市公司治理指数六年比较

治理指数	2016	2017	2018	2019	2020	2021
公司治理指数	60.79	61.38	61.91	62.59	62.96	63.44
股东治理指数	63.64	62.56	64.65	65.35	66.12	66.27
董事会治理指数	63.86	64.05	64.09	64.26	64.68	64.68
监事会治理指数	59.02	60.01	59.68	60.67	60.44	60.64
经理层治理指数	55.94	56.87	57.54	57.80	58.32	58.71
信息披露指数	60.96	63.48	63.23	64.80	65.56	65.37
利益相关者治理指数	60.78	59.95	61.46	61.74	61.32	64.71

资料来源:南开大学公司治理数据库。

第二节 主板上市公司治理分行业评价

本节按照中国证监会行业分类标准,对主板上市公司所处的 17 个行业大类进行分组,对样本公司的治理状况加以分析。

一、主板上市公司治理分行业总体描述

就主板上市公司治理指数平均值而言,科学研究和技术服务业指数平均值为 64.98;制造业指数平均值为 63.88;交通运输、仓储和邮政业指数平均值为 63.72;电力、热力、燃气及水生产和供应业指数平均值为 63.53;文化、体育和娱乐业指数平均

值为63.28;建筑业指数平均值为63.25;水利、环境和公共设施管理业指数平均值为62.77;采矿业指数平均值为62.55;信息传输、软件和信息技术服务业指数平均值为62.54;房地产业指数平均值为62.47;批发和零售业指数平均值为62.43;住宿和餐饮业指数平均值为62.19;卫生和社会工作指数平均值为61.97;租赁和商务服务业指数平均值为61.56;农、林、牧、渔业指数平均值为61.21;综合指数平均值为60.74;教育指数平均值为60.56。总体描述说明,主板上市公司治理总体状况在行业间存在一定的差异。见表10.7。

表10.7 主板按行业分组的样本公司治理指数描述性统计

行业	数目	比例(%)	平均值	中位数	标准差	极差	最小值	最大值
农、林、牧、渔业	20	1.02	61.21	61.48	3.38	13.15	53.97	67.12
采矿业	64	3.26	62.55	62.69	3.87	16.42	54.38	70.80
制造业	1 154	58.79	63.88	64.26	3.56	21.12	51.66	72.79
电力、热力、燃气及水生产和供应业	103	5.25	63.53	63.85	3.53	15.55	55.77	71.32
建筑业	54	2.75	63.25	63.38	3.82	15.23	54.91	70.14
批发和零售业	132	6.72	62.43	62.41	3.90	19.42	52.57	72.00
交通运输、仓储和邮政业	90	4.58	63.72	63.77	3.16	14.94	56.77	71.71
住宿和餐饮业	8	0.41	62.19	62.80	3.49	11.56	55.97	67.53
信息传输、软件和信息技术服务业	85	4.33	62.54	62.72	4.22	16.05	54.25	70.30
房地产业	108	5.50	62.47	62.16	3.90	19.33	52.40	71.73
租赁和商务服务业	27	1.38	61.56	61.02	4.03	15.13	54.55	69.67
科学研究和技术服务业	25	1.27	64.98	65.71	4.50	15.33	56.59	71.92
水利、环境和公共设施管理业	32	1.63	62.77	63.16	3.09	12.33	56.31	68.64
居民服务、修理和其他服务业	—	—	—	—	—	—	—	—
教育	4	0.20	60.56	60.99	2.20	4.99	57.65	62.63
卫生和社会工作	5	0.25	61.97	64.97	5.10	10.18	55.86	66.04
文化、体育和娱乐业	36	1.83	63.28	63.26	3.56	14.72	57.72	72.45
综合	16	0.82	60.74	62.00	3.48	9.92	54.29	64.21
合计	1 963	100.00	63.44	63.72	3.70	21.12	51.66	72.79

资料来源:南开大学公司治理数据库。

二、主板上市公司治理分行业具体分析与等级描述

从行业治理指数平均值看,结合各个行业中的治理等级分布情况做如下说明:农、林、牧、渔业的 20 家样本中,CCGI^{NK} Ⅳ 13 家、CCGI^{NK} Ⅴ 7 家;采矿业的 64 家样本中,CCGI^{NK} Ⅲ 2 家、CCGI^{NK} Ⅳ 43 家、CCGI^{NK} Ⅴ 19 家;制造业的 1 154 家样本中,CCGI^{NK} Ⅲ 24 家、CCGI^{NK} Ⅳ 962 家、CCGI^{NK} Ⅴ 168 家;电力、热力、燃气及水生产和供应业的 103 家样本中,CCGI^{NK} Ⅲ 4 家、CCGI^{NK} Ⅳ 83 家、CCGI^{NK} Ⅴ 16 家;建筑业的 54 家样本中,CCGI^{NK} Ⅲ 2 家、CCGI^{NK} Ⅳ 41 家、CCGI^{NK} Ⅴ 11 家;批发和零售业的 132 家样本中,CCGI^{NK} Ⅲ 3 家、CCGI^{NK} Ⅳ 97 家、CCGI^{NK} Ⅴ 32 家;交通运输、仓储和邮政业的 90 家样本中,CCGI^{NK} Ⅲ 1 家、CCGI^{NK} Ⅳ 78 家、CCGI^{NK} Ⅴ 11 家;住宿和餐饮业的 8 家样本中,6 家为 CCGI^{NK} Ⅳ、2 家为 CCGI^{NK} Ⅴ;信息传输、软件和信息技术服务业的 85 家样本中,CCGI^{NK} Ⅲ 2 家、CCGI^{NK} Ⅳ 56 家、CCGI^{NK} Ⅴ 27 家;房地产业的 108 家样本中,CCGI^{NK} Ⅲ 2 家、CCGI^{NK} Ⅳ 78 家、CCGI^{NK} Ⅴ 28 家;租赁和商务服务业的 27 家样本中,CCGI^{NK} Ⅳ 16 家、CCGI^{NK} Ⅴ 11 家;科学研究和技术服务业的 25 家样本中,CCGI^{NK} Ⅲ 1 家、CCGI^{NK} Ⅳ 19 家、CCGI^{NK} Ⅴ 5 家;水利、环境和公共设施管理业的 32 家样本中,CCGI^{NK} Ⅳ 26 家、CCGI^{NK} Ⅴ 6 家;教育的 4 家样本中,CCGI^{NK} Ⅳ 3 家、CCGI^{NK} Ⅴ 1 家;卫生和社会工作的 5 家样本中,CCGI^{NK} Ⅳ 3 家、CCGI^{NK} Ⅴ 2 家;文化、体育和娱乐业的 36 家样本中,CCGI^{NK} Ⅲ 2 家、CCGI^{NK} Ⅳ 28 家、CCGI^{NK} Ⅴ 6 家;综合的 16 家样本中,CCGI^{NK} Ⅳ 10 家、CCGI^{NK} Ⅴ 6 家。主板按行业分组样本的公司治理指数等级分布如表 10.8 所示。

表 10.8 主板按行业分组的样本公司治理指数等级分布

行　业	CCGI^{NK} Ⅲ		CCGI^{NK} Ⅳ		CCGI^{NK} Ⅴ		CCGI^{NK} Ⅵ	
	数目	比例(%)	数目	比例(%)	数目	比例(%)	数目	比例(%)
农、林、牧、渔业	—	—	13	0.66	7	0.36	—	—
采矿业	2	0.10	43	2.19	19	0.97	—	—
制造业	24	1.22	962	49.01	168	8.56		
电力、热力、燃气及水生产和供应业	4	0.20	83	4.23	16	0.82	—	—
建筑业	2	0.10	41	2.09	11	0.56	—	—
批发和零售业	3	0.15	97	4.94	32	1.63	—	—
交通运输、仓储和邮政业	1	0.05	78	3.97	11	0.56	—	—
住宿和餐饮业	—	—	6	0.31	2	0.10	—	—

续表

行 业	CCGI^{NK} III		CCGI^{NK} IV		CCGI^{NK} V		CCGI^{NK} VI	
	数目	比例(%)	数目	比例(%)	数目	比例(%)	数目	比例(%)
信息传输、软件和信息技术服务业	2	0.10	56	2.85	27	1.38	—	—
房地产业	2	0.10	78	3.97	28	1.43	—	—
租赁和商务服务业	—	—	16	0.82	11	0.56	—	—
科学研究和技术服务业	1	0.05	19	0.97	5	0.25	—	—
水利、环境和公共设施管理业	—	—	26	1.32	6	0.31	—	—
居民服务、修理和其他服务业	—	—	—	—	—	—	—	—
教育	—	—	3	0.15	1	0.05	—	—
卫生和社会工作	—	—	3	0.15	2	0.10	—	—
文化、体育和娱乐业	2	0.10	28	1.43	6	0.31	—	—
综合	—	—	10	0.51	6	0.31	—	—
合 计	43	2.19	1 562	79.57	358	18.24	—	—

资料来源:南开大学公司治理数据库。

三、2016—2021 年主板上市公司治理分行业比较

表10.9是近年各行业公司治理状况的统计分析,主要是通过平均值来描述其发展和变化。分析发现,与2020年相比,18个行业大类中,11个行业出现了上升,其中卫生和社会工作、科学研究和技术服务业、制造业3个行业上升较为明显。文化、体育和娱乐业,水利、环境和公共设施管理业,租赁和商务服务业,农、林、牧、渔业,住宿和餐饮业,教育6个行业的指数有所下降。

表10.9 主板上市公司治理指数分行业描述性统计六年比较

行 业	2016	2017	2018	2019	2020	2021
农、林、牧、渔业	59.63	60.38	60.72	61.21	61.79	61.21
采矿业	59.98	60.34	59.85	62.51	62.52	62.55
制造业	60.81	61.48	62.24	62.61	63.23	63.88
电力、热力、燃气及水生产和供应业	61.26	61.82	61.22	62.71	63.10	63.53
建筑业	60.99	61.13	60.82	63.04	63.03	63.25

续表

行 业	2016	2017	2018	2019	2020	2021
批发和零售业	60.53	61.01	61.70	62.65	62.22	62.43
交通运输、仓储和邮政业	62.39	62.06	61.90	63.18	63.57	63.72
住宿和餐饮业	60.16	61.13	63.04	63.74	63.12	62.19
信息传输、软件和信息技术服务业	61.14	61.80	62.22	61.50	62.07	62.54
房地产业	60.16	60.74	61.24	62.63	62.08	62.47
租赁和商务服务业	60.91	60.78	62.19	61.76	61.97	61.56
科学研究和技术服务业	62.39	63.01	63.31	62.81	64.22	64.98
水利、环境和公共设施管理业	61.11	62.32	62.46	63.38	63.08	62.77
居民服务、修理和其他服务业	—	—	—	—	—	—
教育	65.72	62.82	62.27	63.23	63.36	60.56
卫生和社会工作	61.92	59.58	59.75	62.03	59.79	61.97
文化、体育和娱乐业	60.87	61.78	61.89	62.98	63.32	63.28
综合	59.64	60.96	61.31	60.73	60.41	60.74
合 计	60.79	61.38	61.91	62.59	62.96	63.44

资料来源：南开大学公司治理数据库。

第三节 主板上市公司治理分控股股东性质评价

我们将主板样本上市公司按照公司控股股东性质的不同，分为国有控股、集体控股、民营控股、社会团体控股、外资控股、职工持股会控股和其他类型七种。通过分析控股股东性质不同的样本上市公司治理指数的数字特征，进一步探讨控股股东性质不同的主板上市公司治理状况的差异。

一、主板上市公司治理分控股股东性质总体描述

表10.10的描述性统计显示，样本中数量较少的是职工持股会控股、社会团体控股、集体控股、其他类型、外资控股几类上市公司，分别有3家、13家、14家、83家、91家公司；国有控股和民营控股上市公司样本较多，分别为877家和882家。

就样本平均值而言，民营控股上市公司治理指数平均值最高，为63.60；其次为国有控股上市公司，为63.41；集体控股和外资控股上市公司分别为63.26和63.25；职工持股会控股上市公司为63.18；其他类型上市公司为63.09；社会团体控股上市公司为58.82。

表 10.10 主板按控股股东性质分组的样本公司治理指数描述性统计

控股股东性质	数目	比例(%)	平均值	中位数	标准差	极差	最小值	最大值
国有控股	877	44.68	63.41	63.46	3.46	19.36	53.09	72.45
集体控股	14	0.71	63.26	62.93	3.58	11.37	58.73	70.10
民营控股	882	44.93	63.60	64.08	3.85	21.12	51.66	72.79
社会团体控股	13	0.66	58.82	57.66	3.84	11.98	54.39	66.37
外资控股	91	4.64	63.25	63.71	3.73	17.39	54.69	72.08
职工持股会控股	3	0.15	63.18	62.94	0.63	1.18	62.71	63.89
其他类型	83	4.23	63.09	63.45	4.25	17.60	54.33	71.92
合计	1963	100.00	63.44	63.72	3.70	21.12	51.66	72.79

资料来源:南开大学公司治理数据库。

二、主板上市公司治理分控股股东性质具体分析与等级描述

考虑到国有控投和民营控股上市公司占据了评价样本的绝大部分(89.61%),我们只对这两种控股股东性质的样本进行分析,其他类型的有关数据详见表10.10和表10.11。

1. 国有控股

如表10.10所示,在2021年评价样本中控股股东性质为国有控股的有877家上市公司,占样本比例为44.68%,样本平均值为63.41,较2020年的63.27略有提高,标准差为3.46。根据表10.11的统计结果,国有控股样本中达到CCGI^{NK}Ⅲ的有17家,达到CCGI^{NK}Ⅳ的有718家,属于CCGI^{NK}Ⅴ的公司有142家,没有CCGI^{NK}Ⅵ。

2. 民营控股

据表10.10,在2021年评价样本中控股股东性质为民营控股的有882家上市公司,占样本总量的44.93%,样本平均值为63.60,与2020年的62.78相比,有所提升,标准差为3.85。根据表10.11的统计结果,民营控股上市公司在评价样本中,达到CCGI^{NK}Ⅲ的有21家,达到CCGI^{NK}Ⅳ的有700家,处于CCGI^{NK}Ⅴ的公司有161家,没有CCGI^{NK}Ⅵ。

表 10.11 主板按控股股东性质分组的样本公司治理指数等级分布

控股股东性质	CCGI^{NK}Ⅲ		CCGI^{NK}Ⅳ		CCGI^{NK}Ⅴ		CCGI^{NK}Ⅵ	
	数目	比例(%)	数目	比例(%)	数目	比例(%)	数目	比例(%)
国有控股	17	0.87	718	36.58	142	7.23	—	—

续表

控股股东性质	CCGI^{NK} III		CCGI^{NK} IV		CCGI^{NK} V		CCGI^{NK} VI	
	数目	比例(%)	数目	比例(%)	数目	比例(%)	数目	比例(%)
集体控股	1	0.05	10	0.51	3	0.15	—	—
民营控股	21	1.07	700	35.66	161	8.20	—	—
社会团体控股	—	—	4	0.20	9	0.46	—	—
外资控股	1	0.05	70	3.57	20	1.02	—	—
职工持股会控股	—	—	3	0.15	—	—	—	—
其他类型	3	0.15	57	2.90	23	1.17	—	—
合计	43	2.19	1 562	79.57	358	18.24	—	—

资料来源：南开大学公司治理数据库。

三、2016—2021年主板上市公司治理分控股股东性质比较

考虑到国有控股和民营控股上市公司的比重较大，在此我们只对这两种类型进行重点比较和分析。从表10.12的数据中可以明显看出，2016年和2017年主板国有控股上市公司的治理质量稳定地好于民营控股上市公司，但国有控股上市公司领先于民营控股上市公司的优势在总体上呈现缩小态势，2018年主板民营控股上市公司治理指数首次超过国有控股上市公司，2019年和2020年国有控股上市公司治理指数平均值高于民营控股上市公司，2021年主板民营控股上市公司治理指数再次超过国有控股上市公司。

表10.12 主板上市公司治理指数分控股股东性质描述性统计六年比较

控股股东性质	2016	2017	2018	2019	2020	2021
国有控股	61.12	61.42	61.77	63.16	63.27	63.41
集体控股	60.71	61.60	63.52	62.11	63.10	63.26
民营控股	60.32	61.39	62.06	62.05	62.78	63.60
社会团体控股	57.04	57.69	57.85	60.36	59.72	58.82
外资控股	62.38	61.75	62.75	62.14	62.29	63.25
职工持股会控股	63.75	60.52	61.28	60.65	61.11	63.18
其他类型	60.07	60.86	62.50	63.40	62.76	63.09
合计	60.79	61.38	61.91	62.59	62.96	63.44

资料来源：南开大学公司治理数据库。

第四节 主板上市公司治理分地区评价

我们将2021年的主板1 963家评价样本,按照注册地的不同分成31个省(自治区、直辖市)的地区分组,分析不同地区的样本公司治理指数的分布特征,比较主板上市公司治理状况的地区差异。

一、主板上市公司治理分地区总体描述

与往年情况类似,浙江省、江苏省、上海市、广东省、北京市等经济发达地区的样本数量较多,其中浙江省最多,为245家;而宁夏、西藏、青海省等西部欠发达地区的样本量少,其中青海省最少,为10家,反映出经济活跃水平与上市公司数量的关系。

在公司治理水平方面,安徽省、浙江省、江苏省、广东省、江西省、福建省、山东省、河南省、上海市、北京市、云南省、湖南省、天津市、四川省、河北省指数平均值均在63.00以上;而甘肃省、山西省、青海省、黑龙江省、海南省指数平均值相对较低,分别为61.79、61.73、61.35、61.31和59.68。各地区公司治理指数统计结果详见表10.13。

表10.13 主板按地区分组的样本公司治理指数描述性统计

地区	数目	比例(%)	平均值	中位数	标准差	极差	最小值	最大值
北京市	161	8.20	63.59	63.86	3.76	19.59	52.40	71.98
天津市	36	1.83	63.35	63.17	4.22	18.24	53.09	71.32
河北省	35	1.78	63.15	62.67	3.21	12.61	57.01	69.62
山西省	33	1.68	61.73	61.93	3.80	14.16	54.03	68.19
内蒙古	19	0.97	61.93	61.31	4.80	17.54	53.69	71.22
辽宁省	46	2.34	61.85	61.38	3.74	16.78	54.25	71.03
吉林省	31	1.58	62.47	62.49	3.59	14.00	55.38	69.38
黑龙江省	28	1.43	61.31	61.18	3.64	13.13	56.21	69.35
上海市	203	10.34	63.67	63.83	3.62	17.60	54.13	71.73
江苏省	205	10.44	63.94	64.27	3.49	17.93	53.99	71.92
浙江省	245	12.48	64.29	64.87	3.42	16.44	54.42	70.86
安徽省	62	3.16	64.45	64.48	2.87	13.83	56.67	70.51
福建省	71	3.62	63.84	64.25	3.62	16.84	55.24	72.08
江西省	29	1.48	63.88	64.27	4.37	19.62	52.82	72.45
山东省	107	5.45	63.83	63.96	3.55	16.92	54.64	71.56

续表

地区	数目	比例(%)	平均值	中位数	标准差	极差	最小值	最大值
河南省	38	1.94	63.80	64.17	3.22	12.53	57.21	69.75
湖北省	66	3.36	62.93	63.18	3.66	16.71	55.74	72.44
湖南省	47	2.39	63.46	62.74	3.58	18.03	53.97	72.00
广东省	178	9.07	63.90	64.38	3.86	18.46	54.33	72.78
广西	27	1.38	61.90	61.82	3.82	14.28	55.58	69.86
海南省	25	1.27	59.68	59.16	3.13	11.70	55.06	66.76
重庆市	40	2.04	62.96	62.72	2.81	10.69	57.70	68.39
四川省	64	3.26	63.32	63.71	3.87	18.53	54.25	72.79
贵州省	19	0.97	62.77	61.73	3.31	11.92	56.40	68.32
云南省	22	1.12	63.50	64.14	3.17	11.30	56.97	68.27
西藏	11	0.56	62.01	62.80	3.62	11.79	54.94	66.72
陕西省	33	1.68	62.94	63.06	3.54	16.09	54.91	71.01
甘肃省	23	1.17	61.79	62.19	4.06	16.47	54.38	70.85
青海省	10	0.51	61.35	61.84	5.39	15.13	54.29	69.42
宁夏	13	0.66	62.75	63.51	4.14	13.80	55.08	68.88
新疆	36	1.83	61.94	62.36	4.00	16.52	51.66	68.19
合计	1 963	100.00	63.44	63.72	3.70	21.12	51.66	72.79

资料来源：南开大学公司治理数据库。

二、主板上市公司治理分地区具体分析与等级描述

表10.13的描述性统计显示,就平均值而言,样本上市公司按地区分组的公司治理水平存在一定差异。在治理水平较高的地区中,安徽省有样本62家,占比3.16%,其中1家达到了CCGI^{NK}Ⅲ,58家的治理指数达到了CCGI^{NK}Ⅳ,3家达到了CCGI^{NK}Ⅴ,治理指数平均值为64.45。浙江省有样本245家,占比12.48%,其中6家达到了CCGI^{NK}Ⅲ,209家的治理指数达到了CCGI^{NK}Ⅳ,30家达到了CCGI^{NK}Ⅴ,治理指数平均值为64.29。江苏省有样本205家,占比10.44%,其中3家达到了CCGI^{NK}Ⅲ,177家的治理指数达到了CCGI^{NK}Ⅳ,25家达到了CCGI^{NK}Ⅴ,治理指数平均值为63.94。广东省有样本178家,占比9.07%,其中8家达到了CCGI^{NK}Ⅲ,139家的治理指数达到了CCGI^{NK}Ⅳ,31家达到了CCGI^{NK}Ⅴ,治理指数平均值为63.90。江西省有样本29家,占比1.48%,其中3家达到了CCGI^{NK}Ⅲ,20家的治理指数达到了CCGI^{NK}Ⅳ,6家达到了CCGI^{NK}Ⅴ,治理指数平均值为63.88。

在治理水平较低的地区中,青海省 10 家样本中,7 家为 CCGI^{NK} Ⅳ,3 家达到了 CCGI^{NK} Ⅴ,治理指数平均值为 61.35。黑龙江省 28 家样本中,15 家的治理指数达到了 CCGI^{NK} Ⅳ,13 家为 CCGI^{NK} Ⅴ,治理指数平均值为 61.31。海南省 25 家样本中,10 家为 CCGI^{NK} Ⅳ,15 家达到了 CCGI^{NK} Ⅴ,治理指数平均值为 59.68。等级分布详情见表 10.14。

表 10.14 主板按地区分组的样本公司治理指数等级分布

地区	CCGI^{NK} Ⅲ		CCGI^{NK} Ⅳ		CCGI^{NK} Ⅴ		CCGI^{NK} Ⅵ	
	数目	比例(%)	数目	比例(%)	数目	比例(%)	数目	比例(%)
北京市	3	0.15	130	6.62	28	1.43	—	—
天津市	1	0.05	28	1.43	7	0.36	—	—
河北省	—	—	28	1.43	7	0.36	—	—
山西省	—	—	22	1.12	11	0.56	—	—
内蒙古	1	0.05	11	0.56	7	0.36	—	—
辽宁省	1	0.05	31	1.58	14	0.71	—	—
吉林省	—	—	23	1.17	8	0.41	—	—
黑龙江省	—	—	15	0.76	13	0.66	—	—
上海市	4	0.20	165	8.41	34	1.73	—	—
江苏省	3	0.15	177	9.02	25	1.27	—	—
浙江省	6	0.31	209	10.65	30	1.53	—	—
安徽省	1	0.05	58	2.95	3	0.15	—	—
福建省	3	0.15	57	2.90	11	0.56	—	—
江西省	3	0.15	20	1.02	6	0.31	—	—
山东省	3	0.15	87	4.43	17	0.87	—	—
河南省	—	—	33	1.68	5	0.25	—	—
湖北省	1	0.05	50	2.55	15	0.76	—	—
湖南省	1	0.05	39	1.99	7	0.36	—	—
广东省	8	0.41	139	7.08	31	1.58	—	—
广西	—	—	21	1.07	6	0.31	—	—
海南省	—	—	10	0.51	15	0.76	—	—
重庆市	—	—	33	1.68	7	0.36	—	—
四川省	2	0.10	47	2.39	15	0.76	—	—
贵州省	—	—	16	0.82	3	0.15	—	—
云南省	—	—	18	0.92	4	0.20	—	—
西藏	—	—	8	0.41	3	0.15	—	—

续表

地 区	CCGI^{NK} III		CCGI^{NK} IV		CCGI^{NK} V		CCGI^{NK} VI	
	数目	比例(%)	数目	比例(%)	数目	比例(%)	数目	比例(%)
陕西省	1	0.05	27	1.38	5	0.25	—	—
甘肃省	1	0.05	16	0.82	6	0.31	—	—
青海省	—	—	7	0.36	3	0.15	—	—
宁 夏	—	—	10	0.51	3	0.15	—	—
新 疆	—	—	27	1.38	9	0.46	—	—
合 计	43	2.19	1 562	79.57	358	18.24		

资料来源：南开大学公司治理数据库。

三、2016—2021年主板上市公司治理分地区比较

据表10.15可知，广东省、浙江省、福建省、江苏省、安徽省、湖南省、江西省、河南省和山东省等地区的上市公司的治理状况总体相对较好，在2016—2021年期间，多次排名进入前15位；而内蒙古、辽宁省、宁夏、黑龙江省、山西省、青海省和海南省等地区的治理状况相对较差，2016—2021年期间排名多次进入后10位。

此外，从时间序列角度来看，宁夏、安徽省、四川省、山西省、云南省、河北省、吉林省、内蒙古、天津市、青海省、上海市和河南省等地区治理指数提高幅度较大。

相较于2020年，2021年除重庆市、新疆、贵州省、山西省、广西、内蒙古、辽宁省、海南省8个地区公司治理指数有所下降外，其他地区的指数均有不同程度的增长，吉林省、上海市、河南省、青海省、浙江省、宁夏、山东省、湖南省、天津市、江苏省等地区上升幅度较大。

表10.15 主板上市公司治理指数分地区描述性统计六年比较

地 区	2016	2017	2018	2019	2020	2021
北京市	61.37	61.51	61.52	62.85	63.17	63.59
天津市	60.40	60.94	61.69	63.45	62.77	63.35
河北省	59.90	61.55	62.10	62.72	62.68	63.15
山西省	58.32	58.93	59.01	61.20	61.89	61.73
内蒙古	58.91	60.11	60.59	61.90	62.21	61.93
辽宁省	59.58	60.66	60.63	61.40	62.17	61.85
吉林省	59.35	60.88	61.82	62.53	61.36	62.47
黑龙江省	59.66	59.86	60.78	60.61	60.78	61.31

续表

地 区	2016	2017	2018	2019	2020	2021
上海市	60.76	60.80	61.63	62.22	62.79	63.67
江苏省	61.49	61.86	62.44	62.64	63.36	63.94
浙江省	61.52	61.88	62.48	62.71	63.66	64.29
安徽省	60.67	61.57	62.32	62.79	64.06	64.45
福建省	61.70	61.84	62.81	62.95	63.30	63.84
江西省	61.44	61.49	61.67	63.70	63.50	63.88
山东省	61.05	61.66	61.97	63.14	63.22	63.83
河南省	60.91	61.83	62.08	63.28	63.06	63.80
湖北省	60.16	61.75	62.18	61.86	62.42	62.93
湖南省	61.13	62.70	63.00	63.11	62.85	63.46
广东省	62.00	62.55	62.83	63.29	63.44	63.90
广 西	60.40	61.15	62.04	61.69	62.08	61.90
海南省	59.37	59.52	60.36	61.02	60.49	59.68
重庆市	61.38	60.92	61.67	62.29	62.98	62.96
四川省	59.86	60.53	61.48	63.01	63.09	63.32
贵州省	61.49	61.37	61.39	62.85	62.87	62.77
云南省	60.10	61.19	61.37	63.11	63.47	63.50
西 藏	59.25	60.85	60.64	62.40	61.88	62.01
陕西省	60.55	61.50	61.73	61.90	62.69	62.94
甘肃省	60.23	60.84	61.08	61.89	61.58	61.79
青海省	58.43	60.05	60.46	60.90	60.66	61.35
宁 夏	57.73	59.34	60.90	61.57	62.13	62.75
新 疆	60.64	60.57	61.19	62.62	62.02	61.94
合 计	60.79	61.38	61.91	62.59	62.96	63.44

资料来源:南开大学公司治理数据库。

第五节 主板上市公司治理100佳评价

一、主板上市公司治理100佳描述统计

本节将2021年主板市场评价样本中公司治理指数排名前100位的公司(100

佳)与非100佳样本进行比较,分析100佳的行业、地区和控股股东性质分布,以及100佳公司的相对绩效表现。如表10.16的描述性统计显示,100佳上市公司平均治理指数为70.10,较2020年的69.20有显著上升;100佳上市公司中最高治理指数为72.79,最低为69.03,极差为3.76。与表10.6进行对比不难发现,100佳上市公司的各级治理指数的平均值都明显高于总样本。

表10.16 主板上市公司治理100佳治理指数描述性统计

项　　目	平均值	中位数	标准差	极差	最小值	最大值
公司治理指数	70.10	69.82	0.95	3.76	69.03	72.79
股东治理指数	74.27	74.49	6.21	30.29	57.04	87.33
董事会治理指数	66.11	66.23	1.83	8.10	62.11	70.22
监事会治理指数	63.70	64.81	6.70	24.19	52.92	77.11
经理层治理指数	66.20	66.69	4.90	21.08	55.89	76.98
信息披露指数	76.53	77.09	4.44	21.78	62.24	84.01
利益相关者治理指数	74.17	73.12	8.29	35.58	56.25	91.83

资料来源:南开大学公司治理数据库。

二、主板上市公司治理100佳公司行业分布

表10.17的公司治理100佳行业分布表明,从绝对数量看,制造业所占数量最多,为68家;电力、热力、燃气及水生产和供应业,为6家;批发和零售业,为5家;交通运输、仓储和邮政业,为5家;信息传输、软件和信息技术服务业,为4家;科学研究和技术服务业,为3家;采矿业,为2家;建筑业,为2家;房地产业,为2家;文化、体育和娱乐业,为2家;租赁和商务服务业,为1家。从100佳占行业样本数量比例来看,科学研究和技术服务业,制造业,电力、热力、燃气及水生产和供应业,交通运输、仓储和邮政业,文化、体育和娱乐业,均达到5%,分别为12.00%、5.89%、5.83%、5.56%和5.56%。而信息传输、软件和信息技术服务业,批发和零售业,建筑业,租赁和商务服务业,采矿业以及房地产业的100佳所占比例较低,分别为4.71%、3.79%、3.70%、3.70%、3.13%和1.85%。

表10.17 主板上市公司治理100佳公司行业分布

行　业	100佳个数	样本个数	100佳所占比例(%)
农、林、牧、渔业	—	20	—
采矿业	2	64	3.13
制造业	68	1 154	5.89

续表

行　业	100佳个数	样本个数	100佳所占比例(%)
电力、热力、燃气及水生产和供应业	6	103	5.83
建筑业	2	54	3.70
批发和零售业	5	132	3.79
交通运输、仓储和邮政业	5	90	5.56
住宿和餐饮业	—	8	—
信息传输、软件和信息技术服务业	4	85	4.71
房地产业	2	108	1.85
租赁和商务服务业	1	27	3.70
科学研究和技术服务业	3	25	12.00
水利、环境和公共设施管理业	—	32	—
居民服务、修理和其他服务业	—	—	—
教育	—	4	—
卫生和社会工作	—	5	—
文化、体育和娱乐业	2	36	5.56
综合	—	16	—
合　计	100	1 963	5.09

资料来源：南开大学公司治理数据库。

三、主板上市公司治理100佳公司控股股东性质分布

从绝对数量看，公司治理100佳集中分布在国有控股和民营控股上市公司中。100佳上市公司中，控股股东性质为民营控股的占50家；其次为国有控股上市公司，有37家；其他类型上市公司有6家；外资控股上市公司有5家；集体控股上市公司有2家；社会团体控股和职工持股会控股上市公司均没有进入100佳的样本。从相对比例来看，集体控股上市公司样本中的100佳比例最高，为14.29%；其他类型、民营控股、外资控股和国有控股上市公司相差不大，分别为7.23%、5.67%、5.49%和4.22%。见表10.18。

表10.18　主板上市公司治理100佳公司控股股东性质分布

控股股东性质	100佳个数	样本个数	比例(%)
国有控股	37	877	4.22
集体控股	2	14	14.29
民营控股	50	882	5.67

续表

控股股东性质	100佳个数	样本个数	比例(%)
社会团体控股	—	13	—
外资控股	5	91	5.49
职工持股会控股	—	3	—
其他类型	6	83	7.23
合　计	100	1 963	5.09

资料来源：南开大学公司治理数据库。

四、主板上市公司治理100佳公司地区分布

据表10.19的地区分布数量显示，在100佳的上市公司中，浙江省和广东省分别有14家，上海市有11家，山东省有10家，北京市有8家，江苏省有7家；福建省、江西省和四川省分别有4家，安徽省、湖北省和广西分别有3家，其他地区均低于3家。而山西省、海南省、重庆市、贵州省、云南省、西藏、宁夏和新疆均没有入选100佳的上市公司；这些地区在以往的评价过程中，入选100佳的上市公司数量也较少。从相对数来看，江西省、广西、内蒙古、青海省、山东省和甘肃省，均大于8%；而河北省、河南省、辽宁省和湖南省比例较低，均在3%以下。

表10.19　主板上市公司治理100佳公司地区分布

地　区	100佳个数	样本个数	比例(%)
北京市	8	161	4.97
天津市	2	36	5.56
河北省	1	35	2.86
山西省	—	33	—
内蒙古	2	19	10.53
辽宁省	1	46	2.17
吉林省	2	31	6.45
黑龙江省	1	28	3.57
上海市	11	203	5.42
江苏省	7	205	3.41
浙江省	14	245	5.71
安徽省	3	62	4.84
福建省	4	71	5.63

续表

地 区	100佳个数	样本个数	比例(%)
江西省	4	29	13.79
山东省	10	107	9.35
河南省	1	38	2.63
湖北省	3	66	4.55
湖南省	1	47	2.13
广东省	14	178	7.87
广 西	3	27	11.11
海南省	—	25	—
重庆市	—	40	—
四川省	4	64	6.25
贵州省	—	19	—
云南省	—	22	—
西 藏	—	11	—
陕西省	1	33	3.03
甘肃省	2	23	8.70
青海省	1	10	10.00
宁 夏	—	13	—
新 疆	—	36	—
合 计	100	1 963	5.09

资料来源:南开大学公司治理数据库。

五、主板上市公司治理100佳公司绩效

为了考察公司治理与公司绩效之间的相关性,我们选取了反映上市公司盈利能力的财务指标和反映公司代理成本的财务指标。指标说明详见报告前面相应章节的内容。比较结果如表10.20所示,公司治理100佳上市公司的绩效指标均好于其他样本。

表10.20 主板上市公司治理100佳公司绩效与其他样本的比较

财务指标	100佳样本	其他样本	差额
净资产收益率ROE(平均)2020年报	11.783 2	3.328 0	8.455 2
净资产收益率ROE(加权)2020年报	12.096 0	4.710 3	7.385 8
净资产收益率ROE(摊薄)2020年报	10.849 3	2.815 0	8.034 3
总资产报酬率(ROA1)2020年报	8.521 7	4.146 7	4.375 0

续表

财务指标	100佳样本	其他样本	差额
总资产净利率(ROA2)2020年报	7.0015	2.5828	4.4188
投入资本回报率(ROIC)2020年报	9.8580	4.1396	5.7184
管理费用率2020年报	9.2721	14.9796	-5.7075
财务费用率2020年报	1.1230	3.7124	-2.5894
应收账款周转天数2020年报	65.4647	87.3033	-21.8387
净资产收益率ROE(平均)2021一季报	2.9381	1.7737	1.1644
净资产收益率ROE(加权)2021一季报	2.9223	1.7300	1.1922
净资产收益率ROE(摊薄)2021一季报	2.8534	1.3362	1.5172
总资产报酬率(ROA1)2021一季报	2.1920	1.3199	0.8722
总资产净利率(ROA2)2021一季报	1.7651	0.9263	0.8388
投入资本回报率(ROIC)2021一季报	2.4471	1.5628	0.8843
管理费用率2021一季报	10.1293	26.1757	-16.0463
财务费用率2021一季报	0.7210	12.0225	-11.3015
应收账款周转天数2021一季报	73.2008	158.6096	-85.4088

资料来源：南开大学公司治理数据库。

主 要 结 论

第一，从时间序列比较来看，2016年以来主板上市公司治理水平总体上呈现出逐年提高的趋势，2021年治理指数为63.44，比2016年的60.79提高了2.65。

第二，从行业比较分析来看，科学研究和技术服务业，制造业，交通运输、仓储和邮政业，电力、热力、燃气及水生产和供应业，文化、体育和娱乐业，建筑业，水利、环境和公共设施管理业，采矿业以及信息传输、软件和信息技术服务业等行业治理总体上较好；而房地产业，批发和零售业，住宿和餐饮业，卫生和社会工作，租赁和商务服务业，农、林、牧、渔业，综合以及教育等行业上市公司治理水平总体仍然偏低。

第三，从控股股东性质比较分析来看，国有控股上市公司和民营控股上市公司治理水平近年来呈现出逐年上升的趋势，国有控股和民营控股上市公司的治理指数交替领先且差距逐渐缩小。2016年和2017年国有控股上市公司治理指数领先于民营控股上市公司，2018年民营控股上市公司治理指数超过国有控股上市公司，2019年和2020年国有控股上市公司再次领先民营控股上市公司，而2021年民营控股上市公司治理指数平均值高于国有控股上市公司。

第四,从地区比较分析来看,安徽省、浙江省、江苏省、广东省、江西省、福建省、山东省、河南省、上海市、北京市、云南省、湖南省、天津市、四川省、河北省等地区治理水平相对较高;而甘肃省、山西省、青海省、黑龙江省、海南省等地区治理指数排名比较靠后。

第五,主板上市公司治理100佳和总体样本的治理状况存在显著差异,通过对100佳和非100佳两组样本的盈利能力和代理成本指标的比较,100佳均好于非100佳。

第十一章 主板上市公司股东治理评价

第一节 主板上市公司股东治理总体分析

一、2021年主板上市公司股东治理总体描述

2021年度1963家主板上市公司股东治理指数的平均值为66.27，中位数为66.97，最小值为34.14，最大值为87.33，标准差为9.22。股东治理指数基本服从正态分布。

股东治理评价的三个二级指标——独立性、中小股东权益保护和关联交易的平均值分别为63.76、70.71和63.09，关联交易最低，中小股东权益保护最高。独立性、中小股东权益保护和关联交易的标准差分别为16.38、11.12和16.73，说明二级指标公司间的差距较大。股东治理指数及其三项二级指标的描述性统计如表11.1所示。

表11.1 主板上市公司股东治理总体状况描述性统计

项目	平均值	中位数	标准差	极差	最小值	最大值
股东治理指数	66.27	66.97	9.22	53.18	34.14	87.33
独立性	63.76	67.92	16.38	90.00	4.00	94.00
中小股东权益保护	70.71	71.40	11.12	61.59	34.30	95.89
关联交易	63.09	63.26	16.73	87.05	0.00	87.05

资料来源：南开大学公司治理数据库。

二、2016—2021年主板上市公司股东治理比较

从图11.1可以看出，2016—2021年六年主板上市公司股东治理指数平均值的变化趋势基本与第四章中全样本股东治理指数类似，股东治理指数平均值除2017年有所下降以外均呈上升趋势。主板上市公司股东治理指数从2016年的63.64回落到2017的62.56，自2018年起股东治理指数又开始逐年上升，2021年上升到66.27。

独立性、中小股东权益保护和关联交易三个二级指标中，独立性在2017年有大幅

上升,随后年度基本保持稳定,2018年到达峰值63.86,2019年开始下降,2021年虽上升至63.76,但仍未达到2018年的水平。中小股东权益保护一直保持上升趋势:在2016—2017年稳步上升且趋势较为平缓;2018年大幅增长,由2017年的61.10上升到2018年的66.01,上升了4.91;随后年度继续保持稳定上升趋势,2021年上升到70.71。六年间关联交易基本呈下降趋势,从2016年的峰值69.89,下降到2021年的63.09。如表11.2和图11.1所示。

可以看出,2021年主板上市公司股东治理指数的上升主要是由于中小股东权益保护的改善造成的。进一步分析三级指标发现,相比于2020年,独立性上升的主要原因是高管在控股股东单位兼任高管的比例有所下降,从2020年的9.09%下降为2021年的7.04%,中小股东权益保护上升是现金股利支付率、现金分红连续性、中小股东提名董事权利、股东股权抵押冻结改善所致,关联交易下降是大股东经营性资金占用反弹和资产类关联交易上升所致。

表11.2 主板上市公司股东治理指数描述性统计六年比较

项 目	2016	2017	2018	2019	2020	2021
股东治理指数	63.64	62.56	64.65	65.35	66.12	66.27
独立性	57.70	62.21	63.86	61.98	62.49	63.76
中小股东权益保护	60.37	61.10	66.01	67.26	69.74	70.71
关联交易	69.89	64.20	63.70	65.12	64.33	63.09

资料来源:南开大学公司治理数据库。

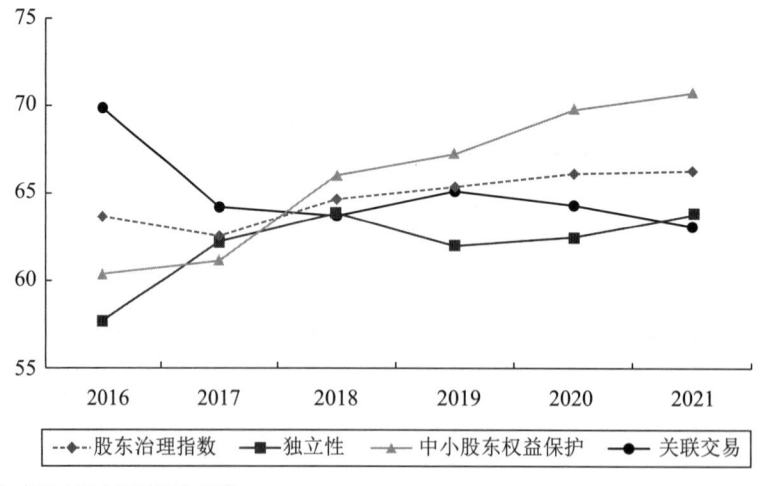

资料来源:南开大学公司治理数据库。

图11.1 主板上市公司股东治理指数平均值六年折线图比较

第二节 主板上市公司股东治理分行业评价

一、2021年主板上市公司股东治理分行业总体描述

表11.3列出了主板上市公司各行业股东治理指数的描述性统计结果。从行业分布状况可以看出,平均值居前三位的分别是制造业,文化、体育和娱乐业以及信息传输、软件和信息技术服务业,平均值分别为68.53、67.18和67.07。平均值最低的三个行业分别是卫生和社会工作、教育以及综合,平均值分别为58.52、59.2和59.34。股东治理指数平均值最高的制造业与最低的卫生和社会工作之间的差距为10.01,行业之间的差距较大。

表11.3 主板上市公司股东治理指数分行业描述性统计

行 业	数目	比例(%)	平均值	中位数	标准差	极差	最小值	最大值
农、林、牧、渔业	20	1.02	62.78	66.35	12.83	43.27	38.23	81.50
采矿业	64	3.26	62.88	63.73	8.62	41.79	37.85	79.64
制造业	1 154	58.79	67.23	68.53	9.18	51.21	34.14	85.36
电力、热力、燃气及水生产和供应业	103	5.25	64.52	65.20	9.65	39.84	40.41	80.24
建筑业	54	2.75	66.50	66.37	8.09	33.59	47.67	81.26
批发和零售业	132	6.72	65.03	65.90	8.15	35.62	45.97	81.59
交通运输、仓储和邮政业	90	4.58	65.73	67.37	9.35	42.68	39.34	82.02
住宿和餐饮业	8	0.41	64.37	64.17	10.21	32.63	50.88	83.50
信息传输、软件和信息技术服务业	85	4.33	67.07	68.99	9.64	38.84	46.23	85.07
房地产业	108	5.50	63.41	63.78	8.91	41.12	38.69	79.81
租赁和商务服务业	27	1.38	65.44	65.57	10.68	41.79	45.54	87.33
科学研究和技术服务业	25	1.27	66.21	68.32	8.26	30.71	47.74	78.45
水利、环境和公共设施管理业	32	1.63	65.68	66.54	7.96	31.49	49.70	81.20
教育	4	0.20	59.20	57.71	6.17	14.46	53.46	67.92
卫生和社会工作	5	0.25	58.52	58.94	9.08	25.36	44.58	69.94

续表

行业	数目	比例(%)	平均值	中位数	标准差	极差	最小值	最大值
文化、体育和娱乐业	36	1.83	67.18	67.60	8.59	30.61	51.57	82.18
综合	16	0.82	59.34	60.77	7.95	31.56	39.61	71.17
合计	1 963	100.00	66.27	66.97	9.22	53.18	34.14	87.33

资料来源：南开大学公司治理数据库。

在主板上市公司股东治理行业统计分析中，2021年制造业的股东治理指数居行业首位，其独立性、中小股东权益保护和关联交易三个二级指标得分分别为64.52、71.32和64.50，三个指标的得分均高于主板样本，比主板样本平均值分别高0.76、0.61和1.41。卫生和社会工作、教育以及综合三个行业的独立性、中小股东权益保护和关联交易二级指标得分均低于主板样本平均值。卫生和社会工作主板上市公司独立性比全样本平均值低1.79，中小股东权益保护比全样本平均值低6.85，关联交易比全样本平均值低11.64。教育主板上市公司中小股东权益保护比全样本平均值低7.75，关联交易比全样本平均值低11.09。综合主板上市公司独立性比全样本平均值低9.85，中小股东权益保护比全样本平均值低9.27，关联交易比全样本平均值低3.13。各行业二级指标的统计如表11.4所示。

表11.4 主板上市公司股东治理分指数分行业描述性统计

行业	数目	比例（%）	股东治理指数	独立性指数	中小股东权益保护指数	关联交易指数
农、林、牧、渔业	20	1.02	66.35	57.43	66.87	61.36
采矿业	64	3.26	63.73	63.23	68.31	57.27
制造业	1 154	58.79	68.53	64.52	71.32	64.50
电力、热力、燃气及水生产和供应业	103	5.25	64.52	61.77	70.18	60.25
建筑业	54	2.75	66.50	66.95	71.83	60.94
批发和零售业	132	6.72	65.03	59.82	69.22	63.44
交通运输、仓储和邮政业	90	4.58	65.73	64.10	72.59	59.68
住宿和餐饮业	8	0.41	64.37	60.56	68.85	61.80
信息传输、软件和信息技术服务业	85	4.33	67.07	67.20	69.15	64.94
房地产业	108	5.50	63.41	59.22	70.01	58.91
租赁和商务服务业	27	1.38	65.44	64.95	69.99	61.13
科学研究和技术服务业	25	1.27	66.21	66.88	71.29	60.80

续表

行 业	数目	比例（%）	股东治理指数	独立性指数	中小股东权益保护指数	关联交易指数
水利、环境和公共设施管理业	32	1.63	65.68	63.64	70.13	62.26
教育	4	0.20	59.20	66.07	62.96	52.00
卫生和社会工作	5	0.25	58.52	61.97	63.86	51.45
文化、体育和娱乐业	36	1.83	67.18	66.05	70.83	64.09
综合	16	0.82	59.34	53.91	61.44	59.96
合 计	1 963	100.00	66.27	63.76	70.71	63.09

资料来源：南开大学公司治理数据库。

二、2016—2021年主板上市公司股东治理分行业比较

从表11.5中可以看出，从行业细分来看，在2016—2021年六年之中股东治理一直表现比较好的行业有制造业、科学研究和技术服务业，其股东治理指数六年有五年一直高于主板上市公司全样本平均值；表现一直较差的行业有采矿业，电力、热力、燃气及水生产和供应业，房地产业，教育以及综合。

表11.5 主板上市公司股东治理指数分行业描述性统计六年比较

行 业	2016	2017	2018	2019	2020	2021
农、林、牧、渔业	63.90	64.15	63.89	63.24	64.14	62.78
采矿业	62.99	59.23	61.26	61.67	65.31	62.88
制造业	63.48	62.94	65.18	65.91	66.98	67.23
电力、热力、燃气及水生产和供应业	62.35	60.87	64.02	64.49	64.60	64.52
建筑业	66.26	63.40	65.87	66.78	65.55	66.50
批发和零售业	64.66	63.69	64.36	65.39	64.38	65.03
交通运输、仓储和邮政业	64.72	62.63	64.88	65.15	65.92	65.73
住宿和餐饮业	63.02	61.35	68.36	67.52	67.59	64.37
信息传输、软件和信息技术服务业	64.42	62.57	64.19	65.26	66.52	67.07
房地产业	62.96	60.72	62.66	63.63	63.14	63.41
租赁和商务服务业	65.52	64.09	65.74	64.23	65.09	65.44
科学研究和技术服务业	68.32	67.73	65.77	66.81	69.11	66.21
水利、环境和公共设施管理业	63.36	62.57	64.53	65.68	66.17	65.68
教育	61.77	59.85	66.52	64.45	58.89	59.20
卫生和社会工作	66.45	63.47	62.23	63.26	58.48	58.52

续表

行 业	2016	2017	2018	2019	2020	2021
文化、体育和娱乐业	62.34	62.36	64.00	65.08	66.96	67.18
综合	63.46	60.51	61.88	61.28	60.86	59.34
合 计	63.64	62.56	64.65	65.35	66.12	66.27

资料来源:南开大学公司治理数据库。

第三节 主板上市公司股东治理分控股股东性质评价

一、2021年主板上市公司股东治理分控股股东性质总体描述

表11.6给出了按控股股东性质分类的主板上市公司股东治理指数统计分析。中国上市公司的主体仍为国有控股上市公司和民营控股上市公司,两者相加占到了总样本的89.61%,因此,这里只对国有控股上市公司和民营控股上市公司进行比较分析。国有控股上市公司的股东治理指数平均值为63.71,民营控股上市公司的平均值为68.78。民营控股上市公司股东治理指数的平均值明显高于国有控股上市公司,差距为5.07,相比2020年的4.62和2019年的3.16,两类公司之间的差距在拉大。

表11.6 主板上市公司股东治理指数分控股股东性质描述性统计

控股股东性质	数目	比例(%)	平均值	中位数	标准差	极差	最小值	最大值
国有控股	877	44.68	63.71	64.14	8.84	53.18	34.14	87.33
集体控股	14	0.71	65.55	67.73	5.59	15.95	56.02	71.96
民营控股	882	44.93	68.78	70.46	9.09	45.05	40.31	85.36
社会团体控股	13	0.66	59.03	60.27	9.98	28.50	45.54	74.04
外资控股	91	4.64	68.91	70.51	8.23	38.32	45.14	83.46
职工持股会控股	3	0.15	59.62	60.60	5.59	11.05	53.61	64.66
其他类型	83	4.23	65.32	66.00	7.92	39.57	43.98	83.54
合 计	1 963	100.00	66.27	66.97	9.22	53.18	34.14	87.33

资料来源:南开大学公司治理数据库。

如表11.7所示,从三个二级指标来看,国有控股上市公司的独立性比民营控股上市公司低7.97,关联交易比民营控股上市公司低10.31,只是在中小股东权益保护上比

民营控股上市公司高1.61。对三级指标做进一步的分析发现,主板民营控股上市公司在高管在股东控股单位任职、控制层级、现金股利支付率、中小股东董事提名权利、大股东资金占用、关联担保、经营性关联交易和资产类关联交易等众多指标上均优于国有控股上市公司;国有控股上市公司只是在累积投票实施、分红连续性以及股权质押冻结等少数几个指标上的表现好于民营控股上市公司。

表11.7 主板上市公司股东治理分指数分控股股东性质描述性统计

控股股东类型	数目	比例(%)	股东治理指数	独立性	中小股东权益保护	关联交易
国有控股	877	44.68	63.71	59.64	71.76	57.68
集体控股	14	0.71	65.55	64.44	70.48	61.16
民营控股	882	44.93	68.78	67.61	70.15	67.99
社会团体控股	13	0.66	59.03	51.73	60.86	60.85
外资控股	91	4.64	68.91	62.88	71.67	69.17
职工持股会控股	3	0.15	59.62	58.43	53.96	65.88
其他类型	83	4.23	65.32	69.32	66.63	62.00
合 计	1 963	100.00	66.27	63.76	70.71	63.09

资料来源:南开大学公司治理数据库。

二、2016—2021年主板上市公司股东治理分控股股东性质比较

从表11.8中主板上市公司股东治理评价分控股股东性质六年的发展趋势看,国有控股上市公司和民营控股上市公司的股东治理指数在2016—2021年六年间保持相同的趋势。除了在2017年均出现了下降外,国有控股上市公司和民营控股上市公司股东治理指数的平均值基本保持上升趋势。

2016—2021年六年间,民营控股上市公司的股东治理指数均大于国有控股上市公司。从二级指标上来看,民营控股上市公司在独立性和关联交易上持续优于国有控股上市公司;国有控股上市公司则在中小股东权益保护上长期优于民营控股上市公司,但差距在不断缩小。

表11.8 主板国有和民营控股上市公司股东治理指数描述性统计六年比较

年 份	控股股东性质	股东治理指数	独立性	中小股东权益保护	关联交易
2016	国有	62.68	55.51	60.93	68.00
	民营	65.09	61.14	59.63	72.53

续表

年 份	控股股东性质	股东治理指数	独立性	中小股东权益保护	关联交易
2017	国有	61.22	60.26	61.95	60.97
	民营	64.35	65.03	59.95	68.41
2018	国有	63.00	60.72	67.30	59.85
	民营	66.43	67.11	64.84	67.69
2019	国有	63.76	58.34	68.47	61.75
	民营	66.92	65.68	66.01	68.45
2020	国有	63.89	58.48	70.83	59.66
	民营	68.51	66.63	68.99	68.97
2021	国有	63.71	59.64	71.76	57.68
	民营	68.78	67.61	70.15	67.99

资料来源：南开大学公司治理数据库。

第四节 主板上市公司股东治理分地区评价

一、2021年主板上市公司股东治理分地区总体描述

表11.9列出了主板上市公司各地区股东治理的描述性统计。股东治理指数平均值最高的三个地区分别是江苏省、浙江省和西藏，平均值分别为69.78、69.75和67.37。2020年和2019年排在前三名的也是浙江省、江苏省和西藏，三年的排名结果说明上述三个地区的股东治理比较稳定。股东治理指数平均值最低的三个地区分别是海南省、辽宁省和山西省，平均值分别为60.33、61.65和61.88。2020年和2019年排在后三名的也是山西省、海南省和辽宁省三个地区。股东治理指数地区差距较大，平均值最高的江苏省和最低的海南省之间的差距为9.45，相比上一年度的11.15，差距有所缩小。

表11.9 主板上市公司股东治理指数分地区描述性统计

地 区	数目	比例(%)	平均值	中位数	标准差	极差	最小值	最大值
北京市	161	8.20	65.21	66.39	8.98	45.28	37.85	83.13
天津市	36	1.83	63.91	64.23	9.50	38.80	42.52	81.32
河北省	35	1.78	62.07	63.11	8.77	33.25	43.78	77.03
山西省	33	1.68	61.88	63.09	10.36	34.40	45.31	79.72
内蒙古	19	0.97	63.37	65.16	9.13	32.65	45.83	78.48

续表

地区	数目	比例(%)	平均值	中位数	标准差	极差	最小值	最大值
辽宁省	46	2.34	61.65	60.63	7.94	32.74	46.39	79.12
吉林省	31	1.58	64.92	66.97	8.75	28.39	48.57	76.95
黑龙江省	28	1.43	64.27	66.54	8.73	32.27	45.90	78.17
上海市	203	10.34	66.49	67.60	9.40	45.86	41.46	87.33
江苏省	205	10.44	69.78	71.14	8.92	39.09	45.27	84.36
浙江省	245	12.48	69.75	71.38	8.68	46.27	38.69	84.96
安徽省	62	3.16	66.73	67.84	8.77	37.77	45.69	83.46
福建省	71	3.62	66.51	67.53	8.54	42.54	42.53	85.07
江西省	29	1.48	64.18	65.08	8.87	33.70	45.24	78.94
山东省	107	5.45	66.09	66.53	8.86	44.30	39.61	83.91
河南省	38	1.94	65.94	68.82	8.89	38.49	43.08	81.57
湖北省	66	3.36	65.46	66.30	8.85	40.82	43.81	84.62
湖南省	47	2.39	66.62	67.94	9.31	41.28	40.31	81.59
广东省	178	9.07	66.75	67.64	9.03	40.76	43.11	83.86
广西	27	1.38	65.01	65.13	9.16	39.12	41.12	80.24
海南省	25	1.27	60.33	62.11	9.91	37.49	39.34	76.83
重庆市	40	2.04	65.09	63.55	8.13	32.12	49.75	81.87
四川省	64	3.26	63.55	62.97	10.63	51.21	34.14	85.36
贵州省	19	0.97	66.65	67.00	7.67	26.69	50.07	76.77
云南省	22	1.12	65.50	66.12	6.92	26.06	50.35	76.42
西藏	11	0.56	67.37	68.20	9.24	28.28	53.08	81.36
陕西省	33	1.68	63.44	62.93	7.45	28.44	49.09	77.53
甘肃省	23	1.17	65.34	67.39	8.52	27.06	49.01	76.07
青海省	10	0.51	64.26	65.31	10.11	31.59	48.35	79.94
宁夏	13	0.66	63.74	66.00	9.28	37.15	40.41	77.55
新疆	36	1.83	62.48	62.33	9.62	40.71	40.52	81.23
合计	1 963	100.00	66.27	66.97	9.22	53.18	34.14	87.33

资料来源：南开大学公司治理数据库。

二、2016—2021年主板上市公司股东治理分地区比较

从表11.10主板股东治理指数平均值的分地区六年比较中可以看出，江苏省、浙江省、福建省和山东省的股东治理质量表现较好，其连续六年的平均值都高于总样本平均

值。山西省、海南省、河北省、宁夏、辽宁省、云南省、吉林省、河北省、内蒙古、江西省、湖北省、天津市等地区的股东治理指数连续六年低于样本平均值。

表 11.10 主板上市公司股东治理指数分地区描述性统计六年比较

地 区	2016	2017	2018	2019	2020	2021
北京市	63.59	61.50	63.70	64.84	65.29	65.21
天津市	62.50	62.21	63.89	64.68	63.93	63.91
河北省	60.49	60.53	63.88	63.91	62.28	62.07
山西省	61.43	57.05	57.92	58.35	58.56	61.88
内蒙古	60.37	60.14	63.02	62.48	66.65	63.37
辽宁省	60.15	59.25	59.67	59.71	61.61	61.65
吉林省	61.16	59.85	62.55	63.11	62.77	64.92
黑龙江省	63.69	63.60	63.99	64.26	65.53	64.27
上海市	65.20	62.09	63.75	64.81	66.15	66.49
江苏省	65.91	65.25	67.42	67.91	69.01	69.78
浙江省	66.37	65.40	67.79	68.39	69.71	69.75
安徽省	63.45	62.08	64.66	65.82	67.31	66.73
福建省	66.11	64.60	67.43	66.94	66.64	66.51
江西省	61.78	61.76	62.09	65.17	64.08	64.18
山东省	64.20	63.40	65.39	66.14	67.42	66.09
河南省	63.86	62.90	63.64	64.41	65.74	65.94
湖北省	61.55	61.95	63.62	63.92	63.53	65.46
湖南省	64.26	64.28	65.58	65.79	65.94	66.62
广东省	63.27	63.14	65.78	66.35	66.68	66.75
广 西	63.41	64.62	64.65	66.07	64.74	65.01
海南省	58.27	57.54	59.38	59.56	61.52	60.33
重庆市	63.79	62.03	63.63	64.93	65.84	65.09
四川省	62.45	59.30	62.62	63.38	64.92	63.55
贵州省	62.96	63.19	65.25	64.81	66.70	66.65
云南省	61.62	60.49	61.20	62.48	63.03	65.50
西 藏	63.55	63.88	67.21	67.08	69.15	67.37
陕西省	63.81	62.07	61.85	62.82	63.28	63.44
甘肃省	65.31	62.59	64.87	65.00	66.65	65.34
青海省	66.36	62.47	62.98	62.10	62.47	64.26

续表

地 区	2016	2017	2018	2019	2020	2021
宁 夏	58.25	58.73	63.49	62.88	61.74	63.74
新 疆	62.52	63.36	63.79	65.39	62.91	62.48
合 计	63.64	62.56	64.65	65.35	66.12	66.27

资料来源:南开大学公司治理数据库。

第五节 主板上市公司股东治理100佳评价

一、主板上市公司股东治理100佳比较分析

表11.11是主板股东治理100佳公司股东治理指数以及各分项指标的描述性统计结果,100佳公司的股东治理指数平均值为81.85,独立性、中小股东权益保护和关联交易的平均值分别为77.56、86.72和79.12。可以看到,100佳公司各项指标的平均值和中位数均显著高于全体样本。

表11.11 主板上市公司股东治理100佳描述性统计

项 目	样本	平均值	中位数	标准差	极差	最小值	最大值
股东治理指数	100佳	81.85	81.55	1.47	7.52	79.81	87.33
	样本总体	66.12	66.86	8.96	50.50	36.16	86.66
独立性	100佳	77.56	78.24	7.18	36.86	57.14	94.00
	样本总体	62.49	66.00	16.86	88.29	5.71	94.00
中小股东权益保护	100佳	86.72	86.46	4.05	18.16	77.73	95.89
	样本总体	69.74	70.41	11.15	62.71	31.80	94.51
关联交易	100佳	79.12	79.00	2.54	24.04	62.60	86.64
	样本总体	64.33	65.65	15.31	75.22	12.00	87.22

资料来源:南开大学公司治理数据库。

二、主板上市公司股东治理100佳公司行业分布

表11.12列出了主板股东治理100佳公司在各个行业的分布情况,从表中可以看到,制造业样本公司中进入100佳的最多,有75家。从各行业100佳个数占行业样本公司总数的比例上看,最高的是住宿和餐饮业,占比为12.50%。

表 11.12　主板上市公司股东治理 100 佳公司行业分布

行　业	样本总体		100 佳		
	数目	比例(%)	数目	比例(%)	占本行业比例(%)
农、林、牧、渔业	20	1.02	1	1	5.00
采矿业	64	3.26	—	—	—
制造业	1 154	58.79	75	75	6.50
电力、热力、燃气及水生产和供应业	103	5.25	1	1	0.97
建筑业	54	2.75	2	2	3.70
批发和零售业	132	6.72	3	3	2.27
交通运输、仓储和邮政业	90	4.58	5	5	5.56
住宿和餐饮业	8	0.41	1	1	12.50
信息传输、软件和信息技术服务业	85	4.33	6	6	7.06
房地产业	108	5.50	1	1	0.93
租赁和商务服务业	27	1.38	1	1	3.70
科学研究和技术服务业	25	1.27	—	—	—
水利、环境和公共设施管理业	32	1.63	2	2	6.25
教育	4	0.20	—	—	—
卫生和社会工作	5	0.25	—	—	—
文化、体育和娱乐业	36	1.83	2	2	5.56
综合	16	0.82	—	—	—
合　计	1 963	100.00	100	100.00	5.09

资料来源:南开大学公司治理数据库。

三、主板上市公司股东治理 100 佳公司控股股东分布

表 11.13 给出了主板 100 佳公司控股股东性质的分布状况,可以看到,主板股东治理 100 佳几乎集中在国有控股上市公司和民营控股上市公司中。2021 年的 100 佳公司中,国有控股上市公司和民营控股上市公司分别有 18 家和 76 家。2020 年的 100 佳公司中,国有控股上市公司和民营控股上市公司分别有 22 家和 68 家。总的来看,100 佳公司中国有控股上市公司所占的比例持续在下降,民营控股上市公司所占比例持续上升。

表 11.13　主板上市公司股东治理 100 佳公司控股股东分布

控股股东性质	样本总体		100 佳		
	数目	比例（%）	数目	比例（%）	占本组比例（%）
国有控股	864	46.35	18	18.00	2.55
集体控股	13	0.70	—	—	—
民营控股	805	43.19	76	76.00	8.45
社会团体控股	14	0.75	—	—	—
外资控股	96	5.15	5	5.00	6.25
职工持股会控股	3	0.16	—	—	—
其他类型	69	3.70	1	1.00	5.80
合　计	1 864	100.00	100	100.00	5.36

资料来源：南开大学公司治理数据库。

四、主板上市公司股东治理 100 佳公司地区分布

表 11.14 给出了主板股东治理 100 佳公司的地区分布状况，可以看到，入选主板股东治理 100 佳上市公司中，来自江苏省、浙江省、上海市和广东省的样本较多，所占的比例依次为 28.00%、18.00%、13.00% 和 9.00%，股东治理 100 佳中 68% 的公司来自这四个地区。河北省、山西省、内蒙古、辽宁省、吉林省、黑龙江省、江西省、海南省、贵州省、云南省、陕西省、甘肃省和宁夏则没有 1 家公司进入股东治理 100 佳。进入 100 佳公司占本地区样本比例最高的五个地区分别是：江苏省、青海省、西藏、山东省和浙江省。

表 11.14　主板上市公司股东治理 100 佳公司地区分布

地　区	样本总体		100 佳		
	数目	比例（%）	数目	比例（%）	占本地区比例（%）
北京市	161	8.20	4	4.00	2.48
天津市	36	1.83	1	1.00	2.78
河北省	35	1.78	—	—	—
山西省	33	1.68	—	—	—
内蒙古	19	0.97	—	—	—
辽宁省	46	2.34	—	—	—
吉林省	31	1.58	—	—	—
黑龙江省	28	1.43	—	—	—
上海市	203	10.34	13	13.00	6.40

续表

地 区	样本总体		100佳		
	数目	比例(%)	数目	比例(%)	占本地区比例(%)
江苏省	205	10.44	28	28.00	13.66
浙江省	245	12.48	18	18.00	7.35
安徽省	62	3.16	4	4.00	6.45
福建省	71	3.62	2	2.00	2.82
江西省	29	1.48	—	—	—
山东省	107	5.45	8	8.00	7.48
河南省	38	1.94	1	1.00	2.63
湖北省	66	3.36	1	1.00	1.52
湖南省	47	2.39	3	3.00	6.38
广东省	178	9.07	9	9.00	5.06
广 西	27	1.38	1	1.00	3.70
海南省	25	1.27	—	—	—
重庆市	40	2.04	2	2.00	5.00
四川省	64	3.26	2	2.00	3.13
贵州省	19	0.97	—	—	—
云南省	22	1.12	—	—	—
西 藏	11	0.56	1	1.00	9.09
陕西省	33	1.68	—	—	—
甘肃省	23	1.17	—	—	—
青海省	10	0.51	1	1.00	10.00
宁 夏	13	0.66	—	—	—
新 疆	36	1.83	1	1.00	2.78
合 计	1 963	100.00	100	100.00	5.09

资料来源:南开大学公司治理数据库。

主 要 结 论

第一,2021年主板上市公司股东治理指数总体上相比上一年度有所提升,由66.12上升为66.27,上升幅度为0.15。三个二级指标中,独立性上升了1.27,中小股东权益保护上升了0.97,关联交易下降了1.24。

第二,进一步分析三级指标发现,相比于2020年,独立性上升的主要原因是高管在控股股东单位兼任高管的比例有所下降,中小股东权益保护上升是现金股利支付率、现金分红连续性、中小股东提名董事权利、股东股权抵押冻结改善所致,关联交易下降是大股东经营性资金占用反弹和资产类关联交易上升所致。

第三,主板上市公司股东治理行业之间的差距在不断扩大。平均值居前三位的分别是制造业,文化、体育和娱乐业以及信息传输、软件和信息技术服务业,平均值分别为68.53、67.18和67.07。平均值最低的三个行业分别是卫生和社会工作、教育以及综合,平均值分别为58.52、59.2和59.34。股东治理指数平均值最高的制造业与最低的卫生和社会工作之间的差距为10.01,行业差距较大。相比2020年的7.10和2019年的6.24,股东治理的行业差距在不断扩大。

第四,主板民营控股上市公司股东治理指数的平均值高于国有控股上市公司。国有控股上市公司和民营控股上市公司的平均值分别为63.71和68.78,二者之间的差距为5.07,相比2020年的4.62和2019年的3.16,差距在不断拉大。对三级指标做进一步的分析发现,主板民营控股上市公司在高管在股东控股单位任职、控制层级、现金股利支付率、中小股东董事提名权利、大股东资金占用、关联担保、经营性关联交易和资产类关联交易等众多指标上均优于国有控股上市公司;国有控股上市公司只是在累积投票实施、分红连续性以及股权质押冻结等少数几个指标上的表现好于民营控股上市公司。

第五,股东治理地区之间的差距有所缩小。股东治理指数平均值最高的三个地区是江苏省、浙江省和西藏,股东治理指数平均值最低的三个地区分别是海南省、辽宁省和山西省。平均值最高的江苏省和最低的海南省之间的差距为9.45,相比上一年度的11.15,差距有所缩小。2019—2021连续三年上述六个地区的排名大致相同,这说明股东治理指数地区差距一直在持续,表现较差的地区的股东治理相对其他地区并没有得到明显改善。

第六,主板股东治理100佳几乎集中在国有控股上市公司和民营控股上市公司中,分别有18家国有控股上市公司和76家民营控股上市公司进入2021年的主板股东治理100佳。入选主板股东治理100佳上市公司中,来自江苏省、浙江省、上海市和广东省的样本较多,股东治理100佳中69%的公司来自这四个地区。河北省、山西省、内蒙古、辽宁省、吉林省、黑龙江省、江西省、贵州省、云南省、陕西省、甘肃省和宁夏则没有1家公司进入主板股东治理100佳。其中,吉林省、贵州省、陕西省和宁夏连续多年没有1家公司进入主板股东治理100佳。

第十二章 主板上市公司董事会治理评价

第一节 主板上市公司董事会治理总体分析

一、2021年主板上市公司董事会治理总体描述

2021年中国上市公司主板市场非金融类公司样本量为1963家,董事会治理指数的平均值为64.68,中位数为64.83,最大值为71.87,最小值为49.39。2021年度主板非金融类上市公司董事会治理的平均水平与2020年度持平。

从董事会治理的五个主要因素来看,董事会组织结构指数最高,平均值为69.30;董事会运作效率指数的平均值次之,为67.63;其次是董事权利与义务指数和独立董事制度指数,其平均值分别为62.32和61.59;董事薪酬指数的平均值最低,为61.40。

从公司董事会治理质量的差异情况来看,2021年度中国主板上市公司董事会治理指数的标准差为2.21。公司间董事会治理质量的差异主要表现在董事会组织结构和董事薪酬方面,其标准差分别为6.28和6.03;而公司在董事权利与义务、独立董事制度和董事会运作效率指数方面的差异相对较小,其标准差分别为4.49、4.28和4.15。见表12.1。

表12.1 主板上市公司董事会治理总体状况描述性统计

项目	平均值	中位数	标准差	极差	最小值	最大值
董事会治理指数	64.68	64.83	2.21	22.47	49.39	71.87
董事权利与义务	62.32	62.25	4.49	27.50	48.00	75.50
董事会运作效率	67.63	67.85	4.15	20.99	53.47	74.46
董事会组织结构	69.30	70.00	6.28	88.00	0.00	88.00
董事薪酬	61.40	60.00	6.03	26.50	50.00	76.50
独立董事制度	61.59	61.75	4.28	23.75	48.75	72.50

资料来源:南开大学公司治理数据库。

二、2016—2021 年主板上市公司董事会治理比较

董事会治理指数的平均水平在 2016—2021 年总体呈现出上升态势,2017—2019 年度增长趋缓,2020 年增长幅度变大,2021 年与 2020 年持平。

从董事会治理的五个主要因素来看,董事权利与义务指数在六年间呈现出了一定的波动性,近三年趋于稳定;董事会运作效率指数在 2016 年后一直维持在相对较高水平,较为稳定;董事会组织结构一直遥遥领先,尽管略有波动;董事薪酬指数一直是主板上市公司董事会治理的短板,六年平均值均较低,2021 年董事薪酬指数达到了最近几年的最高值;独立董事制度指数近三年有所下降。详见表 12.2 与图 12.1。

表 12.2　主板上市公司董事会治理指数描述性统计六年比较

项　目	2016	2017	2018	2019	2020	2021
董事会治理指数	63.86	64.05	64.09	64.26	64.68	64.68
董事权利与义务	60.88	62.65	61.58	62.73	62.95	62.32
董事会运作效率	67.27	67.55	67.39	67.30	67.58	67.63
董事会组织结构	68.64	68.69	68.90	68.22	69.23	69.30
董事薪酬	59.07	58.94	59.93	60.36	61.05	61.40
独立董事制度	61.67	61.50	61.27	61.77	61.74	61.59

资料来源:南开大学公司治理数据库。

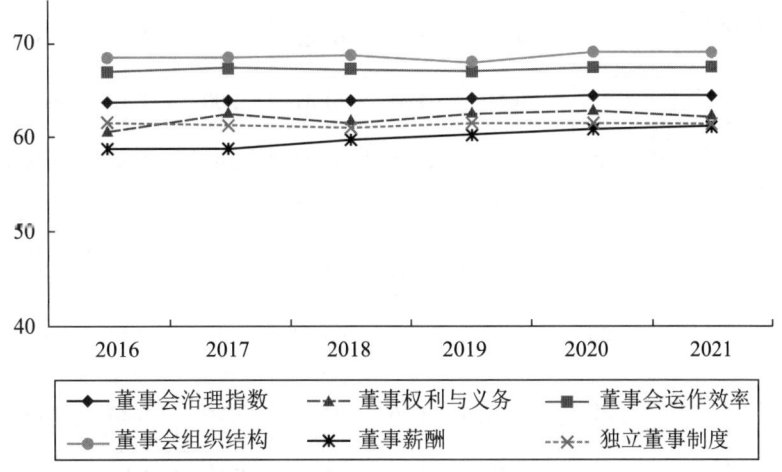

资料来源:南开大学公司治理数据库。

图 12.1　主板上市公司董事会治理指数平均值六年折线图比较

第二节　主板上市公司董事会治理分行业评价

一、2021年主板上市公司董事会治理分行业总体描述

依据证监会制定的行业分类标准,对不同行业董事会治理质量进行分析,以探讨董事会治理质量的行业差异特征。由表12.3董事会治理指数分行业描述性统计中可以看出,信息传输、软件和信息技术服务业,科学研究和技术服务业,卫生和社会工作的平均水平位居前三位,其平均值分别为65.08、65.37和65.92;电力、热力、燃气及水生产和供应业,交通运输、仓储和邮政业及综合上市公司董事会治理质量相对较差,其平均值分别为64.37、64.36和64.18。

表12.3　主板上市公司董事会治理指数分行业描述性统计

行业	数目	比例(%)	平均值	中位数	标准差	极差	最小值	最大值
农、林、牧、渔业	20	1.02	64.38	64.17	1.90	7.64	60.43	68.07
采矿业	64	3.26	64.40	64.50	2.17	9.68	60.54	70.22
制造业	1 154	58.79	64.88	65.01	2.18	22.47	49.39	71.87
电力、热力、燃气及水生产和供应业	103	5.25	64.37	64.49	1.97	11.56	57.33	68.89
建筑业	54	2.75	64.77	65.12	2.51	15.17	53.79	68.97
批发和零售业	132	6.72	64.93	64.98	2.04	12.80	56.64	69.44
交通运输、仓储和邮政业	90	4.58	64.36	64.82	2.52	15.51	55.43	70.94
住宿和餐饮业	8	0.41	64.64	64.31	2.00	7.12	62.04	69.17
信息传输、软件和信息技术服务业	85	4.33	65.08	65.37	2.08	11.46	57.83	69.29
房地产业	108	5.50	64.73	64.81	1.80	11.78	58.84	70.63
租赁和商务服务业	27	1.38	64.39	64.52	2.28	9.29	58.27	67.56
科学研究和技术服务业	25	1.27	65.37	65.60	2.18	10.18	60.43	70.62
水利、环境和公共设施管理业	32	1.63	64.56	64.64	1.84	8.23	59.62	67.84
教育	4	0.20	64.80	64.93	2.65	6.69	61.75	68.44
卫生和社会工作	5	0.25	65.92	65.62	1.80	4.70	63.42	68.12

续表

行业	数目	比例(%)	平均值	中位数	标准差	极差	最小值	最大值
文化、体育和娱乐业	36	1.83	64.46	64.21	1.75	6.89	60.65	67.54
综合	16	0.82	64.18	64.03	2.50	8.90	58.28	67.18
合计	1 963	100.00	64.68	64.83	2.21	22.47	49.39	71.87

资料来源:南开大学公司治理数据库。

在董事权利与义务指数方面,住宿和餐饮业,信息传输、软件和信息技术服务业,综合表现较好,其平均值分别为64.67、63.74和63.61;交通运输、仓储和邮政业,电力、热力、燃气及水生产和供应业表现相对较差,其平均值分别为61.69和62.53。在董事会运作效率方面,电力、热力、燃气及水生产和供应业,交通运输、仓储和邮政业,卫生和社会工作位居前三;而信息传输、软件和信息技术服务业和建筑业的指标平均值较低。在董事会组织结构方面,住宿和餐饮业,文化、体育和娱乐业,农、林、牧、渔业表现较好,其平均值分别为72.70、70.83和70.79;交通运输、仓储和邮政业,综合,租赁和商务服务业表现较差。在董事薪酬方面,卫生和社会工作,科学研究和技术服务业,信息传输、软件和信息技术服务业的平均值水平位居行业分类前三,分别为64.94、64.30和63.79;文化、体育和娱乐业,电力、热力、燃气及水生产和供应业,采矿业的平均值水平较低,分别为58.72、58.22和57.94。在独立董事制度方面,教育、建筑业、采矿业的表现较好;住宿和餐饮业,综合,科学研究和技术服务业表现相对较差。见表12.4。

表12.4 主板上市公司董事会治理分指数分行业描述性统计

行业	董事会治理指数	董事权利与义务	董事会运作效率	董事会组织结构	董事薪酬	独立董事制度
农、林、牧、渔业	64.38	62.79	67.15	70.79	58.82	61.57
采矿业	64.40	63.08	67.48	70.31	57.94	62.29
制造业	64.88	62.60	67.36	69.18	62.95	61.41
电力、热力、燃气及水生产和供应业	64.37	62.53	68.56	69.64	58.22	61.63
建筑业	64.77	62.69	66.38	68.93	62.60	62.40
批发和零售业	64.93	63.20	67.97	69.58	61.40	61.69
交通运输、仓储和邮政业	64.36	61.69	68.50	68.88	59.30	61.73
住宿和餐饮业	64.64	64.67	67.50	72.70	59.20	59.67
信息传输、软件和信息技术服务业	65.08	63.74	66.83	69.15	63.79	61.64
房地产业	64.73	63.56	67.44	69.66	61.06	61.50

续表

行　业	董事会治理指数	董事权利与义务	董事会运作效率	董事会组织结构	董事薪酬	独立董事制度
租赁和商务服务业	64.39	63.47	66.94	67.63	62.02	61.53
科学研究和技术服务业	65.37	63.32	67.94	69.72	64.30	61.02
水利、环境和公共设施管理业	64.56	63.54	67.71	69.01	60.44	61.56
教育	64.80	63.50	67.56	70.00	58.86	63.14
卫生和社会工作	65.92	63.38	68.42	70.00	64.94	61.94
文化、体育和娱乐业	64.46	62.61	67.79	70.83	58.72	61.38
综合	64.18	63.61	67.99	68.38	59.72	60.80
合　计	64.81	62.77	67.45	69.28	62.20	61.51

资料来源：南开大学公司治理数据库。

二、2016—2021主板上市公司董事会治理分行业比较

从表12.5董事会治理指数分行业描述性统计六年比较中可以看出：教育，科学研究和技术服务业，信息传输、软件和信息技术服务业近年来一直保持着较高水平，董事会治理指数六年平均值位列前三。其中，教育2015—2017年一直位于行业第一名，2018年位列第二名，但是2019年以后较为落后。科学研究和技术服务业六年间有四年位于行业前三名，信息传输、软件和信息技术服务业及批发和零售业六年间有两年处于行业前三名。交通运输、仓储和邮政业，租赁和商务服务业，电力、热力、燃气及水生产和供应业治理表现较差，六年间治理指数平均值位于行业最后三位。

表12.5　主板上市公司董事会治理指数分行业描述性统计六年比较

行　业	2016	2017	2018	2019	2020	2021
农、林、牧、渔业	64.32	64.21	63.85	63.79	64.75	64.38
采矿业	64.13	64.28	63.92	64.35	65.09	64.40
制造业	63.85	63.97	64.13	64.27	64.69	64.88
电力、热力、燃气及水生产和供应业	63.68	64.23	63.31	63.81	64.31	64.37
建筑业	63.89	63.95	63.91	64.29	64.49	64.77
批发和零售业	64.15	64.68	64.49	64.53	64.88	64.93
交通运输、仓储和邮政业	63.29	63.57	63.20	63.43	64.03	64.36
住宿和餐饮业	63.01	64.40	64.84	65.28	65.27	64.64
信息传输、软件和信息技术服务业	64.06	64.48	64.54	64.79	64.89	65.08
房地产业	64.02	64.11	64.19	64.41	64.77	64.73

续表

行　业	2016	2017	2018	2019	2020	2021
租赁和商务服务业	63.92	63.54	63.98	63.88	63.97	64.39
科学研究和技术服务业	64.10	63.54	65.14	65.23	65.74	65.37
水利、环境和公共设施管理业	63.55	63.24	63.53	64.20	64.68	64.56
教育	66.59	64.94	65.05	64.34	64.20	64.80
卫生和社会工作	62.72	62.06	64.02	64.84	65.89	65.92
文化、体育和娱乐业	63.88	64.25	64.57	64.40	64.83	64.46
综合	63.49	64.09	64.09	63.65	64.41	64.18
合　计	64.68	62.32	67.63	69.30	61.40	61.59

资料来源：南开大学公司治理数据库。

第三节　主板上市公司董事会治理分控股股东性质评价

一、2021年主板上市公司董事会治理分控股股东性质总体描述

如表12.6所示，董事会治理指数的平均水平依据控股股东性质从高到低排序依次为民营控股、其他类型、社会团体控股、国有控股、外资控股、集体控股、职工持股会控股，其平均值分别为65.04、65.00、64.65、64.50、64.47、64.31和63.71。从公司间的差异程度来说，职工持股会控股类公司的差异程度最大，其标准差为4.54。

表12.6　主板上市公司董事会治理指数分控股股东性质描述性统计

控股股东性质	数目	比例（%）	平均值	中位数	标准差	极差	最小值	最大值
国有控股	877	44.68	64.50	64.59	2.22	18.07	53.79	71.87
集体控股	14	0.71	64.31	64.91	3.15	12.52	55.89	68.41
民营控股	882	44.93	65.04	65.18	2.05	21.22	49.39	70.62
社会团体控股	13	0.66	64.65	65.65	2.87	10.61	56.64	67.25
外资控股	91	4.64	64.47	64.56	2.21	13.70	55.92	69.62
职工持股会控股	3	0.15	63.71	64.83	4.54	8.88	58.72	67.59
其他类型	83	4.23	65.00	65.10	2.31	14.05	56.02	70.07
合　计	1 963	100.00	64.68	64.83	2.21	22.47	49.39	71.87

资料来源：南开大学公司治理数据库。

从董事权利与义务指数来看,社会团体控股上市公司最高,其平均值为64.43,职工持股会控股类上市公司最低,其平均值为56.42;从董事会运作效率指数来看,职工持股会控股上市公司表现最好,其平均值为71.78,集体控股上市公司表现最差,其平均值为66.67;从董事会组织结构指数来看,民营控股上市公司最高,其平均值为69.42,职工持股会控股上市公司最低,其平均值为58.33;在董事薪酬方面,职工持股会控股上市公司表现最好,其平均值为65.00,社会团体控股上市公司最低,其平均值为57.96;在独立董事制度方面,社会团体控股上市公司表现最好,其平均值为63.57,而民营控股上市公司表现最差,其平均值为61.24。见表12.7。

表 12.7 主板上市公司董事会治理分指数分控股股东性质描述性统计

控股股东性质	董事会治理指数	董事权利与义务	董事会运作效率	董事会组织结构	董事薪酬	独立董事制度
国有控股	64.50	62.70	68.39	69.30	59.11	61.80
集体控股	64.31	61.20	66.67	66.95	62.80	62.30
民营控股	65.04	62.97	66.86	69.42	64.19	61.24
社会团体控股	64.65	64.43	67.85	68.79	57.96	63.57
外资控股	64.47	60.51	66.92	68.80	62.56	61.66
职工持股会控股	63.71	56.42	71.78	58.33	65.00	61.83
其他类型	65.00	63.55	67.59	68.60	62.75	61.91
合　计	64.68	62.32	67.63	69.30	61.40	61.59

资料来源:南开大学公司治理数据库。

二、2016—2021 年主板上市公司董事会治理分控股股东性质比较

表12.8给出了主板上市公司中国有控股和民营控股上市公司董事会治理状况的六年描述性统计,可以看出,六年间,民营控股上市公司的董事会治理质量一直领先于国有控股上市公司。

以2021年度国有控股与民营控股上市公司董事会治理质量的比较来说,民营控股上市公司2021年度董事会治理指数高过国有控股上市公司的主要原因在于,民营控股上市公司在董事会权利义务指数、董事会组织结构、董事薪酬三个方面均好于国有控股上市公司,但在董事会运作效率和独立董事制度方面与国有控股上市公司还存在差距。

表 12.8 主板国有和民营控股公司董事会治理指数描述性统计六年比较

年 份	控股股东性质	董事会治理指数	董事权利与义务	董事会运作效率	董事会组织结构	董事薪酬	独立董事制度
2016	国有	63.71	60.56	67.72	68.65	57.96	61.60
	民营	64.16	61.45	66.60	68.90	60.65	61.83
2017	国有	63.99	62.41	68.17	68.62	57.32	62.06
	民营	64.21	63.03	66.74	69.10	60.97	60.84
2018	国有	63.79	61.48	68.02	68.73	57.58	61.50
	民营	64.43	61.72	66.72	69.30	62.26	61.05
2019	国有	63.94	62.53	68.06	67.95	57.97	61.96
	民营	64.63	63.14	66.54	68.76	62.78	61.51
2020	国有	64.47	63.26	68.52	69.19	58.36	62.04
	民营	64.91	62.73	66.67	69.55	63.58	61.36
2021	国有	64.50	62.70	68.39	69.30	59.11	61.80
	民营	65.04	62.97	66.86	69.42	64.19	61.24

资料来源:南开大学公司治理数据库。

第四节 主板上市公司董事会治理分地区评价

一、2021 年主板上市公司董事会治理分地区总体描述

不同地区的董事会治理状况存在着显著差异。由表 12.9 可知,贵州省、湖南省和重庆市的董事会治理平均水平位居地区前三位,其平均值分别为 65.53、65.24 和 65.18;而宁夏、甘肃省、辽宁省董事会治理的平均水平处于地区后三位,其平均值分别为 63.01、63.66 和 64.16。从董事会治理质量在公司间的差异程度来说,宁夏、青海省和北京市的上市公司在董事会治理质量方面具有较大差异,其标准差分别为 2.99、2.61 和 2.52;黑龙江省、湖南省和甘肃省的上市公司在董事会治理方面的差异性相对较小,其标准差分别为 1.46、1.74 和 1.75。

表 12.9 主板上市公司董事会治理指数分地区描述性统计

地 区	数目	比例(%)	平均值	中位数	标准差	极差	最小值	最大值
北京市	161	8.20	64.69	64.96	2.52	16.83	53.79	70.63
天津市	36	1.83	64.62	64.67	2.27	10.70	59.69	70.39

续表

地区	数目	比例(%)	平均值	中位数	标准差	极差	最小值	最大值
河北省	35	1.78	65.04	65.48	2.29	13.57	55.72	69.29
山西省	33	1.68	64.22	63.99	1.88	8.61	60.54	69.15
内蒙古	19	0.97	64.97	65.20	1.91	8.25	61.36	69.62
辽宁省	46	2.34	64.16	64.13	2.17	9.75	58.87	68.62
吉林省	31	1.58	64.51	64.52	1.82	8.08	59.63	67.71
黑龙江省	28	1.43	65.15	65.55	1.46	6.40	61.26	67.67
上海市	203	10.34	64.65	64.76	2.22	18.60	52.34	70.94
江苏省	205	10.44	65.01	65.04	1.89	11.78	58.28	70.07
浙江省	245	12.48	64.75	64.92	2.03	20.83	49.39	70.22
安徽省	62	3.16	64.80	64.55	2.13	11.88	58.47	70.34
福建省	71	3.62	64.67	64.87	2.42	13.99	55.89	69.88
江西省	29	1.48	64.42	64.93	2.42	12.95	55.17	68.12
山东省	107	5.45	64.85	65.07	2.08	10.80	58.22	69.02
河南省	38	1.94	64.93	65.06	1.81	8.27	60.30	68.58
湖北省	66	3.36	64.86	64.86	2.34	14.12	57.74	71.87
湖南省	47	2.39	65.24	65.38	1.74	8.04	60.34	68.38
广东省	178	9.07	65.08	65.25	2.24	14.57	55.92	70.49
广西	27	1.38	64.34	64.29	2.12	11.46	58.35	69.81
海南省	25	1.27	64.37	64.35	2.36	11.69	57.83	69.52
重庆市	40	2.04	65.18	65.59	2.07	8.03	61.72	69.75
四川省	64	3.26	65.05	65.14	2.14	14.49	54.98	69.47
贵州省	19	0.97	65.53	65.55	1.97	7.55	62.79	70.34
云南省	22	1.12	64.49	64.53	2.39	9.74	58.84	68.58
西藏	11	0.56	65.06	64.72	2.38	7.17	62.09	69.27
陕西省	33	1.68	64.29	64.19	1.82	6.99	61.13	68.12
甘肃省	23	1.17	63.66	63.50	1.75	6.76	60.43	67.19
青海省	10	0.51	64.94	65.17	2.61	8.85	59.62	68.46
宁夏	13	0.66	63.01	63.50	2.99	13.55	54.84	68.39
新疆	36	1.83	64.80	64.88	2.36	11.65	57.43	69.08
合计	1 963	100.00	64.68	64.83	2.21	22.47	49.39	71.87

资料来源：南开大学公司治理数据库。

二、2016—2021 年主板上市公司董事会治理分地区比较

从表 12.10 主板分地区董事会治理指数平均值的六年比较中可以看出，贵州省、青海省、西藏的董事会治理质量表现较好，其中贵州省在 2016 年、2017 年、2019 年、2020 年、2021 年度均位列地区第一，青海省在连续五年间位列地区前五名，西藏和湖南省有四年处于前五名，广西在六年间有三年位列地区前五名。甘肃省、宁夏、福建省六年董事会治理水平位于地区后三名，相对较差，甘肃省六年内都处于地区后五名，宁夏有五年处于地区后五名。

表 12.10 主板上市公司董事会治理指数分地区描述性统计六年比较

地 区	2016	2017	2018	2019	2020	2021
北京市	63.87	63.93	63.77	64.20	64.62	64.69
天津市	63.81	63.90	64.08	63.91	64.73	64.62
河北省	63.58	63.59	64.27	63.93	64.68	65.04
山西省	63.41	63.64	63.71	64.01	64.43	64.22
内蒙古	64.11	64.19	64.24	64.21	65.19	64.97
辽宁省	63.95	63.68	63.72	64.02	64.51	64.16
吉林省	64.16	64.10	64.41	64.46	64.71	64.51
黑龙江省	64.05	64.15	63.54	63.96	64.97	65.15
上海市	63.51	63.94	64.2	64.15	64.78	64.65
江苏省	64.09	64.04	64.26	64.57	64.77	65.01
浙江省	64.22	64.06	64.51	64.54	64.60	64.75
安徽省	63.04	64.23	63.62	63.91	64.78	64.80
福建省	63.17	63.34	63.76	63.96	64.07	64.67
江西省	63.51	63.87	63.26	63.79	64.40	64.42
山东省	63.79	64.38	64.04	64.52	64.86	64.85
河南省	64.12	64.08	63.54	63.98	64.92	64.93
湖北省	63.43	64.00	63.87	63.82	64.66	64.86
湖南省	64.19	64.81	64.86	64.93	64.90	65.24
广东省	64.10	64.27	64.20	64.16	64.66	65.08
广 西	64.26	63.69	64.63	64.71	64.89	64.34
海南省	63.74	63.58	63.41	63.86	64.50	64.37
重庆市	63.92	64.33	64.59	64.71	64.86	65.18
四川省	64.05	64.17	63.61	64.22	64.71	65.05

续表

地 区	2016	2017	2018	2019	2020	2021
贵州省	65.00	64.89	64.62	65.74	65.45	65.53
云南省	63.80	63.90	64.46	63.89	64.30	64.49
西 藏	64.84	64.72	65.12	64.65	65.14	65.06
陕西省	63.93	64.82	64.16	64.12	64.88	64.29
甘肃省	63.09	63.36	63.25	63.37	63.15	63.66
青海省	64.91	64.78	64.65	65.34	65.09	64.94
宁 夏	63.43	62.90	63.20	64.41	63.93	63.01
新 疆	63.96	64.18	64.09	63.82	64.86	64.80
合 计	64.68	62.32	67.63	69.30	61.40	61.59

资料来源:南开大学公司治理数据库。

第五节 主板上市公司董事会治理100佳评价

一、主板上市公司董事会治理100佳比较分析

如表12.11所示,主板非金融类董事会治理100佳上市公司的表现明显优于主板非金融类上市公司。2021年度100佳公司董事会治理质量的平均值为69.14,比主板非金融类上市公司全体样本高4.46。100佳公司董事会治理质量的优势主要体现在董事薪酬和独立董事制度方面,分别比主板非金融类上市公司高8.95和4.19;在董事会权利义务、董事会运作效率和董事会组织结构方面,100佳上市公司分别比主板非金融类上市公司高2.82、2.56和3.49。从公司间的差异程度来说,2021年度100佳公司董事会治理指数的标准差为0.65,比2020年度主板非金融类上市公司的标准差低1.56,表明100佳公司在董事会治理质量的差异程度上低于主板非金融类公司。从分指数的差异程度上来看,除董事权利与义务外,100佳公司的差异程度均比样本总体要低,反映了100佳公司治理质量更稳定的特点。

表12.11 主板上市公司董事会治理100佳描述性统计

项 目		样本	平均值	中位数	标准差	极差	最小值	最大值
董事会治理指数		100佳	69.14	68.91	0.65	3.41	68.45	71.87
		样本总体	64.68	64.83	2.21	22.47	49.39	71.87

续表

项　目	样本	平均值	中位数	标准差	极差	最小值	最大值
董事权利与义务	100佳	65.14	65.25	4.82	22.25	52.25	74.50
	样本总体	62.32	62.25	4.49	27.50	48.00	75.50
董事会运作效率	100佳	70.19	70.58	3.17	12.36	62.10	74.46
	样本总体	67.63	67.85	4.15	20.99	53.47	74.46
董事会组织结构	100佳	72.79	70.00	5.23	18.00	70.00	88.00
	样本总体	69.30	70.00	6.28	88.00	0.00	88.00
董事薪酬	100佳	70.35	72.00	5.33	22.50	54.00	76.50
	样本总体	61.40	60.00	6.03	26.50	50.00	76.50
独立董事制度	100佳	65.78	66.75	2.94	14.25	58.25	72.50
	样本总体	61.59	61.75	4.28	23.75	48.75	72.50

资料来源：南开大学公司治理数据库。

二、主板上市公司董事会治理100佳公司行业分布

表12.12是董事会治理100佳公司的行业分布。制造业有76家公司入围100佳，在公司数量上位居第一；房地产业有3家公司入围100佳行列；100佳上市公司占本行业比重最高的行业是住宿和餐饮业、科学研究和技术服务业，分别有12.50%、8.00%的公司入围100佳；农、林、牧、渔业，教育，水利、环境和公共设施管理业，租赁和商务服务业等行业没有公司入围董事会治理100佳。

表12.12　主板上市公司董事会治理100佳公司行业分布

行　业	样本总体		100佳	
	数目	比例（%）	数目	占本行业比例（%）
农、林、牧、渔业	20	1.02	—	—
采矿业	64	3.26	4	6.25
制造业	1 154	58.79	76	6.59
电力、热力、燃气及水生产和供应业	103	5.25	1	0.97
建筑业	54	2.75	3	5.56
批发和零售业	132	6.72	4	3.03
交通运输、仓储和邮政业	90	4.58	3	3.33
住宿和餐饮业	8	0.41	1	12.50
信息传输、软件和信息技术服务业	85	4.33	3	3.53

续表

行　业	样本总体		100 佳	
	数目	比例(%)	数目	占本行业比例(%)
房地产业	108	5.50	3	2.78
租赁和商务服务业	27	1.38	—	—
科学研究和技术服务业	25	1.27	2	8.00
水利、环境和公共设施管理业	32	1.63	—	—
教育	4	0.20	—	—
卫生和社会工作	5	0.25	—	—
文化、体育和娱乐业	36	1.83	—	—
综合	16	0.82	—	—
合　计	1 963	100.00	100	—

资料来源：南开大学公司治理数据库。

三、主板上市公司董事会治理100佳公司控股股东性质分布

由表12.13，有36家国有控股上市公司位列100佳行列，占国有控股上市公司的比重为4.10%。民营控股上市公司有54家入围100佳公司，占民营总数的6.12%。外资控股上市公司有1家入围100佳公司，占外资总数的1.10%。其他类型上市公司有9家入围100佳公司，集体控股、社会团体控股和职工持股会控股上市公司没有公司入围。

表12.13　主板上市公司董事会治理100佳公司控股股东分布

控股股东性质	样本总体		100 佳	
	数目	比例(%)	数目	占本组比例(%)
国有控股	877	44.68	36	4.10
集体控股	14	0.71	—	—
民营控股	882	44.93	54	6.12
社会团体控股	13	0.66	—	—
外资控股	91	4.64	1	1.10
职工持股会控股	3	0.15	—	—
其他类型	83	4.23	9	10.84
合　计	1 963	100.00	100	—

资料来源：南开大学公司治理数据库。

四、主板上市公司董事会治理100佳公司地区分布

从表12.14主板董事会治理100佳的地区分布情况来看,广东省、江苏省、浙江省分别有18家、11家、9家公司入围100佳行列,在数量上位居前三位;而陕西省、贵州省和新疆在入围100佳公司所占地区比重方面位居前三位。吉林省、江西省、湖南省、陕西省、甘肃省、黑龙江、宁夏均没有上市公司入围100佳。

表12.14 主板上市公司董事会治理100佳公司地区分布

地 区	样本总体		100佳	
	数目	比例(%)	数目	占本地区比例(%)
北京市	161	8.20	6	3.73
天津市	36	1.83	2	5.56
河北省	35	1.78	1	2.86
山西省	33	1.68	1	3.03
内蒙古	19	0.97	1	5.26
辽宁省	46	2.34	1	2.17
吉林省	31	1.58	—	—
黑龙江省	28	1.43	—	—
上海市	203	10.34	6	2.96
江苏省	205	10.44	11	5.37
浙江省	245	12.48	9	3.67
安徽省	62	3.16	6	9.68
福建省	71	3.62	3	4.23
江西省	29	1.48	—	—
山东省	107	5.45	5	4.67
河南省	38	1.94	1	2.63
湖北省	66	3.36	5	7.58
湖南省	47	2.39	—	—
广东省	178	9.07	18	10.11
广 西	27	1.38	1	3.70
海南省	25	1.27	1	4.00
重庆市	40	2.04	3	7.50
四川省	64	3.26	5	7.81

续表

地　区	样本总体		100 佳	
	数目	比例（%）	数目	占本地区比例（%）
贵州省	19	0.97	4	21.05
云南省	22	1.12	2	9.09
西　藏	11	0.56	3	27.27
陕西省	33	1.68	—	—
甘肃省	23	1.17	—	—
青海省	10	0.51	1	10.00
宁　夏	13	0.66	—	—
新　疆	36	1.83	4	11.11
合　计	1963	100.00	100	—

资料来源：南开大学公司治理数据库。

主　要　结　论

本章在对2021年度主板非金融类1963家上市公司董事会治理状况进行分析及年度比较的基础上，总结我国上市公司董事会治理质量呈现的特征及变化趋势，并给出我国上市公司董事会治理质量在行业、控股股东性质、地区方面的差异。

第一，2021年度主板非金融类上市公司董事会治理指数的平均值为64.68，标准差为2.21。董事会治理分指数的发展并不均衡，董事会组织结构指数最高，平均值为69.30；董事会运作效率指数的平均值次之，为67.63；其次是董事权利与义务指数和独立董事制度指数，其平均值分别为62.32和61.59；董事薪酬指数的平均值最低，为61.40。

第二，我国主板非金融类上市公司的董事会治理质量在2015—2021年整体呈现出上升的趋势，2017—2019年增长趋缓，2020年增长幅度变大，2021年与上年持平。从董事会治理的五个主要因素来看，董事权利与义务指数在六年间呈现出了一定的波动性，近三年趋于稳定；董事会运作效率指数在2016年后一直维持在相对较高水平，较为稳定；董事会组织结构一直遥遥领先，尽管略有波动；董事薪酬指数一直是主板上市公司董事会治理的短板，六年平均值均较低，2021年董事薪酬指数达到了最近几年的最高值；独立董事制度指数近三年有所下降。

第三，2021年度中国主板非金融类上市公司董事会治理指数的平均水平与

2020 年度持平,董事会治理质量的上升主要体现在董事会运作效率、董事会组织结构、董事薪酬的提升,分别上升了 0.05、0.07 和 0.35,而独立董事制度、董事权利与义务都有所下降,分别下降 0.15 和 0.63。

第四,2021 年度董事薪酬指标增长体现在领薪董事比例、持股董事比例等方面。2021 年 78.91%的董事在上市公司领取薪酬,而 2020 年该比例是 77.37%;2021 年持股董事比例是 34.76%,而 2020 年该值是 32.77%。董事权利义务指数下降的主要原因是经济管理专业背景董事比例的下降,2021 年 37.41%的董事具有经济管理专业背景,而 2020 年该比例是 42.30%。

第五,主板非金融类上市公司的董事会治理质量因行业和地区差异而呈现不同特征。从董事会治理质量的平均水平来说,2021 年度住宿和餐饮业、科学研究和技术服务业、卫生和社会工作的平均水平位居前三;电力、热力、燃气及水生产和供应业,教育,交通运输、仓储和邮政业及租赁和商务服务业董事会治理质量相对较差。各地区在董事会治理质量方面呈现出一定的差异性。2021 年度贵州省、内蒙古和西藏的董事会治理平均水平位居地区前三位,而福建省、宁夏、甘肃省董事会治理的平均水平处于地区后三位。

第六,民营控股上市公司 2021 年度董事会治理指数继续领先于国有控股上市公司,民营控股上市公司在董事会组织结构、董事薪酬两个方面均好于国有控股上市公司,但在董事会运作效率和独立董事制度方面与国有控股上市公司还存在差距,董事权利与义务方面 2021 年国有控股首次超越民营控股上市公司。

第七,2021 年度董事会治理 100 佳上市公司的董事会治理质量明显高于主板非金融类上市公司,2021 年度 100 佳公司董事会治理质量的平均值为 69.14,比主板非金融类上市公司全体样本高 4.46。100 佳公司董事会治理质量的优势主要体现在董事薪酬、董事会组织结构和独立董事制度方面。从 100 佳公司的行业分布来说,制造业、房地产业入围 100 佳的公司数目较多。从控股股东性质分布来说,民营控股和国有控股上市公司居多。从地区分布来说,广东省、江苏省、浙江省在数量上位居前三位;而陕西省、贵州省和新疆在入围 100 佳公司所占地区比重方面位居前三位。

第十三章 主板上市公司监事会治理评价

第一节 主板上市公司监事会治理总体分析

一、2021年主板上市公司监事会治理总体描述

2020 年中国上市公司主板市场非金融类公司样本量为 1963 家。监事会治理指数的平均值为 60.64,标准差为 6.15,监事会治理指数基本服从正态分布。从监事会指数的三个主要因素来看:样本公司运行状况指数平均值为 75.20;规模结构指数平均值为 49.53,胜任能力指数平均值为 59.26。统计详情见表 13.1。

表 13.1 主板上市公司监事会治理总体状况描述性统计

项 目	平均值	中位数	标准差	极差	最小值	最大值
监事会治理指数	60.64	58.72	6.15	34.99	42.40	77.39
运行状况	75.20	80.00	5.06	40.00	40.00	80.00
规模结构	49.53	40.00	13.92	40.00	40.00	80.00
胜任能力	59.26	59.90	6.76	60.24	18.80	79.04

资料来源:南开大学公司治理数据库。

二、2016—2021年主板上市公司监事会治理比较

从 2016—2021 年连续六年监事会治理指数的发展趋势看(见表 13.2 和图 13.1),其平均值有升有降,呈螺旋上升趋势,在 60 附近上下浮动;其中,运行状况指数基本呈现逐年上升趋势,2021 年达到 75.20;规模结构指数呈现下降趋势;胜任能力指数在 2016—2020 年间较为平稳,2021 年有所提升。

表 13.2 主板上市公司监事会治理指数描述性统计六年比较

项 目	2016	2017	2018	2019	2020	2021
监事会治理指数	59.02	60.01	59.68	60.67	60.44	60.64
运行状况	67.83	70.80	71.93	74.99	75.06	75.20

续表

项　　目	2016	2017	2018	2019	2020	2021
规模结构	52.33	52.63	51.11	51.17	50.53	49.53
胜任能力	58.16	58.13	57.76	57.89	57.83	59.26

资料来源：南开大学公司治理数据库。

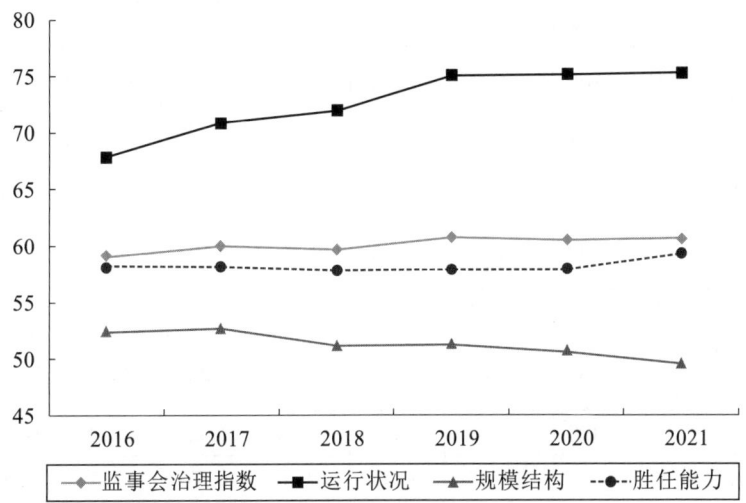

资料来源：南开大学公司治理数据库。

图 13.1　主板上市公司监事会治理指数平均值六年折线图比较

第二节　主板上市公司监事会治理分行业评价

一、2021 年主板上市公司监事会治理分行业总体描述

从行业分布状况可以看出，各行业监事会治理指数存在差异。其中平均值最高的行业是教育，交通运输、仓储和邮政业，电力、热力、燃气及水生产供应业，平均值分别为 65.78、64.02 和 63.68；水利、环境和公共设施管理业，信息传输、软件和信息技术服务业，卫生和社会工作的平均值较低，分别为 59.64、59.30 和 58.14。统计详情见表 13.3。

从分指数看，导致教育，交通运输、仓储和邮政业，电力、热力、燃气及水生产和供应业居于前列的主要因素是规模结构指数和胜任能力指数明显高于平均值 49.53 和 59.26，其规模结构指数分别为 62.50、56.72 和 55.44，胜任能力指数分别为 61.15、62.34 和 61.71；导致水利、环境和公共设施管理业，信息传输、软件和信息技术服务业，卫生和社会工作监事会治理指数分值较低的原因是这些行业的规模结构指数为 46.56、

46.00、45.71，低于平均值59.53。见表13.4。

表13.3 主板上市公司监事会治理指数分行业描述性统计

行业	数目	比例(%)	平均值	中位数	标准差	极差	最小值	最大值
农、林、牧、渔业	20	1.02	60.60	58.32	5.82	18.96	52.99	71.95
采矿业	64	3.26	62.83	60.58	6.80	30.86	45.80	76.66
制造业	1 154	58.79	59.89	58.02	6.01	32.53	44.58	77.11
电力、热力、燃气及水生产和供应业	103	5.25	63.68	63.97	6.08	25.31	52.08	77.39
建筑业	54	2.75	62.11	59.16	6.81	24.34	52.67	77.01
批发和零售业	132	6.72	60.70	59.09	6.01	30.87	43.35	74.22
交通运输、仓储和邮政业	90	4.58	64.02	64.89	6.17	21.06	52.36	73.42
住宿和餐饮业	8	0.41	62.29	59.46	7.14	16.06	55.72	71.78
信息传输、软件和信息技术服务业	85	4.33	59.30	58.02	5.22	30.81	42.40	73.21
房地产业	108	5.50	61.12	58.98	6.02	23.93	51.15	75.08
租赁和商务服务业	27	1.38	60.38	57.70	6.75	25.57	45.98	71.55
科学研究和技术服务业	25	1.27	60.99	59.91	5.31	17.18	53.31	70.48
水利、环境和公共设施管理业	32	1.63	59.64	59.16	3.78	15.45	53.54	68.98
教育	4	0.20	65.78	67.67	6.49	14.94	56.42	71.36
卫生和社会工作	5	0.25	58.14	61.24	9.00	22.98	42.47	65.45
文化、体育和娱乐业	36	1.83	62.69	62.05	5.90	19.52	54.77	74.30
综合	16	0.82	61.30	59.61	6.36	22.04	53.94	75.97
合 计	1 963	100.00	60.64	58.72	6.15	34.99	42.40	77.39

资料来源：南开大学公司治理数据库。

表13.4 主板上市公司监事会治理分指数分行业描述性统计

行业	数目	比例(%)	监事会治理指数	运行状况	规模结构	胜任能力
农、林、牧、渔业	20	1.02	60.60	76.50	49.00	58.58
采矿业	64	3.26	62.83	75.63	53.28	61.41
制造业	1 154	58.79	59.89	75.34	48.31	58.23
电力、热力、燃气及水生产和供应业	103	5.25	63.68	74.85	55.44	62.34

续表

行业	数目	比例(%)	监事会治理指数	运行状况	规模结构	胜任能力
建筑业	54	2.75	62.11	76.11	50.93	61.31
批发和零售业	132	6.72	60.70	73.94	50.08	59.98
交通运输、仓储和邮政业	90	4.58	64.02	75.22	56.72	61.71
住宿和餐饮业	8	0.41	62.29	73.75	51.25	63.52
信息传输、软件和信息技术服务业	85	4.33	59.30	75.53	45.71	58.99
房地产业	108	5.50	61.12	74.63	49.40	61.27
租赁和商务服务业	27	1.38	60.38	74.44	49.63	59.07
科学研究和技术服务业	25	1.27	60.99	76.80	48.00	60.44
水利、环境和公共设施管理业	32	1.63	59.64	75.63	46.56	59.01
教育	4	0.20	65.78	75.00	62.50	61.15
卫生和社会工作	5	0.25	58.14	76.00	46.00	54.97
文化、体育和娱乐业	36	1.83	62.69	73.61	54.72	61.30
综合	16	0.82	61.30	75.63	49.38	60.94
合计	1 963	100.00	60.64	75.20	49.53	59.26

资料来源：南开大学公司治理数据库。

二、2016—2021年主板上市公司监事会治理分行业比较

从表13.5的统计数据可以看出，2016—2021年电力、热力、燃气及水生产和供应业，交通运输、仓储和邮政业监事会治理指数一直居于前列，而卫生和社会工作，信息传输、软件和信息技术服务业的监事会治理指数的这六年来一直排名靠后。由六年数据分析认为行业因素会导致监事会治理水平的差异。

表13.5 主板上市公司监事会治理指数分行业描述性统计六年比较

行业	2016	2017	2018	2019	2020	2021
农、林、牧、渔业	57.45	59.19	59.42	60.13	61.37	60.60
采矿业	59.79	61.47	61.80	63.70	62.58	62.83
制造业	58.63	59.37	58.84	59.89	59.65	59.89
电力、热力、燃气及水生产和供应业	61.73	62.66	63.12	63.48	63.43	63.68
建筑业	58.47	59.90	60.62	61.02	61.45	62.11

续表

行　业	2016	2017	2018	2019	2020	2021
批发和零售业	59.06	59.93	60.07	61.52	61.10	60.70
交通运输、仓储和邮政业	61.07	62.50	62.09	63.02	63.03	64.02
住宿和餐饮业	57.83	60.65	62.24	62.35	61.43	62.29
信息传输、软件和信息技术服务业	58.77	59.42	59.15	59.24	59.29	59.30
房地产业	58.66	60.62	60.61	61.49	61.19	61.12
租赁和商务服务业	57.81	59.12	59.49	60.23	61.19	60.38
科学研究和技术服务业	61.54	58.38	56.96	60.22	60.36	60.99
水利、环境和公共设施管理业	59.25	60.56	58.68	60.44	60.51	59.64
教育	71.36	67.74	67.87	64.78	66.33	65.78
卫生和社会工作	56.21	58.06	53.97	58.80	58.16	58.14
文化、体育和娱乐业	60.98	61.87	61.86	61.98	61.03	62.69
综合	56.90	58.82	60.27	60.79	60.07	61.30
合　计	59.02	60.01	59.68	60.67	60.44	60.64

资料来源：南开大学公司治理数据库。

第三节　主板上市公司监事会治理分控股股东性质评价

一、2021年主板上市公司监事会治理分控股股东性质总体描述

由表13.6中数据可知，控股股东性质为国有控股的上市公司监事会治理指数为63.61，集体控股上市公司为58.85，民营控股上市公司为58.10，社会团体控股上市公司为58.00，外资控股上市公司为57.85，职工持股会控股上市公司为62.07。国有控股上市公司监事会治理水平明显高于其他上市公司。

表13.6　主板上市公司监事会治理指数分控股股东性质描述性统计

控股股东性质	数目	比例(%)	平均值	中位数	标准差	极差	最小值	最大值
国有控股	877	44.68	63.61	63.60	6.31	34.99	42.40	77.39
集体控股	14	0.71	58.85	57.55	4.94	15.29	53.87	69.15
民营控股	882	44.93	58.10	57.13	4.80	32.35	42.47	74.82

续表

控股股东性质	数目	比例(%)	平均值	中位数	标准差	极差	最小值	最大值
社会团体控股	13	0.66	58.00	57.12	2.12	6.85	54.39	61.24
外资控股	91	4.64	57.85	56.81	4.55	24.50	45.75	70.25
职工持股会控股	3	0.15	62.07	61.80	1.14	2.22	61.10	63.32
其他类型	93	4.74	59.91	58.31	5.47	27.93	45.21	73.14
合　计	1 963	100.00	60.44	58.58	6.23	35.13	42.91	78.04

资料来源:南开大学公司治理数据库。

从分指数看,导致国有控股上市公司监事会治理指数高于其他上市公司的原因是国有控股上市公司的三项分指数都比较高且较为均衡,特别是规模结构和胜任能力,说明国有控股上市公司监事会治理的各方面都比较完善,可能原因是国有控股上市公司的最终控制人——国资委,更倾向于利用监事会作为治理公司的一种手段。统计数据详情见表13.7。

表 13.7　主板上市公司监事会治理分指数分控股股东性质描述性统计

控股股东性质	数目	比例(%)	监事会治理指数	运行状况	规模结构	胜任能力
国有控股	877	44.68	63.61	74.81	55.61	62.01
集体控股	14	0.71	58.85	72.86	47.14	58.55
民营控股	882	44.93	58.10	75.66	44.47	56.67
社会团体控股	13	0.66	58.00	73.08	41.15	61.92
外资控股	91	4.64	57.85	74.95	43.52	57.54
职工持股会控股	3	0.15	62.07	76.67	46.67	64.97
其他类型	93	4.74	59.91	75.42	47.35	59.19
合　计	1 963	100.00	60.44	75.20	49.53	59.26

资料来源:南开大学公司治理数据库。

二、2016—2021 年主板上市公司监事会治理分控股股东性质比较

表 13.8 列出了 2016—2021 年六年国有控股和民营控股上市公司的监事会治理指数,总体上看六年国有控股上市公司的监事会治理质量一直优于民营控股上市公司;从监事会运行状况看,近五年来民营控股上市公司一直要好于国有控股上市公司;从监事会的规模结构看,国有控股上市公司要明显好于民营控股上市公司,差距在 10.00 以上;从监事会胜任能力看,国有控股上市公司要好于民营控股上市公司,差距在 5.00 左右。

212　第十三章　主板上市公司监事会治理评价

表13.8　主板国有和民营控股上市公司监事会治理指数描述性统计六年比较

年份	控股股东性质	监事会治理指数	运行状况	规模结构	胜任能力
2016	国有	60.88	67.13	56.35	60.07
	民营	56.42	68.84	46.78	55.41
2017	国有	62.13	70.16	57.17	60.21
	民营	57.34	71.55	47.05	55.47
2018	国有	62.43	71.60	56.55	60.47
	民营	56.95	72.38	45.64	55.04
2019	国有	63.44	74.66	56.92	60.34
	民营	58.03	75.35	45.79	55.42
2020	国有	63.29	74.80	56.22	60.48
	民营	57.77	75.33	45.42	55.07
2021	国有	63.61	74.81	55.61	62.01
	民营	58.10	75.66	44.47	56.67

资料来源:南开大学公司治理数据库。

第四节　主板上市公司监事会治理分地区评价

一、2021年主板上市公司监事会治理分地区总体描述

2021年主板上市公司监事会治理指数排在前三名的是云南省(64.42)、山西省(64.20)和河南省(63.62)的上市公司;监事会治理指数排名后三位的是贵州省(58.59)、浙江省(57.6)和西藏(56.19)的上市公司,此外开曼群岛上市公司没有设置监事会。各地区上市公司监事会治理指数统计详情见表13.9。

表13.9　主板上市公司监事会治理指数分地区描述性统计

地区	数目	比例(%)	平均值	中位数	标准差	极差	最小值	最大值
北京市	161	8.20	61.47	59.63	6.58	34.99	42.40	77.39
天津市	36	1.83	62.41	60.19	6.50	22.56	52.26	74.82
河北省	35	1.78	62.84	61.24	5.77	17.49	54.60	72.09
山西省	33	1.68	64.20	65.66	6.65	22.48	52.92	75.40
内蒙古	19	0.97	61.03	58.30	7.33	22.73	53.87	76.59

续表

地区	数目	比例(%)	平均值	中位数	标准差	极差	最小值	最大值
辽宁省	46	2.34	61.39	59.63	5.56	19.45	53.66	73.11
吉林省	31	1.58	60.29	57.40	6.51	27.06	45.21	72.27
黑龙江省	28	1.43	59.65	58.63	4.70	16.20	53.59	69.78
上海市	203	10.34	60.03	58.20	5.85	32.22	43.75	75.97
江苏省	205	10.44	58.97	57.18	5.40	23.38	51.77	75.15
浙江省	245	12.48	57.65	56.52	4.84	26.43	45.98	72.41
安徽省	62	3.16	61.31	60.49	6.07	24.70	51.03	75.73
福建省	71	3.62	60.65	59.03	5.80	20.57	51.84	72.41
江西省	29	1.48	63.58	63.07	5.08	19.78	51.03	70.81
山东省	107	5.45	60.57	58.27	6.40	29.35	45.43	74.78
河南省	38	1.94	63.62	64.09	5.70	19.93	54.74	74.67
湖北省	66	3.36	62.07	60.07	6.42	24.75	52.36	77.11
湖南省	47	2.39	61.76	60.30	6.48	22.58	52.26	74.83
广东省	178	9.07	60.84	58.91	6.20	33.99	42.47	76.45
广西	27	1.38	62.03	60.26	5.65	16.19	54.95	71.14
海南省	25	1.27	59.88	58.23	5.74	20.16	51.96	72.13
重庆市	40	2.04	62.90	61.64	6.23	22.46	52.50	74.96
四川省	64	3.26	62.99	61.25	6.62	24.51	52.50	77.01
贵州省	19	0.97	58.59	57.18	5.31	18.15	51.84	69.99
云南省	22	1.12	64.42	66.52	6.72	22.39	53.66	76.05
西藏	11	0.56	56.19	55.79	2.65	8.67	52.08	60.75
陕西省	33	1.68	61.86	59.28	6.62	23.50	51.98	75.47
甘肃省	23	1.17	62.28	60.55	5.60	19.45	51.91	71.36
青海省	10	0.51	60.44	58.49	5.38	16.96	54.74	71.70
宁夏	13	0.66	61.33	63.76	6.10	16.16	53.31	69.47
新疆	36	1.83	61.86	60.79	7.64	27.13	44.58	71.70
开曼群岛	3	0.15	0.00	0.00	0.00	0.00	0.00	0.00
合计	1 963	100.00	60.64	58.72	6.15	34.99	42.40	77.39

资料来源:南开大学公司治理数据库。

二、2016—2021 年主板上市公司监事会治理分地区比较

据表 13.10 可以看出，山西省、云南省和江西省等地区的监事会治理状况总体相对较好；而黑龙江省、江苏省、浙江省等地区的监事会治理状况一般。

表 13.10 主板上市公司监事会治理指数分地区描述性统计六年比较

地 区	2016	2017	2018	2019	2020	2021
北京市	59.21	60.82	60.28	61.57	61.48	61.47
天津市	58.69	60.42	59.36	62.57	60.72	62.41
河北省	60.72	62.71	61.52	61.89	62.35	62.84
山西省	61.22	61.58	62.78	64.46	65.30	64.20
内蒙古	56.32	59.17	57.83	60.93	59.84	61.03
辽宁省	58.73	60.26	60.44	61.04	60.67	61.39
吉林省	58.48	59.82	60.44	60.12	60.70	60.29
黑龙江省	57.33	57.40	59.72	58.94	57.45	59.65
上海市	60.00	59.97	59.80	60.49	59.88	60.03
江苏省	57.45	57.87	56.80	58.97	58.49	58.97
浙江省	57.50	57.81	56.84	58.03	57.70	57.65
安徽省	58.53	59.49	60.63	60.62	60.82	61.31
福建省	59.06	60.04	60.22	61.30	61.16	60.65
江西省	64.38	64.43	63.96	64.87	63.47	63.58
山东省	58.39	60.13	59.99	61.04	61.02	60.57
河南省	58.71	59.34	61.27	62.05	61.91	63.62
湖北省	59.81	61.37	61.45	61.58	62.07	62.07
湖南省	58.48	61.07	60.31	61.22	61.63	61.76
广东省	58.48	60.49	59.47	60.65	60.27	60.84
广 西	58.73	60.41	60.25	60.82	61.19	62.03
海南省	57.61	60.23	61.61	60.63	61.59	59.88
重庆市	63.26	62.48	62.96	63.36	61.87	62.90
四川省	59.98	60.95	61.06	61.95	61.63	62.99
贵州省	57.51	57.64	54.73	59.71	59.98	58.59
云南省	62.05	63.77	63.76	64.67	64.38	64.42

续表

地区	2016	2017	2018	2019	2020	2021
西藏	57.74	54.23	55.72	58.48	56.45	56.19
陕西省	59.13	59.73	60.83	59.79	61.13	61.86
甘肃省	57.77	59.54	59.74	60.75	62.31	62.28
青海省	59.05	60.67	59.92	60.92	61.31	60.44
宁夏	58.63	61.62	61.26	61.10	61.65	61.33
新疆	62.55	61.14	63.07	62.52	63.13	61.86
开曼群岛	—	—	—	—	—	0.00
合计	59.02	60.01	59.68	60.67	60.44	60.64

资料来源:南开大学公司治理数据库。

第五节　主板上市公司监事会治理100佳评价

一、主板上市公司监事会治理100佳比较分析

如表13.11所示,监事会治理100佳上市公司监事会治理指数平均值为73.19,监事会治理运行状况指数、规模结构指数、胜任能力指数的平均值依次为78.30、74.10和67.90;100佳上市公司的监事会治理水平更为集中,监事会治理水平的标准差为1.59,最小值为71.52,最大值为77.39,极差为5.87。

表13.11　主板上市公司监事会治理100佳描述性统计

项目	样本	平均值	中位数	标准差	极差	最小值	最大值
监事会治理指数	100佳	73.19	72.53	1.59	5.87	71.52	77.39
	样本总体	60.64	58.72	6.15	34.99	42.40	77.39
运行状况	100佳	78.30	80.00	3.78	10.00	70.00	80.00
	样本总体	75.20	80.00	5.06	40.00	40.00	80.00
规模结构	100佳	74.10	70.00	5.34	20.00	60.00	80.00
	样本总体	49.53	40.00	13.92	40.00	40.00	80.00
胜任能力	100佳	67.90	67.50	3.45	19.97	59.07	79.04
	样本总体	59.26	59.90	6.76	60.24	18.80	79.04

资料来源:南开大学公司治理数据库。

二、主板上市公司监事会治理100佳公司行业分布

表13.12关于上市公司监事会治理100佳行业分布数据表明,入选监事会治理100佳上市公司最多的行业是制造业,有51家,占本行业比例为4.42%;从相对比例来看,交通运输、仓储和邮政业,住宿和餐饮业,采矿业入选公司数量行业占比较高,分别为13.33%、12.50%和10.94%;科学研究和技术服务业,水利、环境和公共设施管理业,教育,卫生和社会工作,没有公司入选。分析可知,监事会治理较好的上市公司存在行业差异。

表13.12 主板上市公司监事会治理100佳公司行业分布

行业	样本总体		100佳		
	数目	比例(%)	数目	比例(%)	占本行业比例(%)
农、林、牧、渔业	20	1.02	1	1.00	5.00
采矿业	64	3.26	7	7.00	10.94
制造业	1 154	58.79	51	51.00	4.42
电力、热力、燃气及水生产和供应业	103	5.25	7	7.00	6.80
建筑业	54	2.75	5	5.00	9.26
批发和零售业	132	6.72	4	4.00	3.03
交通运输、仓储和邮政业	90	4.58	12	12.00	13.33
住宿和餐饮业	8	0.41	1	1.00	12.50
信息传输、软件和信息技术服务业	85	4.33	2	2.00	2.35
房地产业	108	5.50	6	6.00	5.56
租赁和商务服务业	27	1.38	1	1.00	3.70
科学研究和技术服务业	25	1.27	—	—	—
水利、环境和公共设施管理业	32	1.63	—	—	—
教育	4	0.20	—	—	—
卫生和社会工作	5	0.25	—	—	—
文化、体育和娱乐业	36	1.83	2	2.00	5.56
综合	16	0.82	1	1.00	6.25
合计	1963	100.00	100	100.00	5.09

资料来源:南开大学公司治理数据库。

三、主板上市公司监事会治理 100 佳公司控股股东性质分布

表 13.13 显示,较高比例的监事会治理 100 佳上市公司控股股东性质为国有控股、民营控股、其他类型,其所占比例分别为 86.00%、12.00%、和 2.00%,分别占国有控股上市公司的 9.81%、民营控股上市公司的 1.36%、其他类型的 2.15%。

表 13.13　主板上市公司监事会治理 100 佳公司控股股东分布

控股股东性质	样本总体		100 佳		
	数目	比例(%)	数目	比例(%)	占本组比例(%)
国有控股	877	44.68	86	86.00	9.81
集体控股	14	0.71	—	—	—
民营控股	882	44.93	12	12.00	1.36
社会团体控股	13	0.66	—	—	—
外资控股	91	4.64	—	—	—
职工持股会控股	3	0.15	—	—	—
其他类型	93	4.74	2	2.00	2.15
合　计	1 963	100.00	100	100.00	5.09

资料来源:南开大学公司治理数据库。

四、主板上市公司监事会治理 100 佳公司地区分布

在入选监事会治理 100 佳上市公司中,数量位居前三位的是北京市、广东省和四川省,依次为 16 家、13 家和 10 家。占本组比例较高的地区是内蒙古、山西省和四川省,分别为 15.79%、15.63% 和 15.15%。黑龙江省、江西省、广西、贵州省、西藏、甘肃省、宁夏以及开曼群岛没有公司进入 100 佳。见表 13.14。

表 13.14　主板上市公司监事会治理 100 佳公司地区分布

地　区	样本总体		100 佳		
	数目	比例(%)	数目	比例(%)	占本地区比例(%)
北京市	161	8.20	16	16.00	9.94
天津市	36	1.83	5	5.00	13.89
河北省	35	1.78	2	2.00	5.71
山西省	33	1.68	5	5.00	15.15
内蒙古	19	0.97	3	3.00	15.79

续表

地 区	样本总体		100佳		
	数目	比例(%)	数目	比例(%)	占本地区比例(%)
辽宁省	46	2.34	2	2.00	4.35
吉林省	31	1.58	1	1.00	3.23
黑龙江省	28	1.43	—	—	—
上海市	203	10.34	9	9.00	4.43
江苏省	205	10.44	3	3.00	1.46
浙江省	245	12.48	3	3.00	1.22
安徽省	62	3.16	3	3.00	4.84
福建省	71	3.62	2	2.00	2.82
江西省	29	1.48	—	—	—
山东省	107	5.45	5	5.00	4.67
河南省	38	1.94	2	2.00	5.26
湖北省	66	3.36	5	5.00	7.58
湖南省	47	2.39	3	3.00	6.38
广东省	178	9.07	13	13.00	7.30
广 西	27	1.38	—	—	—
海南省	25	1.27	1	1.00	4.00
重庆市	40	2.04	2	2.00	5.00
四川省	64	3.26	10	10.00	15.63
贵州省	19	0.97	—	—	—
云南省	22	1.12	1	1.00	4.55
西 藏	11	0.56	—	—	—
陕西省	33	1.68	2	2.00	6.06
甘肃省	23	1.17	—	—	—
青海省	10	0.51	1	1.00	10.00
宁 夏	13	0.66	—	—	—
新 疆	36	1.83	1	1.00	2.78
开曼群岛	3	0.15	—	—	—
合 计	1 963	100.00	100	100.00	5.09

资料来源：南开大学公司治理数据库。

主 要 结 论

第一,2021年中国上市公司主板市场非金融类公司样本量为1963家。监事会治理指数的平均值为60.64,标准差为6.15,监事会治理指数基本服从正态分布。

第二,从2016—2021年连续六年监事会治理指数的发展趋势看,其平均值在60.00附近上下浮动;其中,运行状况指数基本呈现逐年上升趋势,2021年达到75.20;规模结构指数呈现下降趋势;胜任能力指数在2016—2020年间较为平稳,2021年有所提升。

第三,主板上市公司的监事会治理水平,因公司行业、股权性质和地区不同而呈现一定的差异。

第四,从行业来看,教育,交通运输、仓储和邮政业,电力、热力、燃气及水生产和供应业监事会治理水平较高,而水利、环境和公共设施管理业,信息传输、软件和信息技术服务业,卫生和社会工作有待改善。

第五,从股权性质来看,2021年国有控股上市公司监事会治理平均水平明显高于民营控股上市公司;从分指数看,导致国有控股监事会治理指数高于其他上市公司的原因是国有控股上市公司的三项分指数都比较高,说明国有控股上市公司监事会治理的各方面相对比较完善。

第六,从地区来看,各地区上市公司监事会治理水平分布呈现出不平衡性。其中,云南省、山西省和河南省等地区的监事会治理状况总体相对较好;而贵州省、浙江省、西藏等地区的监事会治理状况一般。

第七,主板上市公司监事会治理100佳上市公司中国有控股上市公司所占比例高于民营控股上市公司,而且国有控股上市公司监事会治理100佳上市公司占本组比例也高于民营控股上市公司。监事会治理100佳上市公司行业、地区分布不平衡。从行业来看,制造业上市公司所占比例最高;从地区来看,北京市、广东省和四川省所占比例较高。

第十四章 主板上市公司经理层治理评价

第一节 主板上市公司经理层治理总体分析

一、2021年主板上市公司经理层治理总体描述

2021年样本上市公司的经理层治理指数最高值为76.98,最低值为34.72,平均值为58.71,标准差为6.84。从经理层评价的三个主因素层面来看,样本公司经理层任免制度指数平均值为62.88,样本标准差为10.03;执行保障指数的平均值为63.27,样本标准差13.80,极差最大,为66.26,主板上市公司样本间执行保障指数的差异程度较大;激励与约束机制指数平均值为50.96,标准差为13.04。与上一年度相比较,主板上市公司样本经理层治理指数的平均值上升了0.39,其中经理层任免制度指数平均值比上年下降了1.35,执行保障制度较上年上升了1.45,而激励约束指数较上年上升了1.10。

表14.1 主板上市公司经理层治理总体状况描述性统计

项目	平均值	中位数	标准差	极差	最小值	最大值
经理层治理指数	58.71	58.96	6.84	42.26	34.72	76.98
任免制度	62.88	64.81	10.03	59.82	24.93	84.74
执行保障	63.27	61.84	13.80	66.26	22.09	88.34
激励约束	50.96	56.76	13.04	49.66	17.74	67.40

资料来源:南开大学公司治理数据库。

二、2016—2021年主板上市公司经理层治理比较

图14.1和表14.2列明了2016—2021年连续六年中国主板上市公司治理经理层治理状况与趋势特征。2016—2021年连续六年经理层治理指数的发展趋势显示,样本公司经理层治理指数平均值分别为58.71(2021年)、58.32(2020年)、57.80(2019年)、57.54(2018年)、56.87(2017年)和55.94(2016年),六年间数值变化较平稳,前两年在56.00数值附近波动,且波动幅度较小,2018年和2019年超过57.00,2020年和2021年

超过58.00。任免制度指数2016—2018年呈现平稳变化趋势,2021年较2020年有所下降。执行保障指数变化较平稳,2021年较2020年上升了1.45。激励约束指数自2016年以来呈现上升趋势,主板上市公司年度激励强度增大,2020年较2019年最高值上升了1.10。

表14.2 主板上市公司经理层治理指数描述性统计六年比较

项　目	2016	2017	2018	2019	2020	2021
经理层治理指数	55.94	56.87	57.54	57.80	58.32	58.71
任免制度	59.06	60.72	60.82	64.33	64.23	62.88
执行保障	62.85	63.33	63.18	61.98	61.82	63.27
激励约束	47.15	47.78	49.68	48.20	49.86	50.96

资料来源:南开大学公司治理数据库。

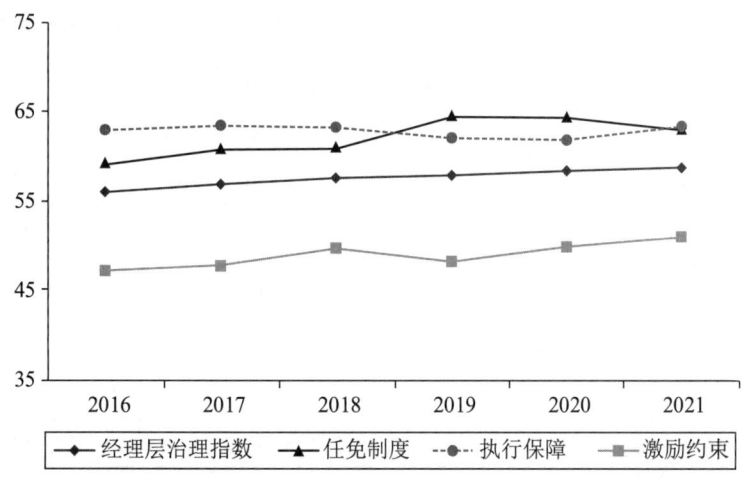

资料来源:南开大学公司治理数据库。

图14.1 主板上市公司经理层治理指数平均值六年折线图比较

第二节 主板上市公司经理层治理分行业评价

一、2021年主板上市公司经理层治理分行业总体描述

表14.3显示2021年度样本公司在经理层治理评价指数行业分布情况。样本公司的平均值为58.71,其中批发和零售业、制造业、教育、房地产业、卫生和社会工作、住宿和餐饮业、科学研究和技术服务业的经理层治理指数均高于全行业平均值。其中科学

研究和技术服务业的经理层治理指数平均值为62.07,居于首位。而农、林、牧、渔业,综合以及交通运输、仓储和邮政业的经理层治理指数水平列于样本公司平均治理指数的最后三位。在主板上市公司样本中,经理层治理状况最佳的上市公司出现在批发和零售业,水利、环境和公共设施管理业,最大值均达到76.98;治理状况最差的公司同样出现在建筑业,经理层治理指数最低值为34.72。各行业上市公司之间的经理层治理存在一定差距。

表14.3 主板上市公司经理层治理指数分行业描述性统计

行　业	数目	比例(%)	平均值	中位数	标准差	极差	最小值	最大值
农、林、牧、渔业	20	1.02	55.51	54.89	7.42	26.11	44.15	70.26
采矿业	64	3.26	58.30	57.93	7.41	33.37	42.33	75.70
制造业	1 154	58.79	59.10	59.09	6.64	38.64	38.26	76.90
电力、热力、燃气及水生产和供应业	103	5.25	57.05	57.09	6.08	29.29	40.97	70.26
建筑业	54	2.75	57.26	58.43	8.92	37.20	34.72	71.92
批发和零售业	132	6.72	58.74	59.06	7.74	37.28	39.70	76.98
交通运输、仓储和邮政业	90	4.58	56.32	56.13	6.41	29.29	42.63	71.92
住宿和餐饮业	8	0.41	61.28	60.93	7.17	19.51	52.28	71.79
信息传输、软件和信息技术服务业	85	4.33	58.29	58.79	6.59	27.58	43.07	70.64
房地产业	108	5.50	60.32	61.12	6.81	30.13	45.49	75.62
租赁和商务服务业	27	1.38	57.04	57.12	6.59	26.87	45.05	71.92
科学研究和技术服务业	25	1.27	62.07	62.41	5.66	23.12	49.26	72.38
水利、环境和公共设施管理业	32	1.63	58.22	59.16	6.49	31.40	45.57	76.98
教育	4	0.20	59.66	58.70	5.84	11.73	54.75	66.49
卫生和社会工作	5	0.25	60.72	60.15	7.68	21.08	49.65	70.73
文化、体育和娱乐业	36	1.83	57.49	57.49	6.61	27.41	41.96	69.37
综合	16	0.82	55.99	53.83	6.51	25.30	42.79	68.09
合　计	1 963	100.00	58.71	58.96	6.84	42.26	34.72	76.98

资料来源:南开大学公司治理数据库。

表14.4显示样本公司在经理层治理评价三个维度分指数行业分布情况。任免指数平均值为62.88,排在前三位的行业是文化、体育和娱乐业,卫生和社会工作,住宿和餐饮业,任免指数平均值分别为66.47、66.80和68.54;信息传输、软件和信息技

术服务业、建筑业、租赁和商务服务业的任免指数平均值最低,分别为60.23、59.91和59.27,这些相关行业在高管行政任职和高管变更等方面仍有较大改进空间。样本公司在执行保障维度表现较好的行业依次是科学研究和技术服务业、采矿业、住宿和餐饮业,执行保障指数平均值分别为68.56、69.02和70.12;而教育的执行保障指数值最低,为58.53,同时综合、交通运输、仓储和邮政业的执行保障水平也较低,执行保障指数平均值分别为60.18和60.81。激励约束指数平均值排名前三位的行业为住宿和餐饮业、批发和零售业、教育指数平均值分别为56.76、55.87和54.21,而农、林、牧、渔业,采矿业,信息传输、软件和信息技术服务业的激励约束机制最弱,行业指数平均值分别为43.62、43.53和38.67。

表14.4 主板上市公司经理层治理分指数分行业描述性统计

行 业	数目	比例（%）	经理层治理指数	任免制度	执行保障	激励约束
农、林、牧、渔业	20	1.02	55.51	64.81	65.15	43.62
采矿业	64	3.26	58.30	64.26	69.02	43.53
制造业	1 154	58.79	59.10	62.81	62.57	51.90
电力、热力、燃气及水生产和供应业	103	5.25	57.05	63.74	65.62	51.04
建筑业	54	2.75	57.26	59.91	61.68	44.58
批发和零售业	132	6.72	58.74	62.39	64.55	55.87
交通运输、仓储和邮政业	90	4.58	56.32	64.86	60.81	—
住宿和餐饮业	8	0.41	61.28	68.54	70.12	56.76
信息传输、软件和信息技术服务业	85	4.33	58.29	60.23	60.96	38.67
房地产业	108	5.50	60.32	62.96	67.32	50.39
租赁和商务服务业	27	1.38	57.04	59.27	62.33	46.78
科学研究和技术服务业	25	1.27	62.07	61.81	68.56	50.37
水利、环境和公共设施管理业	32	1.63	50.22	61.81	64.46	46.22
教育	4	0.20	59.66	64.81	58.53	54.21
卫生和社会工作	5	0.25	60.72	66.80	66.26	52.69
文化、体育和娱乐业	36	1.83	57.49	66.47	60.98	47.00
综合	16	0.82	55.99	62.31	60.18	46.56
合 计	1 963	100.00	58.71	62.88	63.27	50.45

资料来源:南开大学公司治理数据库。

二、2016—2021 主板上市公司经理层治理分行业比较

表14.5 显示样本公司在经理层治理评价2016—2021年行业分布及发展趋势情况。2016—2021年间，经理层治理状况最好的三个行业为教育、科学研究和技术服务业、房地产业，经理层治理指数平均值分别为60.03、59.75和58.99，而经理层治理指数相对较低的行业为电力、热力、燃气及水生产和供应业，卫生和社会工作以及农、林、牧、渔业，经理层治理指数平均值分别为56.07、55.98和54.87。

各行业指数均值基本呈小幅波动，其中2020年经理层治理指数平均值较2019年有所提高的行业有租赁和商务服务业，教育，信息传输、软件和信息技术服务业，文化、体育和娱乐业，制造业，建筑业，农、林、牧、渔业，综合，电力、热力、燃气及水生产和供应业。2021年经理层治理指数平均值较2020年有所提高的行业有住宿和餐饮业，科学研究和技术服务业，卫生和社会工作，房地产业，采矿业，水利、环境和公共设施管理业，制造业，批发和零售业，信息传输、软件和信息技术服务业。

表14.5 主板上市公司经理层治理指数分行业描述性统计六年比较

行 业	2016	2017	2018	2019	2020	2021
农、林、牧、渔业	52.44	55.79	54.06	55.59	55.83	55.51
采矿业	54.10	54.17	55.09	60.45	57.07	58.30
制造业	56.26	57.25	57.75	57.12	58.31	59.10
电力、热力、燃气及水生产和供应业	54.40	55.33	53.99	57.73	57.92	57.05
建筑业	55.10	56.51	56.30	59.71	60.82	57.26
批发和零售业	55.92	56.37	59.01	58.81	58.16	58.74
交通运输、仓储和邮政业	55.91	54.68	54.30	58.63	58.34	56.32
住宿和餐饮业	54.48	56.11	57.07	60.99	53.94	61.28
信息传输、软件和信息技术服务业	57.10	60.02	59.75	55.54	58.19	58.29
房地产业	56.37	57.63	59.67	61.26	58.68	60.32
租赁和商务服务业	54.99	57.46	58.73	56.17	60.14	57.04
科学研究和技术服务业	56.32	59.80	63.28	58.56	58.47	62.07
水利、环境和公共设施管理业	55.36	56.59	59.47	59.01	57.22	58.22
教育	66.59	55.22	55.28	60.10	63.32	59.66
卫生和社会工作	50.89	50.10	57.88	58.29	57.99	60.72
文化、体育和娱乐业	55.23	55.96	55.30	59.21	60.51	57.49
综合	55.46	57.21	57.14	56.06	56.29	55.99
合 计	54.10	54.17	55.09	60.45	58.32	58.71

资料来源：南开大学公司治理数据库。

第三节 主板上市公司经理层治理分控股股东性质评价

一、2021年主板上市公司经理层治理分控股股东性质总体描述

表14.6给出了按控股股东性质分类的2021年评价中各组样本公司的经理层治理指数统计指标。我国控股股东性质主要有国有控股和民营控股,占样本企业总比例达89.61%。国有控股和民营控股上市公司的经理层治理指数平均值分别为58.04和59.17,最高的指数分别为75.62和76.98,极差分别为40.90和38.12,标准差分别为6.96和6.55。集体控股和其他类型的样本公司经理层治理指数平均值最高,分别为58.63和60.42。

表14.6 主板上市公司经理层治理指数分控股股东性质描述性统计

控股股东性质	数目	比例(%)	平均值	中位数	标准差	极差	最小值	最大值
国有控股	877	44.68	58.04	58.58	6.96	40.90	34.72	75.62
集体控股	14	0.71	58.63	60.91	6.84	20.70	43.23	63.93
民营控股	882	44.93	59.17	59.04	6.55	38.12	38.86	76.98
社会团体控股	13	0.66	56.77	57.26	6.56	21.08	49.05	70.13
外资控股	91	4.64	59.39	59.86	7.52	32.61	44.29	76.90
职工持股会控股	3	0.15	60.38	58.79	3.08	5.52	58.42	63.93
其他类型	83	4.23	60.42	60.84	7.23	33.96	43.01	76.98
合 计	1 963	100.00	58.71	58.96	6.84	42.26	34.72	76.98

资料来源:南开大学公司治理数据库。

表14.7 主板上市公司经理层治理分指数分控股股东性质描述性统计

控股股东性质	经理层治理指数	任免制度	执行保障	激励约束
国有控股	58.04	63.96	65.92	45.83
集体控股	58.63	63.02	59.32	53.97
民营控股	59.17	61.63	60.71	55.58
社会团体控股	56.77	65.96	67.28	39.30
外资控股	59.39	63.76	61.89	53.21
职工持股会控股	60.38	64.81	51.53	63.85

续表

控股股东性质	经理层治理指数	任免制度	执行保障	激励约束
其他类型	60.42	63.24	64.50	54.32
合　计	58.71	62.88	63.27	50.96

资料来源：南开大学公司治理数据库。

二、2016—2021年主板上市公司经理层治理分控股股东性质比较

表14.8主要呈现了国有控股和民营控股性质的主板上市公司经理层治理指数在2016—2021年之间的变动。从经理层治理指数总体来看，2016—2018年和2021年，民营控股上市公司经理层治理指数高于国有控股上市公司，平均高出0.65，2019年和2020年，民营控股上市公司经理层治理指数比国有控股上市公司低4.04和1.44，面对宏观经济的变动，民营控股上市公司表现出较高的治理敏感度。

具体而言，在任免制度维度，2016—2018年国有控股上市公司和民营控股上市公司两者不相上下，近年来指数平均值波动也基本趋于一致，国有控股上市公司略高于民营控股上市公司，2019年和2020年，国有控股上市公司比民营控股上市公司分别高出8.91和9.45，2021年则高出2.33；在执行保障方面，民营控股上市公司的执行保障指数始终低于国有控股上市公司，2021年国有控股和民营控股上市公司执行保障指数差为5.21；在激励和约束机制方面，自2013年以来，民营控股上市公司的激励约束指数开始高于国有控股上市公司，2019年民营较国有公司激励约束指数低2.13，2021年民营控股较国有控股上市公司激励约束指数高9.75。

表14.8 主板国有和民营控股上市公司经理层治理指数描述性统计六年比较

年　份	控股股东性质	经理层治理指数	任免制度	执行保障	激励约束
2016	国有	55.56	59.14	64.65	44.49
	民营	56.47	58.99	60.16	50.99
2017	国有	55.71	60.89	63.46	44.29
	民营	58.45	60.68	63.22	52.32
2018	国有	56.26	61.68	63.42	45.12
	民营	58.78	60.04	62.81	54.17
2019	国有	59.81	68.85	62.51	49.15
	民营	55.77	59.94	61.49	47.02
2020	国有	59.13	69.13	64.43	45.36
	民营	57.69	59.68	59.64	54.17

续表

年份	控股股东性质	经理层治理指数	任免制度	执行保障	激励约束
2021	国有	58.04	63.96	65.92	45.83
	民营	59.17	61.63	60.71	55.58

资料来源：南开大学公司治理数据库。

第四节　主板上市公司经理层治理分地区评价

一、2021年主板上市公司经理层治理分地区总体描述

表14.9显示，经理层治理指数各地区有一定差异，平均值最高的为广东省，为60.07，最低的为山西省54.96，最高和最低的差异达到5.11。治理指数平均值排名前十名的地区依次是广东省、宁夏、吉林省、四川省、浙江省、西藏、安徽省、江西省、湖北省和重庆市，治理指数平均值最低的五个地区分别是天津市、云南省、甘肃省、青海省、山西省。关注各地区的指数极差和标准差可以发现，西藏、湖南省、山西省范围内的企业经理层治理指数极差和标准差较大，说明这些区域内企业的经理层治理水平参差不齐。

表14.9　主板上市公司经理层治理指数分地区描述性统计

地区	数目	比例(%)	平均值	中位数	标准差	极差	最小值	最大值
北京市	161	8.20	58.44	58.66	7.46	34.65	40.97	75.62
天津市	36	1.83	57.24	58.69	6.10	26.43	45.49	71.92
河北省	35	1.78	57.81	58.58	7.49	28.82	44.45	73.28
山西省	33	1.68	54.96	53.72	7.95	38.64	38.26	76.90
内蒙古	19	0.97	57.70	57.72	8.26	32.39	40.97	73.36
辽宁省	46	2.34	58.84	59.62	6.33	27.04	43.99	71.03
吉林省	31	1.58	59.64	59.85	5.98	25.73	46.19	71.92
黑龙江省	28	1.43	57.32	59.01	6.38	24.46	46.11	70.56
上海市	203	10.34	58.60	58.96	6.90	38.04	38.86	76.90
江苏省	205	10.44	58.47	58.79	6.34	32.22	39.70	71.92
浙江省	245	12.48	59.39	59.56	6.42	35.78	38.86	74.64
安徽省	62	3.16	59.31	58.93	5.53	21.00	49.73	70.73
福建省	71	3.62	58.56	58.79	6.46	32.82	42.71	75.54

续表

地区	数目	比例(%)	平均值	中位数	标准差	极差	最小值	最大值
江西省	29	1.48	59.10	61.68	7.58	28.28	46.96	75.24
山东省	107	5.45	58.77	59.07	6.28	27.63	45.65	73.28
河南省	38	1.94	58.17	58.39	5.99	21.71	47.66	69.37
湖北省	66	3.36	59.04	59.06	7.03	34.04	42.94	76.98
湖南省	47	2.39	58.66	58.58	8.08	35.62	41.36	76.98
广东省	178	9.07	60.07	60.43	6.58	32.99	42.63	75.62
广　西	27	1.38	57.89	57.55	7.79	28.99	44.29	73.28
海南省	25	1.27	58.50	59.16	7.51	27.33	45.95	73.28
重庆市	40	2.04	59.01	59.00	6.93	27.49	44.43	71.92
四川省	64	3.26	59.53	60.15	7.76	32.22	43.32	75.54
贵州省	19	0.97	58.71	58.45	7.37	27.98	46.36	74.34
云南省	22	1.12	56.88	56.13	6.24	24.02	45.35	69.37
西　藏	11	0.56	59.38	59.16	10.28	34.35	41.36	75.70
陕西省	33	1.68	58.62	58.66	7.40	36.90	34.72	71.63
甘肃省	23	1.17	56.50	58.58	6.84	23.80	43.01	66.81
青海省	10	0.51	56.08	56.86	6.46	22.34	43.20	65.54
宁　夏	13	0.66	59.89	61.79	6.92	23.64	45.73	69.37
新　疆	36	1.83	57.54	57.58	7.42	31.49	40.90	72.38
合　计	1 963	100.00	58.71	58.96	6.84	42.26	34.72	76.98

资料来源：南开大学公司治理数据库。

二、2016—2021年主板上市公司经理层治理分地区比较

表14.10反映了各地区经理层治理指数平均值2016—2021年的变化趋势。从区域范围来看，青海省、黑龙江省、西藏、山西省等地区上市公司经理层治理水平处于相对较低水平。天津市、云南省、甘肃省、青海省、山西省等地区上市公司样本2021年度的经理层治理指数相对较低。

河南省、浙江省和广东省等地区连续年度的经理层治理水平要高于其他地区。河北省、内蒙古、吉林省、黑龙江省、上海市、江苏省、福建省、山东省、湖北省、湖南省、广西、海南省、四川省、贵州省、西藏、甘肃省、青海省、新疆的公司经理层治理指数平均值2021年较2020年有提高。广东省、宁夏、吉林省、四川省、浙江省上市公司样本2021年度的经理层治理水平位居前列。

表 14.10　主板上市公司经理层治理指数分地区描述性统计六年比较

地　区	2016	2017	2018	2019	2020	2021
北京市	56.52	57.51	56.80	58.34	58.55	58.44
天津市	55.04	54.55	56.02	57.89	57.42	57.24
河北省	54.04	54.60	57.52	59.79	55.18	57.81
山西省	51.66	52.41	53.90	58.25	56.66	54.96
内蒙古	55.95	55.24	56.77	57.58	56.95	57.70
辽宁省	55.96	56.64	56.82	58.45	60.02	58.84
吉林省	55.66	58.42	57.67	60.07	56.17	59.64
黑龙江省	54.42	53.79	54.04	55.63	56.42	57.32
上海市	55.78	55.97	58.54	57.24	57.90	58.60
江苏省	56.32	57.43	57.82	55.86	58.15	58.47
浙江省	57.40	58.29	58.49	56.54	59.57	59.39
安徽省	55.19	55.68	57.04	57.36	59.81	59.31
福建省	56.77	57.28	57.57	55.52	57.56	58.56
江西省	57.68	55.80	52.13	60.04	59.88	59.10
山东省	55.67	56.55	56.79	58.82	57.05	58.77
河南省	56.25	57.74	57.18	59.09	59.28	58.17
湖北省	55.69	57.71	59.64	57.53	58.74	59.04
湖南省	56.55	58.14	57.27	58.44	56.81	58.66
广东省	58.48	60.30	60.74	59.44	60.78	60.07
广　西	55.79	58.31	54.80	55.48	57.01	57.89
海南省	54.03	52.84	55.61	62.08	55.07	58.50
重庆市	54.79	55.61	58.97	58.07	59.72	59.01
四川省	54.76	56.01	57.69	60.32	58.62	59.53
贵州省	57.40	56.60	55.47	58.96	58.15	58.71
云南省	53.20	54.57	54.30	58.49	58.84	56.88
西　藏	54.37	56.03	53.82	56.32	55.00	59.38
陕西省	53.80	56.44	55.11	56.07	58.70	58.62
甘肃省	54.41	53.69	55.52	60.02	53.98	56.50
青海省	50.24	53.79	52.94	53.34	54.25	56.08

续表

地区	2016	2017	2018	2019	2020	2021
宁夏	52.68	52.78	59.99	60.29	60.48	59.89
新疆	54.82	54.70	55.67	58.48	55.20	57.54
合计	55.94	56.87	57.54	57.80	58.32	58.71

资料来源：南开大学公司治理数据库。

第五节 主板上市公司经理层治理100佳评价

一、主板上市公司经理层治理100佳比较分析

表14.11是样本公司和100佳公司经理层治理指数以及各分项指标的描述统计结果，经理层治理100佳主板上市公司经理层治理指数平均值为72.09，任免制度、执行保障机制、激励约束指数的平均值依次为72.73、80.22和64.56。100佳公司各项指标的平均水平显著高于全体样本。且其各项指标标准差和极差均明显小于总体样本，说明其治理水平相差较小。

表14.11 主板上市公司经理层治理100佳描述性统计

项目	样本	平均值	中位数	标准差	极差	最小值	最大值
经理层治理指数	100佳	72.09	71.92	1.87	7.53	69.45	76.98
	样本总体	58.71	58.96	6.84	42.26	34.72	76.98
任免制度	100佳	72.73	69.79	7.47	29.91	54.84	84.75
	样本总体	62.88	64.81	10.03	59.82	24.93	84.74
执行保障	100佳	80.22	79.51	4.97	26.50	61.84	88.34
	样本总体	63.27	61.84	13.80	66.26	22.09	88.34
激励约束	100佳	64.56	67.40	4.59	21.28	46.12	67.40
	样本总体	50.96	56.76	13.04	49.66	17.74	67.40

资料来源：南开大学公司治理数据库。

二、主板上市公司经理层治理100佳公司行业分布

表14.12显示，经理层治理100佳主板上市公司的行业分布有较大的差异。100佳企业中，制造业和房地产业占比最大，分别为64.00%和9.00%。从100佳企业所在行

业比例来看,制造业、房地产业、批发和零售业、采矿业、建筑业、交通运输、仓储和邮政业、信息传输、软件和信息技术服务业、住宿和餐饮业较大比例的上市公司样本经理层治理达到100佳水平,比例分别达到64.00%、9.00%、7.00%、4.00%、4.00%、2.00%、2.00%和2.00%。

表14.12 主板上市公司经理层治理100佳公司行业分布

行 业	样本总体		100佳		
	数目	比例(%)	数目	比例(%)	占本行业比例
农、林、牧、渔业	20	1.02	1	1.00	5.00
采矿业	64	3.26	4	4.00	6.25
制造业	1 154	58.79	64	64.00	5.55
电力、热力、燃气及水生产和供应业	103	5.25	1	1.00	0.97
建筑业	54	2.75	4	4.00	7.41
批发和零售业	132	6.72	7	7.00	5.30
交通运输、仓储和邮政业	90	4.58	2	2.00	2.22
住宿和餐饮业	8	0.41	2	2.00	25.00
信息传输、软件和信息技术服务业	85	4.33	2	2.00	2.35
房地产业	108	5.50	9	9.00	8.33
租赁和商务服务业	27	1.38	1	1.00	3.70
科学研究和技术服务业	25	1.27	1	1.00	4.00
水利、环境和公共设施管理业	32	1.63	1	1.00	3.13
教育	4	0.20	—	—	—
卫生和社会工作	5	0.25	1	1.00	20.00
文化、体育和娱乐业	36	1.83	—	—	—
综合	16	0.82	—	—	—
合 计	1 963	100.00	100	100.00	5.09

资料来源:南开大学公司治理数据库。

三、主板上市公司经理层治理100佳公司控股股东性质分布

表14.13显示,经理层治理100佳主板上市公司中比例较高的是控股股东性质为国有控股和民营控股的上市公司,其所占比例分别为44%和39%。国有控股公司和民营控股公司中进入100佳的分别占比5.02%和4.42%。其他类型、社会团体控股和外资控股的公司样本总体有83家、13家和91家,其中分别有7家、1家和9家进入了100佳,该性质企业的经理层治理水平较高。

表 14.13　主板上市公司经理层治理 100 佳公司控股股东性质分布

控股股东性质	样本总体		100 佳		
	数目	比例(%)	数目	比例(%)	占本组比例(%)
国有控股	877	44.68	44	44.00	5.02
集体控股	14	0.71	—	—	—
民营控股	882	44.93	39	39.00	4.42
社会团体控股	13	0.66	1	1.00	7.69
外资控股	91	4.64	9	9.00	9.89
职工持股会控股	3	0.15	—	—	—
其他类型	83	4.23	7	7.00	8.43
合　计	1 963	100.00	100	100.00	5.09

资料来源:南开大学公司治理数据库。

四、主板上市公司经理层治理 100 佳公司地区分布

表 14.14 明显表现,公司经理层治理水平高的企业具有区域分散的特征。100 佳企业里,西藏、湖南省、广西占比较高,分别有 2 家、7 家、3 家企业入选,占本地区比例分别为 18.18%、14.89% 和 11.11%。

表 14.14　主板上市公司经理层治理 100 佳公司地区分布

地　区	样本总体		100 佳		
	数目	比例(%)	数目	比例(%)	占本地区比例(%)
北京市	161	8.20	8	8.00	4.97
天津市	36	1.83	1	1.00	2.78
河北省	35	1.78	3	3.00	8.57
山西省	33	1.68	1	1.00	3.03
内蒙古	19	0.97	1	1.00	5.26
辽宁省	46	2.34	1	1.00	2.17
吉林省	31	1.58	2	2.00	6.45
黑龙江省	28	1.43	1	1.00	3.57
上海市	203	10.34	12	12.00	5.91
江苏省	205	10.44	5	5.00	2.44
浙江省	245	12.48	8	8.00	3.27
安徽省	62	3.16	3	3.00	4.84

续表

地 区	样本总体		100佳		
	数目	比例(%)	数目	比例(%)	占本地区比例(%)
福建省	71	3.62	6	6.00	8.45
江西省	29	1.48	1	1.00	3.45
山东省	107	5.45	4	4.00	3.74
河南省	38	1.94	—	—	—
湖北省	66	3.36	3	3.00	4.55
湖南省	47	2.39	7	7.00	14.89
广东省	178	9.07	12	12.00	6.74
广　西	27	1.38	3	3.00	11.11
海南省	25	1.27	1	1.00	4
重庆市	40	2.04	4	4.00	10
四川省	64	3.26	6	6.00	9.38
贵州省	19	0.97	1	1.00	5.26
云南省	22	1.12	—	—	—
西　藏	11	0.56	2	2.00	18.18
陕西省	33	1.68	2	2.00	6.06
甘肃省	23	1.17	—	—	—
青海省	10	0.51	—	—	—
宁　夏	13	0.66	—	—	—
新　疆	36	1.83	2	2.00	5.56
合　计	1963	100.00	100	100.00	5.09

资料来源：南开大学公司治理数据库。

主　要　结　论

第一，2021年样本上市公司的经理层治理指数最高值为76.98，最低值为34.72，平均值为58.71，标准差为6.84。从经理层评价的三个主因素层面来看，样本公司经理层任免制度指数平均值为62.88，样本标准差为10.03；执行保障指数的平均值为63.27，样本标准差13.80，极差最大，为66.26，主板上市公司样本间执行保障指数的差异程度较大；激励与约束机制指数平均值为50.96，标准差为13.04。与上一年度相比较，主板上市公司样本经理层治理指数的平均值上升了0.39，其中经理层任免制度指数平均值比上年下降了1.35,执行保障制度较上年下降了1.45,而激励约束指数较上年上升了1.1。

第二,2016—2021年连续六年经理层治理指数的发展趋势显示,样本公司经理层治理指数平均值分别为58.71(2021年)、58.32(2020年)、57.80(2019年)、57.54(2018年)、56.87(2017年)和55.94(2016年),六年间数值变化较平稳,前两年在56.00附近波动,且波动幅度较小,2018年和2019年超过57.00,2020年和2021年超过58.00。任免制度指数2016年到2018年呈现平稳变化趋势,2021年较2020年有所下降。执行保障指数变化较平稳,2021年较2020年上升了1.45。激励约束指数自2016年以来呈现上升趋势,主板上市公司年度激励强度增大,2020年较2019年最高值上升了1.10。

第三,从2021年度样本公司在经理层治理评价指数行业分布情况来看,批发和零售业、制造业、教育、房地产业、卫生和社会工作、住宿和餐饮业、科学研究和技术服务业的经理层治理指数均高于全行业平均值。其中科学研究和技术服务业的经理层治理指数平均值为62.07,居于首位。而农、林、牧、渔业、综合以及交通运输、仓储和邮政业的经理层治理指数水平列于样本公司平均治理指数的最后三位。在主板上市公司样本中,经理层治理状况最佳的上市公司出现在批发和零售业,水利、环境和公共设施管理业,最大值均达到76.98;治理状况最差的公司同样出现在建筑业,经理层治理指数最低值为34.72。各行业上市公司之间的经理层治理存在一定差距。

第四,从样本公司在经理层治理评价2016—2021年行业分布及发展趋势情况来看,2016—2021年间,经理层治理状况最好的三个行业为教育、科学研究和技术服务业、房地产业,经理层治理指数平均值分别为60.03、59.75和58.99,而经理层治理指数相对较低的行业为电力、热力、燃气及水生产和供应业,卫生和社会工作以及农、林、牧、渔业,经理层治理指数平均值分别为56.07、55.98和54.87。各行业指数平均值基本呈小幅波动,其中2020年经理层治理指数均值较2019年有所提高的行业有租赁和商务服务业,教育,信息传输、软件和信息技术服务业,文化、体育和娱乐业,制造业,建筑业,农、林、牧、渔业,综合,电力、热力、燃气及水生产和供应业。2021年经理层治理指数平均值较2020年有所提高的行业有住宿和餐饮业,科学研究和技术服务业,卫生和社会工作,房地产业,采矿业,水利、环境和公共设施管理业,制造业,批发和零售业,信息传输、软件和信息技术服务业。

第五,我国控股股东性质主要有国有控股和民营控股,占样本企业总比例达89.61%。国有控股和民营控股上市公司的经理层治理指数平均值分别为58.04和59.17,最高的指数分别为75.62和76.98,极差分别为40.90和38.12,标准差分别为6.96和6.55。集体控股和其他类型的样本公司经理层治理指数平均值最高,分别为

58.63 和 60.42。

第六，从国有控股和民营控股性质的主板上市公司经理层治理指数在 2015—2018 年之间的变动来看，就经理层治理指数总体来看，2016—2018 年和 2021 年，民营控股上市公司经理层治理指数高于国有控股上市公司，平均高出 0.65，2019 年和 2020 年，民营控股上市公司经理层治理指数比国有控股上市公司低 4.04 和 1.44，面对宏观经济的变动，民营控股上市公司表现出较高的治理敏感度。

具体而言，在任免制度维度，2016—2018 年国有控股和民营控股上市公司两者不相上下，近年来指数平均值波动也基本趋于一致，国有控股上市公司略高于民营控股上市公司；2019 年和 2020 年，国有控股上市公司比民营控股上市公司分别高出 8.91 和 9.45；2021 年则高出 2.33。在执行保障方面，民营控股上市公司的执行保障指数始终低于国有控股上市公司，2021 年国有控股和民营控股公司执行保障指数差为 5.21。在激励和约束机制方面，自 2013 年以来，民营控股上市公司的激励约束指数开始高于国有控股上市公司，2019 年民营控股较国有控股上市公司激励约束指数低 2.13，2021 年民营控股较国有控股上市公司激励约束指数高 9.75。

第七，经理层治理指数各地区有一定差异，平均值最高的为广东省，为 60.07，最低的为山西省 54.96，最高和最低的差异达到 5.12。治理指数平均值排名前十名的地区依次是广东省、宁夏、吉林省、四川省、浙江省、西藏、安徽省、江西省、湖北省和重庆市，指数平均值最低的五个地区分别是天津市、云南省、甘肃省、青海省、山西省。关注各地区的指数极差和标准差可以发现，西藏、湖南省、山西省范围内的企业经理层治理指数极差和标准差较大，说明这些区域内企业的经理层治理水平参差不齐。

第八，从各地区经理层治理指数平均值看 2015—2020 年的变化趋势。从区域范围来看，青海省、黑龙江省、西藏、山西省等地区上市公司经理层治理水平处于相对较低水平。天津市、云南省、甘肃省、青海省、山西省等地区上市公司样本 2021 年度的经理层治理指数相对较低。河南省、浙江省和广东省等地区连续年度的经理层治理水平要高于其他地区。河北省、内蒙古、吉林省、黑龙江省、上海市、江苏省、福建省、山东省、湖北省、湖南省、广西、海南省、四川省、贵州省、西藏、甘肃省、青海省、新疆的公司经理层治理指数平均值 2021 年较 2020 年有提高。广东省、宁夏、吉林省、四川省、浙江省上市公司样本 2021 年度的经理层治理水平位居前列。

第九，经理层治理 100 佳主板上市公司经理层治理指数平均值为 72.09，任免制度、执行保障机制、激励约束指数的平均值依次为 72.73、80.22 和 64.56。100 佳公司各项指标的平均水平显著高于全体样本。且其各项指标标准差和极差均明显小于总体样本，说明其治理水平相差较小。

经理层治理100佳主板上市公司的行业分布有较大的差异。100佳企业中,制造业和房地产业占比最大,分别为64.00%和9.00%。从100佳企业所在行业比例来看,制造业、房地产业、批发和零售业、采矿业、建筑业、交通运输、仓储和邮政业、信息传输、软件和信息技术服务业、住宿和餐饮业较大比例的上市公司样本经理层治理达到100佳水平,比例分别达到64.00%、9.00%、7.00%、4.00%、4.00%、2.00%、2.00%和2.00%。

经理层治理100佳主板上市公司中比例较高的是控股股东性质为国有控股和民营控股的上市公司,其所占比例分别为44%和39%。国有控股上市公司和民营控股上市公司中进入100佳的分别占比5.02%和4.42%。其他类型、社会团体控股和外资控股的公司样本总体有83家、13家和91家,其中分别有7家、1家和9家进入了100佳,该性质企业的经理层治理水平较高。

公司经理层治理水平高的企业具有区域分散的特征。100佳企业里,西藏、湖南省、广西占比较高,分别有2家、7家和3家企业入选,占本地区比例分别为18.18%、14.89%和11.11%。

第十五章　主板上市公司信息披露评价

第一节　主板上市公司信息披露总体分析

一、2021年主板上市公司信息披露总体描述

2021年中国上市公司主板市场非金融类公司样本量为1963家,信息披露指数的平均值为65.37,标准差为10.04,说明信息披露总体水平较为集中,上市公司之间的信息披露差距较小,但极差为40.86,信息披露最好和最差的公司仍存在较大差距。

表 15.1　主板上市公司信息披露总体状况描述性统计

项　目	平均值	中位数	标准差	极差	最小值	最大值
信息披露指数	65.37	65.94	10.04	40.86	45.48	86.34
真实性	64.56	64.78	15.84	46.41	40.17	86.58
相关性	65.43	64.74	6.68	36.56	53.31	89.87
及时性	67.30	68.38	12.76	46.60	42.50	89.10

资料来源:南开大学公司治理数据库。

从信息披露的三个主要因素来看,2021年主板上市公司信息披露的真实性、相关性和及时性的平均值依次为64.56、65.43和67.30。其中,信息披露的及时性表现最好,相关性次之,真实性低于指数平均水平。信息披露的真实性、相关性和及时性的标准差分别为15.84、6.68和12.76,说明真实性和及时性分散程度较大,主板上市公司信息披露的相关性与及时性好坏程度存在较大差异。信息披露的真实性、相关性和及时性的极差分别为46.41、36.56和46.60,说明信息披露最好和最差的公司在真实性、相关性和及时性方面都存在非常大的差距。

二、2016—2021年主板上市公司信息披露比较

图15.1和表15.2列明了2016—2021年连续六年中国主板上市公司治理信息披露状况与趋势特征。2016—2021年,主板上市公司信息披露指数平均值分别为60.96、63.48、

63.23、64.80、65.56 和 65.37。信息披露指数的发展趋势显示，主板上市公司信息披露指数六年间波动较大。2016—2017 年的信息披露指数值呈现上升趋势，于 2017 年提升到 63.48，2018 年小幅降低，较 2017 年下降了 0.15。2019 年，较上年提升 1.57，为 64.80。2020 年，信息披露水平实现历年来新高，为 65.56，2021 年小幅下滑至 65.37。

从分指数来看，三个分指数在六年间也具有较大幅度的上下波动。相关性指数变化趋势类似于信息披露总指数，2016—2017 年相关性指数呈现上升趋势，2017 提升到 63.25，2018 年回落至 61.57，2019 年实现大幅提升，为 63.67，其后继续保持增长，至 2021 年达到最高值 65.43。真实性指数 2016 年为 61.35，其后四年有所提高，2017 年、2018 年超过 63.00，2019 年达到 64.70，2020 年达到 65.49，2021 年小幅度降低为 64.56。及时性指数在六年间上下反复波动，2021 年平均值为 67.30，较 2020 年有小幅提升。

相比 2020 年，及时性和相关性指数都有不同程度的提高，其中及时性增幅最大，真实性指数有轻微下降。从信息披露指数的横向比较来看，主板上市公司在信息披露方面及时性做得最好，2016—2021 年连续六年都是及时性指数最大，真实性和相关性次之。

表 15.2　主板上市公司信息披露指数描述性统计六年比较

项　目	2016	2017	2018	2019	2020	2021
信息披露指数	60.96	63.48	63.23	64.80	65.56	65.37
真实性	61.35	63.31	63.30	64.70	65.49	64.56
相关性	59.57	63.25	61.57	63.67	64.68	65.43
及时性	62.05	64.21	66.85	67.76	67.07	67.30

资料来源：南开大学公司治理数据库。

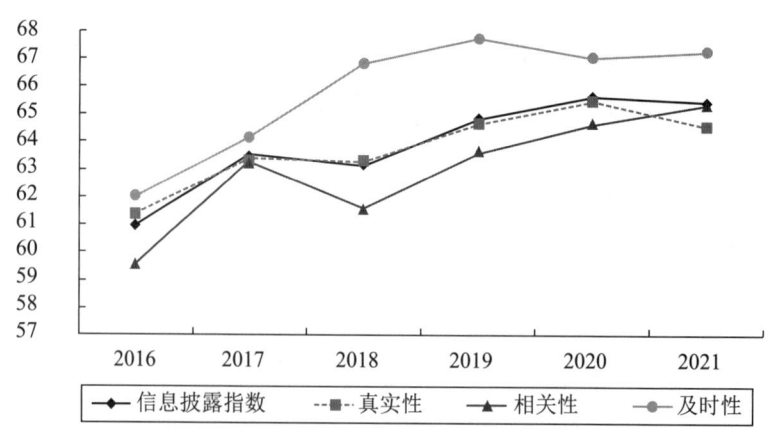

资料来源：南开大学公司治理数据库。

图 15.1　主板上市公司信息披露指数平均值六年折线图比较

第二节　主板上市公司信息披露分行业评价

一、2021年主板上市公司信息披露分行业总体描述

表15.3显示2021年度主板上市样本公司在信息披露指数行业分布情况。2021年主板上市公司各行业的信息披露水平存在一定差异,行业平均值指数最高与最低相差14.79。在17个行业分类中,信息披露指数水平大于主板上市公司平均值的行业有5个。平均值居于前三位的分别为制造业,科学研究和技术服务业以及电力、热力、燃气及水生产和供应业,平均值分别为66.43、68.68和66.54。住宿和餐饮业,租赁和商务服务业以及教育这三个行业是信息披露指数靠后的行业,分别为60.11、60.84和53.89。

表15.3　主板上市公司信息披露指数分行业描述性统计

行　业	数目	比例(%)	平均值	中位数	标准差	极差	最小值	最大值
农、林、牧、渔业	20	1.02	61.24	59.95	8.86	28.70	48.98	77.68
采矿业	64	3.26	62.92	62.01	10.95	40.64	45.69	86.34
制造业	1 154	58.79	66.43	67.25	9.91	38.53	45.48	84.01
电力、热力、燃气及水生产和供应业	103	5.25	66.54	66.40	9.65	36.63	46.57	83.20
建筑业	54	2.75	65.78	67.68	9.55	32.86	48.44	81.31
批发和零售业	132	6.72	62.52	62.33	9.58	35.17	46.59	81.76
交通运输、仓储和邮政业	90	4.58	66.05	66.10	8.41	32.87	49.00	81.87
住宿和餐饮业	8	0.41	60.11	62.21	6.30	19.83	48.51	68.34
信息传输、软件和信息技术服务业	85	4.33	62.63	61.48	10.43	34.98	45.80	80.78
房地产业	108	5.50	62.27	62.44	9.89	34.58	46.25	80.83
租赁和商务服务业	27	1.38	60.84	60.31	10.57	33.87	47.00	80.87
科学研究和技术服务业	25	1.27	68.68	72.82	11.27	30.99	50.22	81.22
水利、环境和公共设施管理业	32	1.63	64.81	65.73	9.56	33.50	46.82	80.32
教育	4	0.20	53.89	51.58	5.26	13.23	49.58	62.81

续表

行业	数目	比例(%)	平均值	中位数	标准差	极差	最小值	最大值
卫生和社会工作	5	0.25	62.39	64.41	11.74	29.95	48.09	78.05
文化、体育和娱乐业	36	1.83	64.11	65.44	10.33	31.57	46.03	77.60
综合	16	0.82	62.64	60.53	9.90	30.87	48.67	79.54
合计	1963	100.00	65.37	65.87	10.04	40.86	45.48	86.34

资料来源:南开大学公司治理数据库。

表 15.4 显示样本公司在信息披露三个维度分指数行业分布情况。科学研究和技术服务业排名首位是由于真实性和及时性表现较好,为 70.72 和 70.23。电力、热力、燃气及水生产和供应业居于第二位主要因素同样也是较高的真实性和及时性指数,分别为 67.14 和 67.13,远超行业平均值。制造业排名第三,主要源于三个分指数的共同作用,分别为 65.79、66.53 和 67.9。

导致教育,租赁和商务服务业以及信息传输、住宿和餐饮业分值较低的原因是其信息披露真实性指数均远远低于主板相应平均值,主板真实性指数平均值为 65.49,三个行业真实性指数平均值分别为 53.89、60.84 和 60.11。除了真实性表现差外,相关性表现也不好,分别为 61.01、61.32 和 63.44,低于行业相关性平均值 65.43。

表 15.4 主板上市公司信息披露分指数分行业描述性统计

行业	数目	比例(%)	信息披露指数	真实性	相关性	及时性
农、林、牧、渔业	20	1.02	61.24	59.27	62.95	63.62
采矿业	64	3.26	62.92	59.52	65.67	67.27
制造业	1 154	58.79	66.43	65.79	66.53	67.90
电力、热力、燃气及水生产和供应业	103	5.25	66.54	67.14	64.75	67.73
建筑业	54	2.75	65.78	66.17	65.68	64.96
批发和零售业	132	6.72	62.52	60.92	62.76	66.16
交通运输、仓储和邮政业	90	4.58	66.05	65.30	64.69	69.95
住宿和餐饮业	8	0.41	60.11	55.90	63.44	65.65
信息传输、软件和信息技术服务业	85	4.33	62.63	61.66	63.95	63.08
房地产业	108	5.50	62.27	61.02	62.19	65.49
租赁和商务服务业	27	1.38	60.84	59.47	61.32	63.52
科学研究和技术服务业	25	1.27	68.68	70.72	64.25	70.23
水利、环境和公共设施管理业	32	1.63	64.81	64.39	62.52	69.30

续表

行　业	数目	比例（%）	信息披露指数	真实性	相关性	及时性
教育	4	0.20	53.89	46.01	61.01	62.91
卫生和社会工作	5	0.25	62.39	59.90	67.97	60.25
文化、体育和娱乐业	36	1.83	64.11	63.80	65.04	63.50
综合	16	0.82	62.64	56.96	64.96	73.35
合　计	1 963	100.00	65.37	64.56	65.43	67.30

资料来源：南开大学公司治理数据库。

二、2016—2021年主板上市公司信息披露分行业比较

从表15.5的统计数据可以看出，2016—2021年六年间各行业的信息披露指数平均水平时而提高时而下降，各年度间波动较大。交通运输、仓储和邮政业在六年间表现较好，各年信息披露指数均大于主板总体平均值。住宿和餐饮业，水利、环境和公共设施管理业与电力、热力、燃气及水生产和供应业共五年的信息披露指数大于主板总体平均值。房地产业较差，六年里均有五年排名后五位；卫生和社会工作表现也较差，六年里有四年排名后五位。与2020年信息披露指数平均水平相比，2021年主板上市公司大部分行业的信息披露指数小幅下降，但制造业，建筑业，科学研究和技术服务业，卫生和社会工作四个行业又略有上升，上升最多的是卫生和社会工作，上升了4.71。在13个信息披露指数下降的行业里，降幅前三的是农、林、牧、渔业，住宿和餐饮业以及教育，分别下降了2.95、10.43和10.26，这说明主板上市公司信息披露质量整体上略有下降。

表15.5　主板上市公司信息披露指数分行业描述性统计六年比较

行　业	2016	2017	2018	2019	2020	2021
农、林、牧、渔业	56.41	59.99	63.39	63.51	64.19	61.24
采矿业	59.49	62.64	56.63	64.87	65.04	62.92
制造业	60.76	63.28	64.10	65.02	66.16	66.43
电力、热力、燃气及水生产和供应业	64.10	66.17	63.01	65.16	66.82	66.54
建筑业	61.99	64.40	57.54	65.15	65.09	65.78
批发和零售业	59.61	61.84	62.54	64.16	64.08	62.52
交通运输、仓储和邮政业	64.83	65.85	63.83	65.95	66.35	66.05
住宿和餐饮业	64.05	67.29	66.96	66.77	70.54	60.11
信息传输、软件和信息技术服务业	61.34	63.22	63.86	62.80	62.91	62.63

续表

行　业	2016	2017	2018	2019	2020	2021
房地产业	59.23	62.18	61.01	63.98	63.55	62.27
租赁和商务服务业	63.55	62.18	63.03	64.43	62.14	60.84
科学研究和技术服务业	61.33	65.88	64.17	63.06	67.54	68.68
水利、环境和公共设施管理业	63.33	68.03	65.40	66.34	65.67	64.81
教育	65.23	65.36	58.40	61.89	64.15	53.89
卫生和社会工作	72.46	59.74	59.87	63.16	57.68	62.39
文化、体育和娱乐业	62.37	64.54	64.21	64.89	64.83	64.11
综合	59.31	65.78	64.23	62.86	63.54	62.64
合　计	60.96	63.48	63.23	64.80	65.56	65.37

资料来源：南开大学公司治理数据库。

第三节　主板上市公司信息披露分控股股东性质评价

一、2021年主板上市公司信息披露分控股股东性质总体描述

表15.6给出了主板上市公司按控股股东性质分类的信息披露指数统计指标。控股股东性质为国有控股的上市公司信息披露的指数为65.80、集体控股为66.19、民营控股为65.31、社会团体控股为55.53、外资控股为65.16、职工持股为58.86和其他类型为63.20。我国控股股东性质主要为国有控股和民营控股，占样本企业总比例达89.61%。其中国有控股和民营控股上市公司的信息披露指数最高的分别为86.34和83.85，极差分别为39.77和38.37，标准差分别为9.56和10.34，表明主板国有控股上市公司信息披露水平高于民营控股上市公司。

表15.6　主板上市公司信息披露指数分控股股东性质描述性统计

控股股东性质	数目	比例(%)	平均值	中位数	标准差	极差	最小值	最大值
国有控股	877	44.68	65.80	66.21	9.56	39.77	46.57	86.34
集体控股	14	0.71	66.19	66.96	9.64	31.44	49.08	80.52
民营控股	882	44.93	65.31	66.14	10.34	38.37	45.48	83.85
社会团体控股	13	0.66	55.53	51.31	7.71	19.91	48.17	68.08

续表

控股股东性质	数目	比例(%)	平均值	中位数	标准差	极差	最小值	最大值
外资控股	91	4.64	65.16	64.38	10.34	37.61	46.36	83.97
职工持股会控股	3	0.15	58.86	61.09	5.94	14.03	50.73	64.75
其他类型	83	4.23	63.20	63.40	10.78	37.17	46.03	83.20
合 计	1 963	100.00	65.37	65.87	10.04	40.86	45.48	86.34

资料来源:南开大学公司治理数据库。

从分指数看,导致主板国有控股上市公司信息披露指数高于民营控股上市公司的主要原因是国有控股上市公司的相关性和及时性指数高于民营控股上市公司,分别高出1.21和2.34,国有控股上市公司的真实性低于民营控股上市公司,差距为0.69。

表15.7 主板上市公司信息披露分指数分控股股东性质描述性统计

控股股东性质	信息披露指数	真实性	相关性	及时性
国有控股	65.80	64.52	66.07	68.60
集体控股	66.19	65.60	66.57	67.08
民营控股	65.31	65.21	64.86	66.26
社会团体控股	55.53	49.65	59.93	63.61
外资控股	65.16	63.82	65.74	67.65
职工持股会控股	58.86	53.32	67.85	59.21
其他类型	63.20	61.35	65.00	65.13
合 计	65.37	64.56	65.43	67.30

资料来源:南开大学公司治理数据库。

二、2016—2021年主板上市公司信息披露分控股股东性质比较

由表15.8可看出,2016—2021年国有控股的主板上市公司各年的信息披露指数均高于民营控股上市公司,幅度在0.5—3.5左右。两类公司在不同年份之间相对波动比较小,在2016—2017年呈上升趋势。国有控股公司在2010年有小幅下降,而民营控股上市公司从2018年开始持续上升,2021年升至65.31;虽然国有控股上市公司在2018年回落至63.48,但2019年实现大幅度提升,为65.71,2020年进一步增长至66.52,直至2021年回落至65.80。从及时性分指数看,国有控股上市公司一直优于民营控股上市公司,2018年虽出现反转,但2019—2021年国有控股上市公司再次优于民营控股上市公司。从真实性和相关性分指数看,大部分年份中都是国有控股上市公司表现比较好。

表 15.8　主板国有和民营控股上市公司信息披露指数描述性统计六年比较

年　份	控股股东性质	信息披露指数	真实性	相关性	及时性
2016	国有	62.37	63.99	59.20	63.05
	民营	58.85	57.28	60.12	60.87
2017	国有	64.16	64.13	63.35	65.47
	民营	62.65	62.32	63.30	62.51
2018	国有	63.48	64.13	63.35	65.47
	民营	62.96	66.65	62.78	69.13
2019	国有	65.71	65.33	65.03	68.58
	民营	63.91	64.10	62.33	66.95
2020	国有	66.52	66.94	63.88	69.42
	民营	64.86	64.44	65.62	64.79
2021	国有	65.80	64.52	66.07	68.60
	民营	65.31	65.21	64.86	66.26

资料来源：南开大学公司治理数据库。

第四节　主板上市公司信息披露分地区评价

一、2021 年主板上市公司信息披露分地区总体描述

表 15.9 显示，2021 年主板上市公司信息披露各地区的指数平均值均高于 55.00，上市公司信息披露指数高于总体平均值的地区有 12 个，低于总体平均值的有 19 个。主板上市公司信息披露指数排在前五名的是安徽省（68.20）、浙江省（67.70）、云南省（66.82）、山东省（66.67）与天津市（66.60）的上市公司。云南市排名首位的主要原因在于其三个分指数均高于整体。信息披露指数排在后五名的是青海省（55.27）、海南省（55.96）、吉林省（60.60）、内蒙古（60.67）与黑龙江省（60.72）的上市公司。以上分析说明各地区的主板上市公司信息披露水平分布不平衡，且差距较大。

表 15.9　主板上市公司信息披露指数分地区描述性统计

地　区	数目	比例（%）	平均值	中位数	标准差	极差	最小值	最大值
北京市	161	8.20	66.07	67.54	10.03	40.31	46.03	86.34
天津市	36	1.83	66.60	67.89	11.56	37.18	46.57	83.75

续表

地 区	数目	比例(%)	平均值	中位数	标准差	极差	最小值	最大值
河北省	35	1.78	65.52	64.85	10.04	36.28	47.45	83.73
山西省	33	1.68	62.89	61.88	9.55	33.76	47.48	81.24
内蒙古	19	0.97	60.67	57.52	9.90	29.67	45.48	75.15
辽宁省	46	2.34	62.87	63.52	10.25	34.63	46.99	81.61
吉林省	31	1.58	60.60	58.92	8.93	29.11	48.94	78.05
黑龙江省	28	1.43	60.72	57.85	9.71	30.86	46.22	77.08
上海市	203	10.34	66.50	66.57	9.20	36.16	46.93	83.09
江苏省	205	10.44	66.44	66.90	9.40	36.19	46.03	82.22
浙江省	245	12.48	67.70	70.05	9.76	38.01	46.00	84.01
安徽省	62	3.16	68.20	69.17	8.41	30.96	50.68	81.64
福建省	71	3.62	66.34	67.47	10.33	36.27	47.27	83.54
江西省	29	1.48	66.41	67.40	9.80	34.40	46.70	81.10
山东省	107	5.45	66.67	68.17	9.39	35.79	45.69	81.49
河南省	38	1.94	64.15	63.95	9.71	35.51	48.46	83.97
湖北省	66	3.36	62.47	63.35	10.51	33.79	47.04	80.84
湖南省	47	2.39	64.58	65.15	9.01	30.95	48.51	79.46
广东省	178	9.07	65.73	66.00	10.63	37.60	46.25	83.85
广 西	27	1.38	61.31	60.76	9.27	30.46	48.88	79.34
海南省	25	1.27	55.96	51.78	9.22	31.39	47.44	78.83
重庆市	40	2.04	62.66	62.63	8.64	30.22	49.54	79.76
四川省	64	3.26	64.45	63.95	9.81	37.40	45.80	83.20
贵州省	19	0.97	62.43	61.37	10.91	32.42	48.52	80.94
云南省	22	1.12	66.81	68.03	8.43	34.41	47.91	82.32
西 藏	11	0.56	63.55	66.89	10.70	32.64	46.86	79.50
陕西省	33	1.68	64.99	64.75	10.45	32.58	49.08	81.66
甘肃省	23	1.17	62.23	61.09	9.75	36.55	46.31	82.86
青海省	10	0.51	59.27	57.12	9.56	30.36	47.08	77.44
宁 夏	13	0.66	65.09	65.25	12.64	36.44	45.97	82.42
新 疆	36	1.83	62.11	63.90	10.02	32.85	45.52	78.36
合 计	1 963	100.00	65.37	65.90	10.04	40.86	45.48	86.34

资料来源:南开大学公司治理数据库。

二、2016—2021年主板上市公司信息披露分地区比较

从表15.10主板分地区信息披露指数平均值的六年比较中可以看出：江苏省、浙江省、江西省、安徽省、福建省主板上市公司的信息披露质量表现较好且很稳定，连续六年的信息披露指数都大于平均值。青海省、宁夏、新疆、山西省、内蒙古和黑龙江省的主板上市公司信息披露质量较差，连续六年的信息披露指数都小于平均值。其中青海省连续六年都在地区排名的最后五名之内。山西省、黑龙江省和宁夏的信息披露质量也相对最差，六年中有四年都在地区排名的最后五名之内，其中海南省六年中还有三年处于垫底，分别是2019年、2020年和2021年。此外，青海省也在2016年和2017年连续两年垫底。

表15.10 主板上市公司信息披露指数分地区描述性统计六年比较

地 区	2016	2017	2018	2019	2020	2021
北京市	62.64	63.60	62.95	65.81	65.99	66.07
天津市	60.64	63.23	63.19	66.94	66.64	66.60
河北省	60.22	65.17	63.09	64.75	67.20	65.52
山西省	54.79	60.53	57.01	62.49	65.03	62.89
内蒙古	57.75	62.01	60.54	64.57	64.07	60.67
辽宁省	59.36	63.49	62.12	63.58	64.78	62.87
吉林省	57.64	61.76	64.16	64.46	62.53	60.60
黑龙江省	59.14	60.96	63.00	61.63	63.16	60.72
上海市	58.89	62.09	61.60	64.21	65.65	66.50
江苏省	62.54	63.67	64.35	64.82	66.42	66.44
浙江省	61.97	63.92	64.10	65.21	66.52	67.70
安徽省	61.69	64.83	64.01	65.62	66.68	68.20
福建省	63.37	63.74	64.24	65.86	66.78	66.34
江西省	61.79	64.22	65.75	66.21	65.74	66.41
山东省	61.79	63.30	62.73	65.04	65.47	66.67
河南省	61.10	63.98	63.48	65.78	64.46	64.15
湖北省	59.69	64.37	61.92	62.98	62.79	62.47
湖南省	60.91	65.11	66.57	65.69	65.69	64.58
广东省	63.68	64.89	64.12	65.73	65.50	65.73
广 西	59.28	61.31	65.60	62.54	64.90	61.31

续表

地 区	2016	2017	2018	2019	2020	2021
海南省	61.50	64.61	62.02	60.48	61.27	55.96
重庆市	62.72	62.22	61.27	63.10	64.34	62.66
四川省	59.60	63.22	63.27	65.19	66.31	64.45
贵州省	63.43	63.38	64.88	64.67	64.53	62.43
云南省	58.54	64.09	62.24	66.77	68.96	66.81
西 藏	56.36	66.01	62.98	65.95	63.34	63.55
陕西省	61.55	64.92	65.41	65.24	65.11	64.99
甘肃省	59.70	64.02	61.70	62.22	63.74	62.23
青海省	52.59	59.14	60.09	62.49	62.21	59.27
宁 夏	55.65	61.21	60.71	62.49	64.81	65.09
新 疆	60.70	61.69	62.62	64.72	64.77	62.11
合 计	60.96	63.48	63.23	64.80	65.56	65.37

资料来源：南开大学公司治理数据库。

第五节 主板上市公司信息披露 100 佳评价

一、主板上市公司信息披露 100 佳比较分析

如表 15.11 所示，信息披露 100 佳上市公司信息披露评价指数平均值为 81.39，信息披露真实性、相关性、及时性的平均值依次为 85.03、72.77 和 85.21，其中真实性指标最好，及时性次之，相关性最差。100 佳上市公司信息披露水平的标准差为 1.13，极差为 6.33，说明 100 家主板上市公司的信息披露水平相比于总体样本，分布更为集中。

表 15.11 主板上市公司信息披露 100 佳描述性统计

项 目	样本	平均值	中位数	标准差	极差	最小值	最大值
信息披露	100 佳	81.39	80.94	1.13	6.33	80.01	86.34
	样本总体	65.37	65.94	10.04	40.86	45.48	86.34
真实性	100 佳	85.03	85.49	1.52	11.24	75.34	86.58
	样本总体	64.56	64.78	15.84	46.41	40.17	86.58
相关性	100 佳	72.77	70.69	4.87	23.89	65.56	89.45
	样本总体	65.43	64.74	6.68	36.56	53.31	89.87

续表

项目	样本	平均值	中位数	标准差	极差	最小值	最大值
及时性	100佳	85.21	85.57	3.82	23.96	64.85	88.81
	样本总体	67.30	68.38	12.76	46.60	42.50	89.10

资料来源：南开大学公司治理数据库。

二、主板上市公司信息披露100佳公司行业分布

表15.12关于主板上市公司信息披露100佳行业分布表明,信息披露100佳上市公司中有72家属于制造业,占制造业的6.24%;电力、热力、燃气及水生产和供应业,采矿业,批发和零售业,信息传输、软件和信息技术服务业以及科学研究和技术服务业均有4家,分别占其行业的3.88%,6.25%,3.03%,4.71%和16%;交通运输、仓储和邮政业有3家,占其行业的3.33%;剩余5家分布在建筑业,水利、环境和公共设施管理业,租赁和商务服务业以及房地产业。

从行业比例来看,入选100佳公司比例居前的行业是制造业与采矿业,分别有72家和4家入选,分别占其行业的6.24%和6.25%。农、林、牧、渔业,住宿和餐饮业,教育,卫生和社会工作,文化、体育和娱乐业与综合6个行业没有1家入选100佳公司。可以看出,信息披露最好的上市公司分布在各行业中,存在一定的行业差异。

表15.12 主板上市公司信息披露100佳公司行业分布

行业	样本总体		100佳		
	数目	比例(%)	数目	比例(%)	占本行业比例(%)
农、林、牧、渔业	20	1.02	—	—	—
采矿业	64	3.26	4	4.00	6.25
制造业	1 154	58.79	72	72.00	6.24
电力、热力、燃气及水生产和供应业	103	5.25	4	4.00	3.88
建筑业	54	2.75	2	2.00	3.70
批发和零售业	132	6.72	4	4.00	3.03
交通运输、仓储和邮政业	90	4.58	3	3.00	3.33
住宿和餐饮业	8	0.41	—	—	—
信息传输、软件和信息技术服务业	85	4.33	4	4.00	4.71
房地产业	108	5.50	1	1.00	0.93
租赁和商务服务业	27	1.38	1	1.00	3.70
科学研究和技术服务业	25	1.27	4	4.00	16.00

续表

行业	样本总体		100佳		
	数目	比例(%)	数目	比例(%)	占本行业比例(%)
水利、环境和公共设施管理业	32	1.63	1	1.00	3.13
教育	4	0.20	—	—	—
卫生和社会工作	5	0.25	—	—	—
文化、体育和娱乐业	36	1.83	—	—	—
综合	16	0.82			
合计	1 963	100.00	100	100.00	5.09

资料来源:南开大学公司治理数据库。

三、主板上市公司信息披露100佳公司控股股东性质分布

表15.13显示,信息披露100佳上市公司中,较高比例的主板上市公司控股股东性质为国有控股和民营控股,分别有44家和46家,分别占国有控股主板上市公司的5.02%和民营控股主板上市公司的5.22%。剩余10家公司中,外资控股上市公司有7家,其他类型有3家。

表15.13 主板上市公司信息披露100佳公司控股股东分布

控股股东性质	样本总体		100佳		
	数目	比例(%)	数目	比例(%)	占本组比例(%)
国有控股	877	44.68	44	44.00	5.02
集体控股	14	0.71	1	1.00	7.14
民营控股	882	44.93	46	46.00	5.22
社会团体控股	13	0.66	—	—	—
外资控股	91	4.64	7	7.00	7.69
职工持股会控股	3	0.15	—	—	—
其他类型	83	4.23	2	2.00	2.41
合计	1 963	100.00	100	100.00	5.09

资料来源:南开大学公司治理数据库。

四、主板上市公司信息披露100佳公司地区分布

表15.14表明,在入选信息披露100佳上市公司中,各地区分布比较均匀,除了内蒙古、吉林省、黑龙江省、湖南省、广西、海南省、重庆市、西藏、青海和新疆10个地区无

公司入选100佳,其他各地区都有入选公司。来自浙江省、上海市和北京市三个地区的上市公司入选100佳公司较多,共占40%,依次为19家、11家、10家,天津市、江苏省、福建省、湖北省和广东省五个地区也都有超过5家入选100佳公司,剩余28家零散分布在其他地区。

表15.14 主板上市公司信息披露100佳公司地区分布

地 区	样本总体		100佳		
	数目	比例(%)	数目	比例(%)	占本地区比例(%)
北京市	161	8.20	10	10.00	0.06
天津市	36	1.83	5	5.00	0.14
河北省	35	1.78	2	2.00	0.06
山西省	33	1.68	2	2.00	0.06
内蒙古	19	0.97	—	—	—
辽宁省	46	2.34	1	1.00	0.02
吉林省	31	1.58	—	—	—
黑龙江省	28	1.43	—	—	—
上海市	203	10.34	11	11.00	0.05
江苏省	205	10.44	9	9.00	0.04
浙江省	245	12.48	19	19.00	0.08
安徽省	62	3.16	3	3.00	0.05
福建省	71	3.62	7	7.00	0.10
江西省	29	1.48	2	2.00	0.07
山东省	107	5.45	3	3.00	0.03
河南省	38	1.94	2	2.00	0.05
湖北省	66	3.36	5	5.00	0.08
湖南省	47	2.39	—	—	—
广东省	178	9.07	6	6.00	0.03
广 西	27	1.38	—	—	—
海南省	25	1.27	—	—	—
重庆市	40	2.04	—	—	—
四川省	64	3.26	1	1.00	0.02
贵州省	19	0.97	2	2.00	0.11
云南省	22	1.12	1	1.00	0.05
西 藏	11	0.56	—	—	—

续表

地 区	样本总体		100 佳		
	数目	比例(%)	数目	比例(%)	占本地区比例(%)
陕西省	33	1.68	4	4.00	0.12
甘肃省	23	1.17	2	2.00	0.09
青海省	10	0.51	—	—	—
宁 夏	13	0.66	3	3.00	0.23
新 疆	36	1.83	—	—	—
合 计	1 963	100.00	100	100.00	5.36

资料来源：南开大学公司治理数据库。

主 要 结 论

主板上市公司作为中国上市公司中最重要的一部分，其信息披露的状况整体上与所有公司的信息披露状况相似，但也有其独特的特点。

第一，2021年中国上市公司主板市场非金融类公司样本量为1 963家，信息披露指数的平均值为65.37，标准差为10.04，说明信息披露总体水平较为集中，上市公司之间的信息披露差距较小，但极差为40.86，信息披露最好和最差的公司仍存在较大差距。

第二，从信息披露的三个主要因素来看，2021年主板上市公司信息披露的真实性、相关性和及时性的平均值依次为64.56、65.43和67.30。其中，信息披露的及时性表现最好，相关性次之，真实性低于指数平均水平。相比上一年，除及时性外，真实性指数有所降低，相关性有所提高。

第三，从连续六年中国主板上市公司治理信息披露状况与趋势特征来看，主板上市公司信息披露指数六年间波动较大，2021年小幅下降，为65.37。从信息披露指数的横向比较来看，主板上市公司在信息披露方面及时性做得最好，2016—2021年连续六年都是及时性指数最大，真实性和相关性次之。

第四，从主板上市样本公司在信息披露指数行业分布情况来看，2021年主板上市公司各行业的信息披露水平存在一定差异，行业平均值指数最高与最低相差14.79。在17个行业分类中，平均值居于前三位的分别为制造业，科学研究和技术服务业以及电力、热力、燃气及水生产和供应业，而住宿和餐饮业，租赁和商务服务业与教育这三个行业是信息披露指数靠后的行业。从长期角度看，六年间各行业的信息披露指数平均水平时而提高时而下降，各年度间波动较大。

第五,从股权性质来看,我国控股股东性质主要为国有控股和民营控股,占样本企业总比例达89.61%。2021年主板国有控股上市公司信息披露水平高于民营控股上市公司。从分指数看,导致主板国有控股上市公司信息披露指数高于民营控股上市公司的主要原因是国有控股上市公司的相关性和及时性指数高于民营控股上市公司,分别高出1.21和2.34,但真实性低于民营上市公司,差距为0.69。

第六,从地区来看,2021年主板上市公司信息披露各地区的指数平均值均高于55.00,安徽省、浙江省、云南省、山东省与天津市的上市公司,安徽省排名首位的主要原因在于其三个分指数均高于整体;信息披露指数排名后五位的是青海省、海南省、吉林省、内蒙古与黑龙江省的上市公司。以上分析说明各地区的主板上市公司信息披露水平分布不平衡,且差距较大。

第七,信息披露100佳上市公司信息披露评价指数平均值为78.39,信息披露真实性、相关性、及时性的平均值依次为85.03、72.77和85.21,其中真实性指标最好,及时性次之,相关性最差。100佳上市公司信息披露水平的标准差为1.13,极差为6.33,说明100家主板上市公司的信息披露水平相比于总体样本,分布更为集中。

主板上市公司信息披露100佳行业分布表明,信息披露100佳上市公司中有72家属于制造业,其他行业涉及数量较少。从行业比例来看,入选100佳公司比例居前的行业是制造业与采矿业,而农、林、牧、渔业,住宿和餐饮业,教育,卫生和社会工作,文化、体育和娱乐业与综合6个行业没有1家入选100佳公司。可以看出,信息披露最好的上市公司分布在各行业中,存在一定的行业差异。

按控股股东性质分,在信息披露100佳上市公司中,较高比例的主板上市公司控股股东性质为民营控股,占比为46%;其次是国有控股,占比44%,剩余10家公司中,外资控股上市公司有7家,其他类型有3家。

在入选信息披露100佳上市公司中,各地区分布比较均匀,除了内蒙古、吉林省、黑龙江省、湖南省、广西、海南省、重庆市、西藏、青海和新疆10个地区无公司入选100佳,其他各地区都有入选公司。来自浙江省、上海市和北京市三个地区的上市公司入选100佳公司较多,共占40%,依次为19家、11家、10家。天津市、江苏省、福建省、湖北省和广东省五个地区也都有超过5家入选100佳公司,剩余28家零散分布在其他地区。

第十六章　主板上市公司利益相关者治理评价

第一节　主板上市公司利益相关者治理总体分析

一、2021 年主板上市公司利益相关者治理总体描述

2021 年中国上市公司主板市场非金融类公司样本量为 1963 家,利益相关者治理指数的平均值为 64.71,同比增加 3.39;标准差为 8.68,同比降低 0.42。利益相关者治理指数基本服从正态分布。见表 16.1。

表 16.1　主板上市公司利益相关者治理总体状况描述性统计

项　目	平均值	中位数	标准差	极差	最小值	最大值
利益相关者治理指数	64.71	65.02	8.68	57.10	34.73	91.83
参与程度	56.91	54.50	10.70	53.50	39.00	92.50
协调程度	74.25	78.50	13.29	67.00	29.50	96.50

资料来源:南开大学公司治理数据库。

从利益相关者治理指数的两个主要因素来看,样本公司利益相关者治理分指数参与程度较低,平均值为 56.91;而协调程度较高,平均值为 74.25,同比均有所改善。

二、2016—2021 年主板上市公司利益相关者治理比较

从最近六年的发展趋势看(见表 16.2),利益相关者治理指数平均值总体上较为平稳,2020 年有所下降,2021 年则有所改善,达到近六年来的新高,且高于全样本上市公司平均值。这表明主板上市公司利益相关者治理水平趋于改善。

从利益相关者治理的两个细分指数来看,2021 年我国主板上市公司利益相关者治理分指数参与程度有所下滑。主板上市公司利益相关者参与程度低于全部上市公司,表明主板上市公司利益相关者治理的参与程度仍有待完善。例如主板上市公司有 182 家上市公司实施了员工持股计划,占比为 9.27%,低于全部上市公司 13.52%。主板上市公司中职工监事比例大于 1/3 的公司占比为 26.49%,同比降低 4.09%,但仍高于全部上市公司 21.02%。在投资者关系管理方面,主板上市公司投资者关系管理得分为 54.32,低于全部

上市公司平均水平60.13。具体来看,主板上市公司中建立网站并及时更新的上市公司占比为78.87%,低于全部上市公司的80.72%。主板上市公司中设立投资者关系管理专门制度或部门的上市公司占比(25.93%)也小于全部上市公司的平均水平(38.39%)。而对于协调程度这一指标而言,2021年呈现上升趋势。具体来看,2021年主板上市公司公益捐赠平均值增长101.12%;披露社会责任报告的公司比例增加0.46个百分点;未受违规处罚的上市公司比例、无诉讼仲裁公司的比例同比增加37.28个百分点和6.54个百分点。主板上市公司公司治理规范性较强,能够主动承担公益捐赠等社会责任,内部合规管控机制更加健全,利益相关者之间的关系协调程度更高。

表 16.2　主板上市公司利益相关者治理指数描述性统计六年比较

项　目	2016	2017	2018	2019	2020	2021
利益相关者治理指数	60.78	59.95	61.46	61.74	61.32	64.71
参与程度	48.32	47.23	49.63	52.91	59.03	56.91
协调程度	75.40	75.52	75.93	72.54	64.12	74.25

资料来源:南开大学公司治理数据库。

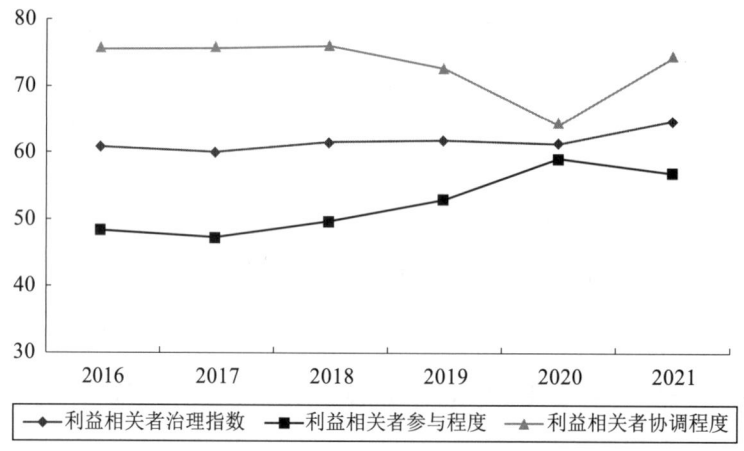

资料来源:南开大学公司治理数据库。

图 16.1　主板上市公司利益相关者治理指数平均值六年折线图比较

第二节　主板上市公司利益相关者治理分行业评价

一、2021年主板上市公司利益相关者治理分行业总体描述

从行业分布状况可以看出,各行业利益相关者治理指数存在差异。其中平均值最

高的行业分别为交通运输、仓储和邮政业,制造业以及电力、热力、燃气及水生产和供应业,平均值分别为66.89、65.53和65.31;平均值最低的三个行业分别是租赁和商务服务业,住宿和餐饮业以及综合,平均值分别为61.48、60.79和59.74。见表16.3。

从利益相关者治理的两个分指数来看,参与程度平均值最高的行业是教育,科学研究和技术服务业以及交通运输、仓储和邮政业,平均值分别为62.63、59.96和58.95,参与程度平均值较低的行业有水利、环境和公共设施管理业,综合以及卫生和社会工作,平均值分别为54.64、54.09和52.90;利益相关者治理分指数协调程度平均值最高的行业是卫生和社会工作,交通运输、仓储和邮政业以及电力、热力、燃气及水生产和供应业,平均值分别为78.00、76.59和75.92,协调程度平均值最低的行业是教育、租赁和商务服务业以及综合,平均值分别为67.63、67.20和66.66。见表16.4。

表16.3 主板上市公司利益相关者治理指数分行业描述性统计

行业	数目	比例(%)	平均值	中位数	标准差	极差	最小值	最大值
农、林、牧、渔业	20	1.02	63.41	62.49	8.73	30.00	50.47	80.48
采矿业	64	3.26	64.26	65.28	8.60	36.72	44.68	81.40
制造业	1 154	58.79	65.53	65.67	8.60	55.97	34.73	90.70
电力、热力、燃气及水生产和供应业	103	5.25	65.31	65.07	8.45	44.69	44.10	88.80
建筑业	54	2.75	62.81	63.06	6.82	28.97	47.93	76.90
批发和零售业	132	6.72	62.14	62.49	8.45	53.05	38.78	91.83
交通运输、仓储和邮政业	90	4.58	66.89	66.45	9.45	43.90	44.10	88.00
住宿和餐饮业	8	0.41	60.79	60.49	11.08	33.85	43.27	77.12
信息传输、软件和信息技术服务业	85	4.33	62.22	63.09	8.66	53.90	36.53	90.42
房地产业	108	5.50	62.57	64.01	8.81	36.93	45.52	82.45
租赁和商务服务业	27	1.38	61.48	61.52	8.87	37.82	41.33	79.15
科学研究和技术服务业	25	1.27	65.27	65.97	9.87	38.13	48.47	86.60
水利、环境和公共设施管理业	32	1.63	63.22	63.32	5.93	28.83	52.27	81.10
教育	4	0.20	64.87	60.76	9.92	21.27	58.35	79.62
卫生和社会工作	5	0.25	64.19	65.69	5.43	13.42	56.35	69.77
文化、体育和娱乐业	36	1.83	64.01	62.32	7.90	32.05	51.97	84.02
综合	16	0.82	59.74	59.86	10.64	34.05	40.57	74.63
合计	1 963	100.00	64.71	65.02	8.68	57.10	34.73	91.83

资料来源:南开大学公司治理数据库。

表 16.4　主板上市公司利益相关者治理分指数分行业描述性统计

行　　业	数目	比例(%)	利益相关者治理指数	参与程度	协调程度
农、林、牧、渔业	20	1.02	63.41	56.35	72.05
采矿业	64	3.26	64.26	56.67	73.53
制造业	1 154	58.79	65.53	57.12	75.80
电力、热力、燃气及水生产和供应业	103	5.25	65.31	56.64	75.92
建筑业	54	2.75	62.81	57.56	69.23
批发和零售业	132	6.72	62.14	55.37	70.42
交通运输、仓储和邮政业	90	4.58	66.89	58.95	76.59
住宿和餐饮业	8	0.41	60.79	54.75	68.19
信息传输、软件和信息技术服务业	85	4.33	62.22	56.48	69.25
房地产业	108	5.50	62.57	55.50	71.21
租赁和商务服务业	27	1.38	61.48	56.80	67.20
科学研究和技术服务业	25	1.27	65.27	59.96	71.76
水利、环境和公共设施管理业	32	1.63	63.22	54.64	73.72
教育	4	0.20	64.87	62.63	67.63
卫生和社会工作	5	0.25	64.19	52.90	78.00
文化、体育和娱乐业	36	1.83	64.01	58.22	71.10
综合	16	0.82	59.74	54.09	66.66
合　　计	1 963	100.00	64.71	56.91	74.25

资料来源:南开大学公司治理数据库。

二、2016—2021 年主板上市公司利益相关者治理分行业比较

从表 16.5 的统计数据可以看出:2021 年利益相关者治理指数同比上升的行业有 16 个,同比下降的行业有 1 个。同比上升最大的行业为采矿业、综合以及卫生和社会工作,分别上升 6.02、5.67 和 5.29;同比下降的行业为水利、环境和公共设施管理业,下降 0.43。3 个行业主板上市公司利益相关者治理整体表现优于全样本上市公司,即电力、热力、燃气及水生产和供应业,采矿业以及交通运输、仓储和邮政业,显示主板上市的基础设施建设以及公共服务类公司的利益相关者治理水平更高。

2016—2021 年,交通运输、仓储和邮政业,教育,科学研究和技术服务业,水利、环境和公共设施管理业,制造业以及卫生和社会工作表现较好,高于全国主板上市公司利益相关者治理平均水平。而房地产业、租赁和商务服务业、综合以及住宿和餐饮业利益

相关者治理指数六年来平均值垫底。

表16.5 主板上市公司利益相关者治理指数分行业描述性统计六年比较

行　业	2016	2017	2018	2019	2020	2021
农、林、牧、渔业	60.11	57.74	58.09	59.85	58.92	63.41
采矿业	58.64	58.88	61.24	58.06	58.24	64.26
制造业	61.50	60.91	62.65	62.74	62.44	65.53
电力、热力、燃气及水生产和供应业	60.55	60.17	59.55	60.95	60.10	65.31
建筑业	59.12	56.03	61.50	59.75	58.88	62.81
批发和零售业	59.04	57.92	57.87	60.29	58.97	62.14
交通运输、仓储和邮政业	64.99	62.88	63.73	62.54	63.57	66.89
住宿和餐饮业	56.09	52.67	56.20	56.72	56.76	60.79
信息传输、软件和信息技术服务业	60.20	59.05	60.02	60.23	58.95	62.22
房地产业	58.61	57.22	57.66	59.26	59.64	62.57
租赁和商务服务业	57.67	56.17	61.34	60.45	57.74	61.48
科学研究和技术服务业	63.66	61.31	62.79	62.35	62.75	65.27
水利、环境和公共设施管理业	62.33	61.34	61.80	63.96	63.65	63.22
教育	62.30	64.36	62.50	64.92	62.97	64.87
卫生和社会工作	60.00	65.99	58.33	62.96	58.90	64.19
文化、体育和娱乐业	59.48	60.66	60.51	61.36	60.24	64.01
综合	57.95	55.98	58.17	58.23	54.07	59.74
合　计	60.78	59.95	61.46	61.74	61.32	64.71

资料来源：南开大学公司治理数据库。

第三节　主板上市公司利益相关者治理分控股股东性质评价

一、2021年主板上市公司利益相关者治理分控股股东性质总体描述

利益相关者治理指数由高到低分别为职工持股会控股、集体控股、国有控股、民营控股、其他类型、外资控股和社会团体控股，平均值分别为79.77、66.58、64.93、64.76、64.37、62.65和57.87。主板上市公司中，国有控股上市公司利益相关者治理水平高于民营控股上市公司和外资控股上市公司，具体见表16.6。

表 16.6　主板上市公司利益相关者治理指数分控股股东性质描述性统计

控股股东性质	数目	比例(%)	平均值	中位数	标准差	极差	最小值	最大值
国有控股	877	44.68	64.93	65.17	8.26	50.25	38.55	88.80
集体控股	14	0.71	66.58	63.67	9.40	36.63	53.84	90.48
民营控股	882	44.93	64.76	64.75	8.91	57.10	34.73	91.83
社会团体控股	13	0.66	57.87	57.20	5.06	15.25	50.72	65.97
外资控股	91	4.64	62.65	63.89	8.23	42.49	40.63	83.12
职工持股会控股	3	0.15	79.77	82.00	7.53	14.55	71.37	85.93
其他类型	83	4.23	64.37	65.60	10.32	47.57	40.83	88.40
合　计	1 963	100.00	64.71	65.02	8.68	57.10	34.73	91.83

资料来源:南开大学公司治理数据库。

从利益相关者治理两个分指数来看,参与程度平均值由高到低分别为职工持股会控股、其他类型、集体控股、国有控股、民营控股、外资控股和社会团体控股;协调程度平均值由高到低分别为职工持股会控股、集体控股、国有控股、民营控股、外资控股、其他类型和社会团体控股。在利益相关者治理的两个分指数上,国有控股上市公司不仅在参与程度上高于民营控股上市公司和外资控股上市公司,而且在协调程度方面也实现了反超。见表 16.7。

表 16.7　主板上市公司利益相关者治理分指数分控股股东性质描述性统计

控股股东性质	数目	比例(%)	利益相关者治理指数	参与程度	协调程度
国有控股	877	44.68	64.93	57.04	74.58
集体控股	14	0.71	66.58	58.96	75.89
民营控股	882	44.93	64.76	56.82	74.47
社会团体控股	13	0.66	57.87	50.50	66.88
外资控股	91	4.64	62.65	54.63	72.47
职工持股会控股	3	0.15	79.77	76.17	84.17
其他类型	83	4.23	64.37	59.05	70.86
合　计	1 963	100.00	64.71	56.91	74.25

资料来源:南开大学公司治理数据库。

二、2016—2021 年主板上市公司利益相关者治理分控股股东性质比较

表 16.8 列出了 2016—2021 年六年国有控股和民营控股上市公司的利益相关者治理指数,总体上看 2016—2021 年期间,民营控股上市公司与国有控股上市公司利益相关者治理水平呈现交替上升态势,2021 年国有控股上市公司利益相关者治理水平再次超过民

营控股上市公司。伴随混合所有制改革推进,国有控股上市公司公司治理体系不断优化,利益相关者治理水平有所提升。从利益相关者治理参与程度指数来看,国有控股上市公司六年平均值超过民营控股上市公司,两者差距较小。从利益相关者治理协调程度来看,国有控股上市公司六年平均值则低于民营控股上市公司,但差距不断缩小,2021年主板国有控股上市公司利益相关者协调程度超过民营控股上市公司。见表16.8。

表16.8 主板国有和民营控股上市公司利益相关者治理指数描述性统计六年比较

年 份	控股股东性质	利益相关者治理指数	参与程度	协调程度
2016	国有	61.10	48.77	75.58
	民营	60.16	47.28	75.27
2017	国有	60.26	47.43	75.95
	民营	59.52	46.84	75.03
2018	国有	61.28	49.70	75.44
	民营	61.58	49.42	76.45
2019	国有	61.37	52.90	71.72
	民营	62.15	52.91	73.44
2020	国有	61.09	59.44	63.10
	民营	61.56	58.55	65.24
2021	国有	64.93	57.04	74.58
	民营	64.76	56.82	74.47

资料来源:南开大学公司治理数据库。

第四节 主板上市公司利益相关者治理分地区评价

一、2021年主板上市公司利益相关者治理分地区总体描述

上市公司利益相关者治理指数排在前三位的是河南省(67.64)、福建省(67.21)和江西省(66.45)的上市公司;利益相关者治理指数排在后三位的是黑龙江省(59.59)、西藏(58.23)和海南省(58.16)的上市公司。见表16.9。

表16.9 主板上市公司利益相关者治理指数分地区描述性统计

地 区	数目	比例(%)	平均值	中位数	标准差	极差	最小值	最大值
北京市	161	8.20	65.88	66.59	8.44	47.15	43.27	90.42
天津市	36	1.83	65.09	64.88	8.68	40.77	46.50	87.28

续表

地区	数目	比例(%)	平均值	中位数	标准差	极差	最小值	最大值
河北省	35	1.78	65.60	66.72	8.16	35.32	48.53	83.85
山西省	33	1.68	62.38	61.70	6.99	28.19	47.95	76.15
内蒙古	19	0.97	63.86	61.74	12.64	53.67	34.73	88.40
辽宁省	46	2.34	61.73	62.97	8.72	44.62	38.55	83.17
吉林省	31	1.58	65.59	65.81	8.71	39.85	50.85	90.70
黑龙江省	28	1.43	59.59	60.56	9.86	35.42	44.10	79.52
上海市	203	10.34	65.42	65.02	9.12	51.37	36.53	87.90
江苏省	205	10.44	64.27	64.17	8.84	51.70	37.88	89.58
浙江省	245	12.48	65.87	65.24	7.90	45.32	40.83	86.15
安徽省	62	3.16	66.29	65.63	7.84	35.47	48.20	83.67
福建省	71	3.62	67.21	67.04	7.60	33.52	49.60	83.12
江西省	29	1.48	66.45	65.47	11.36	49.45	42.37	91.83
山东省	107	5.45	65.91	65.52	9.16	48.10	42.37	90.48
河南省	38	1.94	67.64	66.73	7.67	34.52	49.78	84.30
湖北省	66	3.36	64.51	64.48	9.23	44.87	43.13	88.00
湖南省	47	2.39	63.56	63.22	9.04	41.60	47.93	89.52
广东省	178	9.07	64.74	64.87	8.41	42.15	46.65	88.80
广西	27	1.38	60.48	60.35	6.74	20.47	50.65	71.12
海南省	25	1.27	58.16	58.15	7.80	30.09	40.57	70.67
重庆市	40	2.04	63.20	62.80	6.99	35.70	50.40	86.10
四川省	64	3.26	64.29	65.02	7.95	40.59	44.60	85.20
贵州省	19	0.97	63.94	64.34	9.79	37.82	44.40	82.22
云南省	22	1.12	62.34	62.46	6.51	25.49	48.85	74.35
西藏	11	0.56	58.23	55.87	7.30	23.40	49.57	72.97
陕西省	33	1.68	64.00	65.60	6.84	32.00	47.30	79.30
甘肃省	23	1.17	61.06	61.15	10.97	47.32	40.63	87.95
青海省	10	0.51	63.34	66.83	6.94	21.19	49.75	70.95
宁夏	13	0.66	61.88	65.69	9.43	28.22	47.32	75.55
新疆	36	1.83	62.80	61.29	9.47	36.18	44.62	80.81
合计	1 963	100.00	64.71	65.02	8.68	57.10	34.73	91.83

资料来源:南开大学公司治理数据库。

二、2016—2021年主板上市公司利益相关者治理分地区比较

据表16.10可以看出,安徽省、福建省和河南省的利益相关者治理状况总体相对较好,六年来利益相关者治理指数平均值高于其他地区;而海南省、黑龙江省和宁夏的利益相关者治理状况较差,六年来利益相关者治理指数平均值处于较低水平。2021年利益相关者治理水平除西藏外,其他地区均同比上升的地区。同比上升较快的地区为河南省、青海省和黑龙江省,利益相关者治理分别上升6.72、6.54和5.99。西藏地区主板上市公司应注重强化利益相关者治理,防范治理风险。

表16.10 主板上市公司利益相关者治理指数分地区描述性统计六年比较

地 区	2016	2017	2018	2019	2020	2021
北京市	61.72	60.57	60.89	61.17	61.97	65.88
天津市	61.36	60.45	63.29	64.50	61.70	65.09
河北省	59.97	62.30	61.64	61.00	63.65	65.60
山西省	58.01	57.05	58.88	58.37	60.29	62.38
内蒙古	57.25	58.02	60.03	60.16	58.73	63.86
辽宁省	57.92	58.88	59.85	60.13	59.27	61.73
吉林省	57.95	59.96	60.18	61.59	60.19	65.59
黑龙江省	58.19	57.55	59.43	57.64	53.60	59.59
上海市	61.72	59.66	61.20	61.57	60.78	65.42
江苏省	61.88	61.82	63.05	63.23	61.88	64.27
浙江省	60.55	60.09	61.84	62.65	62.38	65.87
安徽省	61.96	61.96	64.04	62.83	64.29	66.29
福建省	61.02	61.31	63.63	64.15	62.90	67.21
江西省	59.01	57.46	63.17	61.57	62.87	66.45
山东省	62.10	61.29	62.69	62.52	62.98	65.91
河南省	60.68	61.88	63.41	64.11	60.92	67.64
湖北省	60.51	59.60	62.45	60.68	62.35	64.51
湖南省	62.05	61.55	62.09	61.32	60.89	63.56
广东省	63.19	60.53	61.48	62.54	61.32	64.74
广 西	60.48	57.00	61.02	59.58	57.59	60.48
海南省	59.58	55.49	59.18	57.64	57.67	58.16
重庆市	59.29	57.47	57.20	58.36	59.82	63.20
四川省	57.06	57.49	59.36	61.96	60.85	64.29
贵州省	60.85	60.88	61.43	61.56	60.99	63.94

续表

地区	2016	2017	2018	2019	2020	2021
云南省	62.39	59.38	62.60	61.51	59.20	62.34
西藏	57.87	56.25	56.24	60.07	60.86	58.23
陕西省	60.51	58.77	62.03	62.34	61.75	64.00
甘肃省	61.19	61.01	61.19	58.80	59.26	61.06
青海省	58.35	58.88	62.38	60.16	56.80	63.34
宁夏	57.10	57.90	54.78	55.74	57.91	61.88
新疆	58.84	56.89	56.46	59.72	60.15	62.80
合计	60.78	59.95	61.46	61.74	61.32	64.71

资料来源:南开大学公司治理数据库。

第五节 主板上市公司利益相关者治理100佳评价

一、主板上市公司利益相关者治理100佳比较分析

如表16.11所示,利益相关者治理100佳上市公司利益相关者治理评价指数平均值为83.25,高于全部主板上市公司利益相关者治理指数平均值,但仍低于全部上市公司利益相关者治理100佳公司平均值,这说明主板上市公司在合规的基础上需要进一步强化公司治理创新,提升利益相关者治理标杆作用。从利益相关者治理的两个分指数来看,参与程度和协调程度的平均值分别为81.42和85.48,均低于全部上市公司利益相关者治理100佳公司平均值;主板上市公司利益相关者治理100佳上市公司的利益相关者治理水平的标准差为3.14,略高于全部上市公司利益相关者治理100佳公司标准差(1.90)。

表16.11 主板上市公司利益相关者治理100佳描述性统计

项目	样本	平均值	中位数	标准差	极差	最小值	最大值
利益相关者治理指数	100佳	83.25	82.67	3.14	12.53	79.30	91.83
	样本总体	64.71	65.02	8.68	57.10	34.73	91.83
参与程度	100佳	81.42	78.50	5.38	21.00	71.50	92.50
	样本总体	56.91	54.50	10.70	53.50	39.00	92.50
协调程度	100佳	85.48	86.00	5.23	30.00	66.50	96.50
	样本总体	74.25	78.50	13.29	67.00	29.50	96.50

资料来源:南开大学公司治理数据库。

二、主板上市公司利益相关者治理100佳公司行业分布

表 16.12 关于上市公司利益相关者治理 100 佳行业分布表明,从绝对数角度,入选利益相关者治理 100 佳上市公司最多的行业是制造业,有 66 家;从相对数角度,教育以及科学研究和技术服务业分别有 1 家和 3 家入选,占本行业比例为 25.00%与 12.00%。与去年相比,农、林、牧、渔业,电力、热力、燃气及水生产和供应业,房地产业以及文化、体育和娱乐业入选利益相关者治理 100 佳的上市公司增多,而制造业,批发和零售业,交通运输、仓储和邮政业以及水利、环境和公共设施管理业入选 100 佳的上市公司数量减少。其他行业入选 100 佳的上市公司数量保持不变。

表 16.12 主板上市公司利益相关者治理 100 佳公司行业分布

行 业	样本总体		100 佳		
	数目	比例(%)	数目	比例(%)	占本行业比例(%)
农、林、牧、渔业	20	1.02	2	2.00	10.00
采矿业	64	3.26	2	2.00	3.13
制造业	1 154	58.79	66	66.00	5.72
电力、热力、燃气及水生产和供应业	103	5.25	7	7.00	6.80
建筑业	54	2.75	—	—	—
批发和零售业	132	6.72	4	4.00	3.03
交通运输、仓储和邮政业	90	4.58	7	7.00	7.78
住宿和餐饮业	8	0.41	—	—	—
信息传输、软件和信息技术服务业	85	4.33	2	2.00	2.35
房地产业	108	5.50	3	3.00	2.78
租赁和商务服务业	27	1.38	—	—	—
科学研究和技术服务业	25	1.27	3	3.00	12.00
水利、环境和公共设施管理业	32	1.63	1	1.00	3.13
教育	4	0.20	1	1.00	25.00
卫生和社会工作	5	0.25	—	—	—
文化、体育和娱乐业	36	1.83	2	2.00	5.56
综合	16	0.82	—	—	—
合 计	1 963	100.00	100	100.00	5.09

资料来源:南开大学公司治理数据库。

三、主板上市公司利益相关者治理100佳公司控股股东性质分布

表 16.13 显示,利益相关者治理 100 佳中,第一大股东性质为国有控股和民营控股的上市公司所占比例分别为 36.00%、53.00%,分别占主板上市国有控股企业的 4.10% 和民营控股企业的 6.01%;集体控股、外资控股、职工持股会控股、其他类型控股上市公司入选 100 佳的公司数量同比分别为 1 家、2 家、2 家和 6 家,合计占利益相关者治理 100 佳公司的 11%。主板上市的社会团体控股上市公司没有公司入选 100 佳。这说明 100 佳上市公司的控股股东以国有控股和民营控股为主,且相比 2020 年国有控股和民营控股上市公司合计占比提升 2%。

表 16.13 主板上市公司利益相关者治理 100 佳公司控股股东分布

控股股东性质	样本总体		100 佳		
	数目	比例(%)	数目	比例(%)	占本组比例(%)
国有控股	877	44.68	36	36.00	4.10
集体控股	14	0.71	1	1.00	7.14
民营控股	882	44.93	53	53.00	6.01
社会团体控股	13	0.66	—	—	—
外资控股	91	4.64	2	2.00	2.20
职工持股会控股	3	0.15	2	2.00	66.67
其他类型	83	4.23	6	6.00	7.23
合　计	1 963	100.00	100	100.00	5.09

资料来源:南开大学公司治理数据库。

四、主板上市公司利益相关者治理100佳公司地区分布

在入选利益相关者治理 100 佳上市公司中,从绝对数来看,上海市、浙江省和江苏省进入 100 佳上市公司数量仍然居前三,分别为 15 家、13 家和 10 家;从比例来看,占本组比例最高的地区是江西省,为 17.24%。山西省、广西、海南省、云南省、西藏、陕西省、青海省和宁夏则没有公司进入利益相关者治理 100 佳。与去年相比,北京市、天津市、内蒙古、上海市、浙江省、福建省、江西省、河南省、湖南省和新疆入选 100 佳的主板上市公司数量上升,河北省、江苏省、安徽省、山东省、湖北省、广东省和四川省入选 100 佳的主板上市公司数量下降,其他地区入选 100 佳上市公司数量保持不变。利益相关者治理 100 佳上市公司地区分布更加均衡。见表 16.14。

表 16.14 主板上市公司利益相关者治理 100 佳公司地区分布

地 区	样本总体		100 佳		
	数目	比例(%)	数目	比例(%)	占本地区比例(%)
北京市	161	8.20	6	6.00	3.73
天津市	36	1.83	2	2.00	5.56
河北省	35	1.78	2	2.00	5.71
山西省	33	1.68	—	—	—
内蒙古	19	0.97	2	2.00	10.53
辽宁省	46	2.34	1	1.00	2.17
吉林省	31	1.58	1	1.00	3.23
黑龙江省	28	1.43	1	1.00	3.57
上海市	203	10.34	15	15.00	7.39
江苏省	205	10.44	10	10.00	4.88
浙江省	245	12.48	13	13.00	5.31
安徽省	62	3.16	3	3.00	4.84
福建省	71	3.62	5	5.00	7.04
江西省	29	1.48	5	5.00	17.24
山东省	107	5.45	5	5.00	4.67
河南省	38	1.94	3	3.00	7.89
湖北省	66	3.36	5	5.00	7.58
湖南省	47	2.39	3	3.00	6.38
广东省	178	9.07	9	9.00	5.06
广 西	27	1.38	—	—	—
海南省	25	1.27	—	—	—
重庆市	40	2.04	1	1.00	2.50
四川省	64	3.26	2	2.00	3.13
贵州省	19	0.97	1	1.00	5.26
云南省	22	1.12	—	—	—
西 藏	11	0.56	—	—	—
陕西省	33	1.68			
甘肃省	23	1.17	1	1.00	4.35
青海省	10	0.51	—	—	—

续表

地 区	样本总体		100 佳		
	数目	比例(%)	数目	比例(%)	占本地区比例(%)
宁 夏	13	0.66	—	—	—
新 疆	36	1.83	4	4.00	11.11
合 计	1 963	100.00	100	100.00	5.09

资料来源:南开大学公司治理数据库。

主 要 结 论

第一,截至2020年12月31日,中国上市公司主板市场非金融类公司样本量为1963家,同比增加99家。利益相关者治理指数的平均值为64.71,同比增加3.39;标准差为8.68,同比降低0.42,主板上市公司利益相关者治理水平差异缩小。

第二,主板上市公司的利益相关者治理水平因行业不同而呈现一定的差异。其中平均值最高的行业分别为交通运输、仓储和邮政业,制造业以及电力、热力、燃气及水生产和供应业,平均值分别为66.89、65.53和65.31;平均值最低的三个行业分别是租赁和商务服务业,住宿和餐饮业以及综合,平均值分别为61.48、60.79、59.74。从利益相关者治理的两个分指数来看,交通运输、仓储和邮政业参与程度平均值和协调程度平均值均较高,综合类上市公司利益相关者治理参与程度平均值和协调程度平均值均较低。大多数行业2021年利益相关者治理指数同比上升,仅有水利、环境和公共设施管理业同比下降0.43。主要原因是利益相关者治理参与程度得分下降3.43,其中实施员工持股计划的公司比例由14.29%降为12.50%,职工监事比例大于1/3的上市公司比例由17.86%降为15.63%。

第三,2021年主板上市的国有控股上市公司利益相关者治理水平高于民营控股上市公司,且差距减少。2016—2021年期间,民营控股上市公司与国有控股上市公司利益相关者治理水平呈现交替上升态势。2021年国有控股上市公司利益相关者治理水平再次超过民营控股上市公司。伴随混合所有制改革推进,国有控股上市公司公司治理体系不断优化,利益相关者治理水平有所提升。

第四,从地区来看,各地区上市公司利益相关者治理水平分布不平衡,河南省(67.64)、福建省(67.21)和江西省(66.45)的上市公司利益相关者治理水平较好,而黑龙江省(59.59)、西藏(58.23)和海南省(58.16)的上市公司相对较差。2016—2021年安徽省、福建省和河南省的利益相关者治理状况总体相对较好,六年来利益相关者治理指数平均值高于其他地区;而海南省、黑龙江省和宁夏的利益相关者治理状况较差,六年来利益相关者治理指数平均值处于较低水平。西藏地区主板上市公司应注重强化利益相关者治理参与,防范治理风险。

第五,主板上市公司利益相关者治理100佳上市公司中民营控股超过国有控股,且入选的数量均较去年增加2家,国有控股上市公司则保持不变,主板国有控股上市公司仍然需要进一步强化经济型治理改革,推动利益相关者治理能力提升。集体控股、外资控股、职工持股会控股、其他类型控股上市公司入选100佳的公司数量同比分别为1家、2家、2家和6家,合计占利益相关者治理100佳公司的11%,同比下降2%。这说明100佳上市公司的控股股东向国有控股和民营控股集中。在入选利益相关者治理100佳上市公司中,从绝对数来看,上海市、浙江省和江苏省进入100佳上市公司仍然居前三,分别为15家、13家和10家;从比例来看,占本组比例最高的地区是江西省,为17.24%。利益相关者治理100佳上市公司地区分布更加均衡。

第六,总体来看,主板上市公司利益相关者协调程度改善明显,但民营控股上市公司利益相关者治理水平有待提升。民营控股上市公司利益相关治理参与程度较低。其中,2021年主板上市的民营控股上市公司职工监事比例大于1/3的上市公司比例、建立公司网站并及时更新的公司比例以及阐述投资者关系管理相关内容的上市公司比例分别为14.17%、78.34%和49.32%,分别低于同期全样本主板上市公司相应指标的平均值26.49%、78.91%和49.97%,是拉低主板上市公司利益相关者参与得分的重要原因。2021年我国主板上市公司利益相关者治理分指数协调程度有较大幅度的提升。从具体原因分析,主板上市公司公益捐赠支出平均值增长101.12%,披露社会责任报告的上市公司占比提升0.46%。此外,从与政府及其他利益相关者利益协调程度来看,主板上市公司未受违规处罚的上市公司比例提升37.28%,无诉讼仲裁事项的上市公司比例提升6.54个百分点。其主板上市的国有控股上市公司公益捐赠支出平均值增长率,披露社会责任报告的上市公司占比,社会责任报告第三方审验等指标均高于民营控股上市公司相应指标,说明国有控股上市公司社会责任履行优于民营控股上市公司。国有控股上市公司更加注重合规体系建设,2021年未受任何违规处罚的上市公司比例反超民营控股上市公司3.92个百分点。主板上市的国有控股上市公司应进一步深化混合所有制改革,同时应强化主板上市的非国有控股上市公司落实ESG、绿色治理等理念,构建更加包容的利益相关者特别是社会责任体系。

第十七章　中小企业板上市公司治理评价

第一节　中小企业板上市公司治理评价总体分析

一、中小企业板上市公司治理总体描述

2021年度公司治理样本中共有947家中小企业板上市公司,其治理评价指数描述性统计见表17.1。其中,公司治理指数的平均值为64.25,中位数为64.59,最小值为52.69,最大值为71.95,标准差为3.50。

从公司治理评价的六个分指数来看,中小企业板上市公司的股东治理指数、董事会治理指数、监事会治理指数、经理层治理指数、信息披露指数和利益相关者治理指数的平均值分别为68.83、65.09、58.81、59.75、64.92和68.80。其中,中小企业板上市公司股东治理指数最高,利益相关者治理指数、董事会治理指数、信息披露指数较高,而经理层治理指数较低,监事会治理水平最低。监事会治理成为中小上市公司治理水平提升的短板。信息披露指数、利益相关者治理指数和股东治理指数在中小企业板上市公司中的差异较大,标准差分别为10.30、9.45和8.00。

与2020年评价结果相比,中小板公司治理指数有所上升。董事会治理指数和信息披露指数、监事会治理指数有所下降,而股东治理指数、信息披露指数和利益相关者治理指数出现不同程度的上升,并最终导致2021年中小板治理指数的上升。

表17.1　中小企业板上市公司治理指数描述性统计

项　目	平均值	中位数	标准差	极差	最小值	最大值
公司治理指数	64.25	64.59	3.50	19.26	52.69	71.95
股东治理指数	68.83	69.6	8.00	42.43	43.53	85.96
董事会治理指数	65.09	65.19	2.03	15.65	54.84	70.49
监事会治理指数	58.81	57.70	4.69	27.59	50.63	78.23
经理层治理指数	59.75	59.86	6.29	38.04	40.22	78.25
信息披露指数	64.92	65.58	10.30	39.91	46.01	85.92

项　　目	平均值	中位数	标准差	极差	最小值	最大值
利益相关者治理指数	68.80	68.90	9.45	57.55	35.18	92.72

资料来源：南开大学公司治理数据库。

二、2016—2021年中小企业板上市公司治理比较

中小企业板上市公司治理指数的平均水平在2016—2021年整体具有一定的波动性，由2016年的63.98上升到2021年的64.25，2021年为六年间最高值，相较2020年有较大幅度增长。

从公司治理评价的六个分指数来看，股东治理指数六年间一直表现较好并呈现一定波动，董事会治理指数六年间基本一直处于稳步增长态势，监事会治理指数六年间波动性较高，且总体来看一直表现较弱，经理层治理指数六年间有所波动，2020年降幅较大，2021年又有所上升，但并未回到六年间最高水平。信息披露指数2017年小幅下降后2018年达到最高水平，但是在2019年、2020年和2021年持续下降。利益相关者指数近几年呈现波动态势，2021年有较大增幅，达到历史最高水平。详见表17.2与图17.1。

表17.2　中小企业板上市公司治理指数描述性统计六年比较

项　　目	2016	2017	2018	2019	2020	2021
公司治理指数	63.98	63.90	64.16	63.62	63.71	64.25
股东治理指数	68.59	67.93	68.14	68.28	68.24	68.83
董事会治理指数	64.19	64.29	64.33	64.53	65.10	65.09
监事会治理指数	58.84	57.58	58.73	58.42	58.85	58.81
经理层治理指数	59.80	59.97	59.90	60.01	59.38	59.75
信息披露指数	67.69	66.74	67.99	65.57	65.22	64.92
利益相关者治理指数	63.61	66.44	64.94	64.15	64.99	68.80

资料来源：南开大学公司治理数据库。

三、中小企业板上市公司股东治理状况总体描述

从股东治理评价的三个主要因素来看，样本公司独立性、中小股东权益保护、关联交易的平均值分别为68.37、71.33和66.57。其中，独立性指标比上一年度略有上升，中小股东权益保护和关联交易指标有较大幅度上升。关联交易指标的标准差最大，为14.58，独立性指标和中小股东权益保护指标的标准差分别为14.02和10.42。2021年中小企业板上市公司提升股东治理水平三项指标均有不同程度上升，其中关联交易涨幅最大。股东治理指数三项分指标的描述性统计情况如表17.3所示。

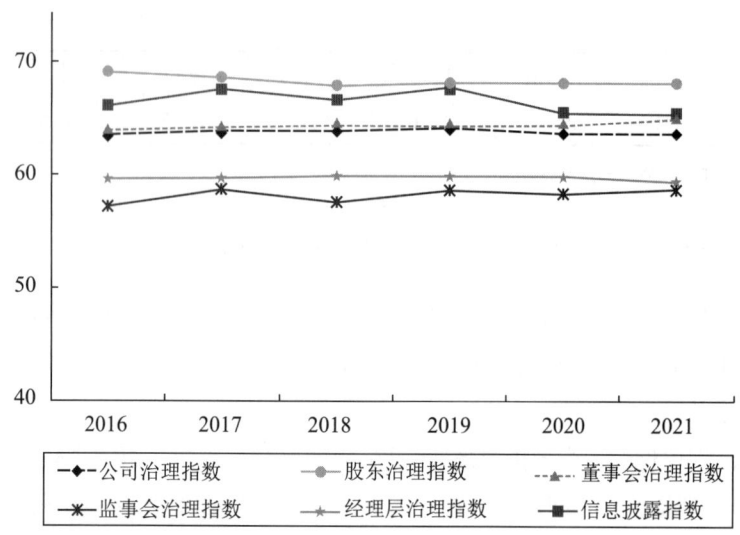

资料来源:南开大学公司治理数据库。

图17.1 中小企业板上市公司治理指数平均值六年折线图比较

表17.3 中小企业板上市公司股东治理指数描述性统计

项 目	平均值	中位数	标准差	极差	最小值	最大值
股东治理指数	68.83	69.60	8.00	42.43	43.53	85.96
独立性	68.37	73.71	14.02	78.08	15.92	94.00
中小股东	71.33	72.31	10.42	57.15	36.50	93.65
关联交易	66.57	69.67	14.58	71.19	16.00	87.19

资料来源:南开大学公司治理数据库。

四、中小企业板上市公司董事会治理状况总体描述

从董事会治理的五个主要因素来看,样本公司董事会组织结构指数的平均值为69.24,在董事会分指数中表现最好,说明我国大多数中小上市公司已经建立了相对完善的董事会架构。董事会运作效率指数的平均值为67.07,在分指数中相对较高,董事薪酬指数和董事权利与义务指数的平均值分别为63.85和63.70,最低的为独立董事制度指数,仅为61.33。与2020年相比,董事会治理指数略有下降,董事权利与义务指数及独立董事制度指数有所上升。见表17.4。

表17.4 中小企业板上市公司董事会治理指数描述性统计

项 目	平均值	中位数	标准差	极差	最小值	最大值
董事会治理指数	65.09	65.19	2.03	15.65	54.84	70.49

续表

项 目	平均值	中位数	标准差	极差	最小值	最大值
董事权利与义务	63.70	63.75	5.03	29.00	46.50	75.50
董事会运作效率	67.07	67.27	4.22	23.00	51.46	74.46
董事会组织结构	69.24	70.00	5.02	61.50	17.50	79.00
董事薪酬	63.85	64.50	5.88	26.50	50.00	76.50
独立董事制度	61.33	61.75	4.20	23.75	48.75	72.50

资料来源：南开大学公司治理数据库。

五、中小企业板上市公司监事会治理状况总体描述

2021年中小企业板上市公司监事会治理指数的三个分项情况见表17.5。从监事会指数的三个主要因素来看，样本公司的监事会运行状况指数表现最好，平均值为76.83；监事会的胜任能力指数水平的平均值为57.19；而监事会规模结构指数水平最低，平均值只有44.99。监事会的规模结构及胜任能力仍是今后监事会治理的重点。

表17.5　中小企业板上市公司监事会治理指数描述性统计

项 目	平均值	中位数	标准差	极差	最小值	最大值
监事会治理指数	58.81	57.70	4.69	27.59	50.63	78.23
规模结构	44.99	40.00	10.69	40.00	40.00	80.00
运行状况	76.83	80.00	4.65	10.00	70.00	80.00
胜任能力	57.19	56.70	5.79	53.53	21.40	74.93

资料来源：南开大学公司治理数据库。

六、中小企业板上市公司经理层治理状况总体描述

2021年中小企业板上市公司经理层治理指数的三个分项情况见表17.6。从经理层的三个主要评价维度来看，最高的是任免制度指数，平均值为62.31，比上年有所上升，标准差为10.38。中小企业板上市公司的经理层执行保障指数为60.50，比上年有所下滑，标准差为13.32。激励约束指数表现相对薄弱，平均值为56.73，在上年的基础上有所上升。2021年经理层治理指数整体提高，各个维度表现仍然较为不平衡。

表17.6　中小企业板上市公司经理层治理指数描述性统计

项 目	平均值	中位数	标准差	极差	最小值	最大值
经理层治理指数	59.75	59.86	6.29	38.04	40.22	78.25

续表

项　目	平均值	中位数	标准差	极差	最小值	最大值
任免制度	62.31	59.82	10.38	59.82	24.93	84.74
执行保障	60.50	57.42	13.32	61.84	26.50	88.34
激励约束	56.73	60.31	11.07	49.66	17.74	67.40

资料来源：南开大学公司治理数据库。

七、中小企业板上市公司信息披露治理状况总体描述

从信息披露的三个主要因素来看，中小企业板上市公司信息披露的可靠性、相关性和及时性的平均值依次为 64.45、65.07 和 65.86，其中信息披露的及时性性表现最好，比 2020 年有所上升；可靠性指标和相关性指标比去年有所下降。从标准差来看，信息披露最好和最差的公司在可靠性和及时性方面都存在非常大的差距。见表 17.7。

表 17.7　中小企业板上市公司信息披露指数描述性统计

项　目	平均值	中位数	标准差	极差	最小值	最大值
信息披露指数	64.92	65.58	10.30	39.91	46.01	85.92
可靠性	64.45	64.96	16.15	46.89	40.00	86.89
相关性	65.07	63.93	6.66	35.86	53.59	89.45
及时性	65.86	64.94	13.31	45.82	43.88	89.69

资料来源：南开大学公司治理数据库。

八、中小企业板上市公司利益相关者治理状况总体描述

2021 年中小企业板上市公司利益相关者治理指数比 2020 年有较大幅度提升，从 64.99 上升到 68.80。利益相关者治理指数的两个主要因素均有提升，中小企业板上市公司的利益相关者协调程度提升幅度较大。利益相关者治理指数两个方面的描述性统计情况如表 17.8 所示。

表 17.8　中小企业板上市公司利益相关者治理指数描述性统计

项　目	平均值	中位数	标准差	极差	最小值	最大值
利益相关者治理指数	68.80	68.90	9.45	57.55	35.18	92.72
参与程度	63.98	63.50	12.55	53.50	39.00	92.50
协调程度	74.70	80.00	13.55	66.50	28.50	95.00

资料来源：南开大学公司治理数据库。

第二节 中小企业板上市公司治理评价分组比较

在对我国中小企业板上市公司的治理状况做总体描述之后,为了更进一步深入考察不同类型公司治理状况的差异,我们分别对控股股东性质、地区等不同类别进行了对比分析。

一、中小企业板上市公司治理分控股股东性质比较

对于947家中小企业板上市公司,从其控股股东看,国有控股为164家,其治理指数平均值为64.48;集体控股6家,其治理指数平均值为64.73;民营控股689家,治理指数平均值为64.19;外资控股46家,治理指数平均值为64.61。民营控股上市公司所占比重最高,其次是国有控股。从治理指数标准差来看,集体控股、民营控股、社会团体控股较高,其他类型控股最低。见表17.9。

表17.9 中小企业板上市公司按控股股东性质的总指数分类统计

控股股东性质	数目	比例(%)	平均值	中位数	标准差	极差	最小值	最大值
国有控股	164	17.32	64.48	64.37	3.37	14.59	57.06	71.65
集体控股	6	0.63	64.73	64.31	4.80	13.15	57.46	70.61
民营控股	689	72.76	64.19	64.55	3.50	19.26	52.69	71.95
社会团体控股	1	0.11	66.44	66.44	—	0.00	66.44	66.44
外资控股	46	4.86	64.61	65.22	3.19	13.30	56.28	69.58
其他类型	41	4.33	63.74	63.80	4.16	15.12	54.99	70.12
合 计	947	100.00	64.25	64.59	3.50	19.26	52.69	71.95

资料来源:南开大学公司治理数据库。

不同控股股东各分指数统计特征见表17.10。从六个公司治理分指数看,在股东治理方面,其他控股、社会团体控股、民营控股上市公司表现较好,其次是外资控股和集体控股上市公司,国有控股上市公司较差。在董事会治理方面,不同控股股东性质间差异不大,民营控股、其他类型控股、国有控股和外资控股上市公司表现较好,社会团体控股上市公司相对较低。在监事会治理方面,国有控股较高,其次是集体控股和其他类型,民营控股、社会团体控股和外资控股上市公司相对较低。在经理层治理方面,其他类型控股、国有控股上市公司表现较好,民营控股次之,社会团体控股上市公司在经理层治理方面表现相对较差。在信息披露方面,社会团体控股和外资控股上市公司较高,其次

是国有控股和集体控股上市公司,而民营控股和其他类型上市公司较低。在利益相关者治理方面,社会团体控股上市公司较高,民营控股上市公司和其他类型较低。整体上看,2021 年社会团体控股上市公司治理总指数最高,优势在于经理层治理、信息披露治理和利益相关者治理。其他类型上市公司治理总指数最低,劣势在于经理层治理、信息披露治理和利益相关者治理。

表 17.10　中小企业板上市公司按控股股东性质的各分指数统计

控股股东性质	公司治理指数	股东治理指数	董事会治理指数	监事会治理指数	经理层治理指数	信息披露指数	利益相关者治理指数
国有控股	64.48	66.39	64.55	62.21	61.08	64.88	68.99
集体控股	64.73	67.90	65.61	61.69	57.38	66.46	70.75
民营控股	64.19	69.39	65.26	58.14	59.46	64.75	68.82
社会团体控股	66.44	70.00	64.43	58.27	50.92	73.21	86.83
外资控股	64.61	68.95	64.53	56.49	58.66	68.96	70.10
其他类型	63.74	69.36	65.02	58.82	61.07	62.81	65.50
合　计	64.25	68.83	65.09	58.81	59.75	64.92	68.80

资料来源:南开大学公司治理数据库。

二、中小企业板上市公司治理分地区比较

从地区分布来看,947 家中小企业板上市公司中,广东省、浙江省和江苏省最多,分别有 247 家、140 家和 101 家。而青海和宁夏最少,各仅有 1 家。从公司治理指数平均值水平来看,黑龙江省、西藏和北京市的中小板上市公司治理水平较高,分别为 66.27、65.96 和 65.13;广西、吉林省和陕西省的公司治理水平的平均值较低,分别为 61.46、61.62 和 62.81。见表 17.11。

表 17.11　中小企业板上市公司治理指数分地区描述性统计

地　区	数目	公司治理指数	股东治理指数	董事会治理指数	监事会治理指数	经理层治理指数	信息披露指数	利益相关者治理指数
北京市	55	65.13	69.25	65.20	59.06	61.72	66.61	69.39
天津市	9	63.79	68.48	64.38	60.25	56.92	65.20	68.76
河北省	11	64.54	65.51	65.06	59.93	58.94	67.12	71.81
山西省	3	64.23	77.04	63.37	53.25	62.88	65.43	61.95
内蒙古	2	64.15	65.95	62.76	66.64	58.11	64.91	69.25

续表

地 区	数目	公司治理指数	股东治理指数	董事会治理指数	监事会治理指数	经理层治理指数	信息披露指数	利益相关者治理指数
辽宁省	13	62.93	69.24	64.82	60.23	57.91	61.55	64.46
吉林省	6	61.62	70.31	64.35	56.48	58.27	56.78	64.77
黑龙江省	4	65.96	73.99	64.86	55.94	58.02	68.19	77.36
上海市	31	65.05	69.00	64.93	58.48	62.19	66.21	70.15
江苏省	101	63.73	66.60	65.01	58.25	60.49	64.64	67.46
浙江省	140	63.83	67.98	64.89	58.85	59.39	64.29	68.30
安徽省	31	64.56	68.36	65.17	58.33	59.61	65.79	71.21
福建省	40	64.55	69.92	65.58	57.99	59.58	64.23	71.40
江西省	10	64.56	69.59	65.52	58.22	60.32	64.47	70.27
山东省	66	64.34	68.41	65.02	58.91	58.80	65.61	70.36
河南省	25	64.76	70.67	65.31	60.58	60.46	64.16	68.48
湖北省	17	63.58	66.25	66.27	59.67	61.60	61.79	65.92
湖南省	33	64.38	69.22	65.27	58.80	59.54	64.89	69.45
广东省	247	64.37	70.90	65.24	58.10	59.41	64.96	68.17
广 西	8	61.46	66.56	64.29	55.76	57.13	59.89	65.72
海南省	4	64.30	60.57	63.51	66.96	54.19	73.77	66.64
重庆市	9	64.92	67.55	66.07	56.73	64.60	64.83	69.59
四川省	31	64.89	68.18	65.25	59.86	59.20	67.92	69.27
贵州省	9	64.65	66.61	64.91	62.88	60.08	63.50	72.61
云南省	10	63.57	66.10	64.26	62.61	60.12	62.68	66.91
西 藏	4	66.27	70.11	65.79	63.58	62.40	69.75	65.15
陕西省	6	62.81	63.48	63.72	63.52	51.57	67.05	69.28
甘肃省	7	64.29	70.42	64.65	57.69	60.25	63.05	71.63
青海省	1	64.45	61.73	62.56	57.53	45.65	78.80	83.35
宁 夏	1	64.00	67.12	54.84	58.55	65.46	66.25	76.48
新 疆	13	64.02	63.19	64.99	63.56	61.24	62.44	70.79
合 计	947	64.25	68.83	65.09	58.81	59.75	64.92	68.80

资料来源:南开大学公司治理数据库。

主 要 结 论

2021年中小企业板上市公司治理评价结果表明,中小企业板上市公司治理具有以下特征：

第一,中小企业板上市公司总体治理质量相对于上一年度略有提升。2021年中小企业板上市公司治理指数的平均值为64.25。从分指数看,中小企业板上市公司股东治理指数最高,利益相关者治理指数、董事会治理指数、信息披露指数较高,而经理层治理指数较低,监事会治理水平最低。监事会治理成为中小上市公司治理水平提升的关键。与2020年评价结果相比,中小板公司治理指数有所上升。董事会治理指数和信息披露指数、监事会治理指数有所下降,而股东治理指数、信息披露指数和利益相关者治理指数出现不同程度的上升,并最终导致2021年中小板治理指数的上升。

第二,在股东治理方面,独立性指标比上一年度略有上升,中小股东权益保护和关联交易指标有较大幅度上升；在董事会治理方面,董事会治理指数略有下降,董事权利与义务指数及独立董事制度指数有所上升；在监事会治理方面,中小板上市公司的监事会运行状况指数表现最好,监事会规模结构水平最低,监事会的规模结构及胜任能力仍是监事会治理的重点；在经理层治理方面,中小企业板上市公司任免制度指数比2020年有所上升,执行保障指数有所下降,各个维度表现仍然较为不平衡；在信息披露治理方面,信息披露的及时性表现最好,比2020年有所上升；可靠性指标和相关性指标比去年有所下降；在利益相关者治理方面,2021年中小企业板上市公司利益相关者治理指数比2020年有较大幅度提升,其中,中小企业板上市公司的利益相关者协调程度提升幅度较大。

第三,不同控股股东性质公司治理指数表明,民营控股上市公司所占比重最高,其次是国有控股。从治理指数平均值来看,社会团体控股指数最高,其次是国有控股和集体控股,外资控股和民营控股位列其后,其他类型控股指数最低。社会团体控股上市公司优势在于经理层治理、信息披露治理和利益相关者治理。其他控股上市公司劣势在于经理层治理、信息披露治理和利益相关者治理。

第四,从地区分布来看,947家中小企业板上市公司中,主要集中在东部沿海发达地区,广东省、浙江省和江苏省最多,分别有247家、140家和101家。而青海和宁夏最少,各仅有1家。从公司治理指数平均值水平来看,黑龙江省、西藏和北京市的中小板上市公司治理水平较高,广西、吉林省和陕西省的公司治理水平的平均值较低。

第十八章 创业板上市公司治理评价

第一节 创业板上市公司治理评价总体分析

一、创业板上市公司治理总体描述

自2011年起,中国公司治理研究院持续关注创业板上市公司治理状况,2021年继续对创业板上市公司治理评价进行专门研究。本年度共有887家创业板上市公司样本,与2020年相比增加了101家,公司治理指数的平均值为64.89,中位数为65.10,最小值为54.96,最大值为74.97,标准差为3.34。见表18.1。

从创业板上市公司治理的六个分指数来看,股东治理指数、董事会治理指数、监事会治理指数、经理层治理指数、信息披露指数和利益相关者治理指数的平均值分别为71.43、65.1、57.91、60.34、66.93和67.54。其中股东治理指数最高为71.43;而监事会治理指数偏低,尚不足60.00,成为创业板上市公司治理水平提升的短板。

表18.1 创业板上市公司治理指数描述性统计

项　　目	平均值	中位数	标准差	极差	最小值	最大值
公司治理指数	64.89	65.10	3.34	20.01	54.96	74.97
股东治理指数	71.43	72.76	7.38	42.70	41.54	84.24
董事会治理指数	65.10	65.27	2.22	16.06	53.70	69.77
监事会治理指数	57.91	57.32	3.91	28.75	43.87	72.61
经理层治理指数	60.34	60.15	5.94	43.45	36.16	79.61
信息披露指数	66.93	68.46	9.68	37.87	45.37	83.24
利益相关者治理指数	67.54	66.70	8.96	52.10	37.88	89.97

资料来源:南开大学公司治理数据库。

二、2016—2021年创业板上市公司治理比较

表18.2显示的是创业板上市公司2016—2021年公司治理指数、股东治理指数、董

事会治理指数、监事会治理指数、经理层治理指数、信息披露指数以及利益相关者治理指数六年的变化趋势。从表中我们可以看出,创业板上市公司公司治理指数总体上处于上升趋势,其中股东治理指数在70.00左右徘徊,与上年相比上升0.97;与2020年相比,信息披露指数和利益相关者治理指数在2021年上升较大,其他治理指数都略有下降。

表18.2 创业板上市公司治理指数描述性统计六年比较

项 目	2016	2017	2018	2019	2020	2021
公司治理指数	65.26	64.49	64.43	63.96	64.15	64.89
股东治理指数	69.15	68.44	68.86	69.67	70.40	71.43
董事会治理指数	64.51	64.65	64.45	64.83	65.13	65.10
监事会治理指数	57.02	56.44	57.29	57.47	58.09	57.91
经理层治理指数	61.83	63.34	61.62	59.58	60.73	60.34
信息披露指数	70.82	67.03	67.63	66.68	64.61	66.93
利益相关者治理指数	66.79	65.85	65.75	64.52	65.75	67.54

资料来源:南开大学公司治理数据库。

三、股东治理状况总体描述

股东治理评价三个主要影响因素独立性、中小股东权益保护和关联交易的平均值分别为72.97、72.26和69.84。其中独立性和中小股东权益保护相对较高,而关联交易指数最低;因此创业板上市公司在提升股东治理水平时应当首先注重切实强化抑制关联交易的机制。其中,各样本公司之间独立性和关联交易两项分指标差距较大,样本公司独立性最大值为94.00,而最小值仅16.95;关联交易最大值为87.21,最小值仅为16.00;两项分指标极差非常大。股东治理指数三项分指标的描述性统计情况如表18.3所示。

表18.3 创业板上市公司股东治理指数描述性统计

项 目	平均值	中位数	标准差	极差	最小值	最大值
股东治理指数	71.43	72.76	7.38	42.70	41.54	84.24
独立性	72.97	74.95	10.44	77.05	16.95	94.00
中小股东权益保护	72.26	73.60	10.26	60.25	36.80	97.05
关联交易	69.84	79.00	13.51	71.21	16.00	87.21

资料来源:南开大学公司治理数据库。

四、董事会治理状况总体描述

创业板上市公司董事会治理的五个主要影响因素中最高的是董事会组织结构,平均值为68.24,反映出我国大多数创业板上市公司已经建立了相对比较完善的董事会组织结构,并能够发挥一定作用。同时董事会运作效率也较高,平均值为66.35,相比于2020年66.55的平均值,创业板上市公司中董事会运作效率略有下降。最低的是独立董事制度,为61.55,可见在提升董事会治理水平时需要在静态的结构之外注重加强独立董事制度的作用。具体指标的描述性统计情况如表18.4所示。

表18.4 创业板上市公司董事会治理指数描述性统计

项 目	平均值	中位数	标准差	极差	最小值	最大值
董事会治理指数	65.10	65.27	2.22	16.06	53.70	69.77
董事权利与义务	64.50	64.75	4.87	27.50	48.00	75.50
董事会运作效率	66.35	66.41	4.23	25.30	49.16	74.46
董事会组织结构	68.24	70.00	7.05	61.50	17.50	79.00
董事薪酬	65.16	64.50	5.73	26.50	50.00	76.50
独立董事制度	61.55	61.75	4.24	21.75	50.75	72.50

资料来源:南开大学公司治理数据库。

五、监事会治理状况总体描述

监事会治理状况具体指标如表18.5所示,监事会治理分指数一直以来是各分指数中的短板,并且三项分指标差距较大。其中监事会运行状况指数最高,达到76.92。各公司规模结构指数普遍偏低,平均值仅为43.20,说明创业板公司监事会的结构有待加强和完善。

表18.5 创业板上市公司监事会治理指数描述性统计

项 目	平均值	中位数	标准差	极差	最小值	最大值
监事会治理指数	57.91	57.32	3.91	28.75	43.87	72.61
运行状况	76.92	80.00	4.62	10.00	70.00	80.00
规模结构	43.20	40.00	8.52	40.00	40.00	80.00
胜任能力	56.33	56.30	5.42	46.37	25.33	71.70

资料来源:南开大学公司治理数据库。

六、经理层治理状况总体描述

经理层治理的各个影响因素差别较小,其中最高的是任免制度,为61.89;最低的是激励约束,为57.94,有待于进一步完善。三个指标各公司间差距都较大,这表明不同公司之间经理层治理水平有较大差距。见表18.6。

表18.6　创业板上市公司经理层治理指数描述性统计

项　目	平均值	中位数	标准差	极差	最小值	最大值
经理层治理指数	60.34	60.15	5.94	43.45	36.16	79.61
任免制度	61.89	59.82	9.74	59.82	24.92	84.75
执行保障	61.46	57.42	13.07	61.84	26.50	88.34
激励约束	57.94	60.31	9.39	42.57	24.83	67.40

资料来源:南开大学公司治理数据库。

七、信息披露状况总体描述

样本公司信息披露指数及其三个影响因素普遍较高,都在65.00以上,并且各指标标准差很小。说明目前各公司都非常重视信息披露,能够及时向社会公开相关信息。但是可靠性指标的极差较高,可见样本在公司信息披露的可靠性方面差别很大。相比较其他指标,信息披露的相关性最低,创业板上市公司需要注意提高披露信息的相关性。见表18.7。

表18.7　创业板上市公司信息披露指数描述性统计

项　目	平均值	中位数	标准差	极差	最小值	最大值
信息披露指数	66.93	68.46	9.68	37.87	45.37	83.24
可靠性	67.70	67.93	15.61	46.97	40.00	86.97
相关性	65.33	64.54	6.41	36.14	53.31	89.45
及时性	67.40	68.38	12.65	43.76	45.70	89.46

资料来源:南开大学公司治理数据库。

八、利益相关者治理状况总体描述

从利益相关者治理的两个主要因素来看,创业板上市公司的参与程度和协调程度平均值分别为63.25和72.80。参与程度和协调程度标准差和极差都较大,说明创业板上市公司利益相关者的参与程度和协调水平差别较大,有些公司应在该指标方面有待进一步提升。见表18.8。

表18.8 创业板上市公司利益相关者治理指数描述性统计

项目	平均值	中位数	标准差	极差	最小值	最大值
利益相关者治理指数	67.54	66.70	8.96	52.10	37.88	89.97
参与程度	63.25	63.50	12.69	53.50	39.00	92.50
协调程度	72.80	76.50	11.63	59.50	33.50	93.00

资料来源:南开大学公司治理数据库。

第二节 创业板上市公司治理评价分组比较

在对我国创业板上市公司的治理状况做总体描述之后,为了进一步深入考察不同类型公司治理状况的差异,我们分别对控股股东性质、地区等不同类别进行了对比分析。

一、创业板上市公司治理分控股股东性质比较

本年度786家创业板上市公司样本中,民营控股比重最大,共719家,占比91.48%,其公司治理总指数平均值为64.61;其次是国有控股81家,占比10.31%,公司治理总指数平均值为64.61;其他类型控股47家,占比5.98%,公司治理总指数平均值为65.27;外资控股38家,占比4.83%,公司治理总指数平均值为64.81;集体控股2家,占比0.25%,公司治理总指数平均值为62.10;民营控股上市公司数量最大,其他类型上市公司治理指数平均值最高,集体控股上市公司治理指数最低。具体情况见表18.9。

表18.9 创业板上市公司按控股股东性质的总指数分类统计

控股股东性质	数目	比例(%)	平均值	中位数	标准差	极差	最小值	最大值
国有控股	81	10.31	64.61	64.74	2.94	15.45	54.96	70.40
集体控股	2	0.25	62.10	62.10	1.24	1.75	61.23	62.98
民营控股	719	91.48	64.91	65.15	3.35	19.91	55.07	74.97
外资控股	38	4.83	64.81	64.69	3.54	15.54	55.00	70.54
其他类型	47	5.98	65.27	65.01	3.69	15.14	56.12	71.26
合计	887	100.00	64.89	65.10	3.34	20.01	54.96	74.97

资料来源:南开大学公司治理数据库。

按照控股股东进行分类,创业板上市公司本年度公司治理分指数状况如表18.10所示。股东治理方面,其他类型上市公司最低,外资控股和民营控股上市公司表现较好。董事会治理中,不同控股股东性质的公司大致相当,水平相对平均。监事会治理方面,集体控股上市公司最好,监事会治理指数显著高于其他上市公司。经理层治理方面,其他类型上市公司最好,国有控股上市公司表现较好,民营控股、外资控股和其他类型上市公司表现一般。信息披露方面,外资控股上市公司最高,显著高于其他类型的公司。利益相关者治理方面,集体控股上市公司最好,其他类型、民营控股、外资控股上市公司较好,国有控股表现最差。

表18.10 创业板上市公司按控股股东性质的各分指数统计

控股股东性质	股东治理指数	董事会治理指数	监事会治理指数	经理层治理指数	信息披露指数	利益相关者治理指数
国有控股	68.62	64.46	60.52	61.28	66.68	65.95
集体控股	60.11	64.43	64.69	52.09	62.74	71.66
民营控股	71.70	65.24	57.54	60.24	67.02	67.53
外资控股	71.58	64.46	57.02	58.24	69.87	67.03
其他类型	72.54	64.59	59.58	62.20	63.83	70.77
合 计	71.43	65.10	57.91	60.34	66.93	67.54

资料来源:南开大学公司治理数据库。

二、创业板上市公司分地区比较

从地区分布来看,本年度887家创业板上市公司样本中,广东省、江苏省和北京市数量最多,分别为205家、18家和108家。宁夏和青海省没有1家公司进入样本。从治理指数平均值水平来看,甘肃省最高,达到67.91,而海南省最低,为62.06,各地区都突破60大关。具体分布见表18.11。

表18.11 创业板上市公司分地区的总指数描述性统计

地 区	数目	公司治理指数	股东治理指数	董事会治理指数	监事会治理指数	经理层治理指数	信息披露指数	利益相关者治理指数
北京市	108	64.98	70.03	65.27	59.81	61.03	66.44	67.41
天津市	11	63.72	68.15	65.41	57.25	57.86	65.84	67.73
河北省	14	65.48	73.08	65.05	58.92	62.77	65.57	67.92
山西省	3	65.29	68.74	65.91	57.39	66.23	60.36	75.88

续表

地 区	数目	公司治理指数	股东治理指数	董事会治理指数	监事会治理指数	经理层治理指数	信息披露指数	利益相关者治理指数
内蒙古	3	65.06	69.23	64.23	60.62	59.23	68.56	69.09
辽宁省	12	62.49	67.09	63.80	59.06	58.31	62.34	64.78
吉林省	5	65.21	71.25	64.93	58.88	58.27	69.30	68.80
黑龙江省	3	63.01	67.08	64.04	57.24	59.02	63.69	67.45
上海市	51	65.56	70.97	65.01	58.79	60.45	67.97	71.00
江苏省	118	65.43	73.41	65.13	57.69	60.06	68.30	67.86
浙江省	107	64.13	70.62	65.19	56.53	59.03	66.16	66.95
安徽省	22	65.06	70.76	64.33	58.50	57.62	70.72	68.20
福建省	31	64.31	71.60	65.37	56.59	58.96	66.51	66.28
江西省	13	65.60	72.12	64.28	57.12	62.86	67.75	69.80
山东省	40	64.99	71.80	64.69	57.50	61.60	66.95	67.14
河南省	19	65.85	74.28	65.07	57.93	60.45	70.77	65.29
湖北省	24	63.99	69.99	64.31	58.34	60.67	64.93	65.63
湖南省	27	64.53	71.13	65.68	58.78	60.98	64.17	66.60
广东省	205	64.98	71.85	65.29	57.53	60.76	66.88	67.34
广 西	1	67.37	64.97	66.08	57.42	61.68	77.15	76.22
海南省	3	62.06	71.21	64.96	56.43	57.77	54.02	71.82
重庆市	5	66.75	72.93	65.07	60.07	63.33	65.18	77.35
四川省	32	65.18	73.27	65.35	57.08	60.07	67.70	67.22
贵州省	2	64.90	68.17	65.88	64.13	53.50	70.77	67.04
云南省	4	66.87	76.61	66.12	58.25	63.45	66.68	71.07
西 藏	4	65.12	71.95	65.50	56.51	60.16	72.96	59.72
陕西省	11	63.93	68.00	62.99	57.13	60.74	67.72	66.55
甘肃省	3	67.91	74.18	64.44	60.57	65.42	73.42	68.83
青海省	0	—	—	—	—	—	—	—
宁 夏	0	—	—	—	—	—	—	—
新 疆	6	62.19	65.40	65.41	58.98	59.98	58.73	65.32
合 计	887	64.89	71.43	65.10	57.91	60.34	66.93	67.54

资料来源：南开大学公司治理数据库。

主 要 结 论

2021年创业板上市公司治理评价结果表明,创业板上市公司治理具有以下特征。

第一,本年度共有887家创业板上市公司样本,与2020年相比增加了101家,公司治理指数的平均值为64.89,中位数为65.10,最小值为54.96,最大值为74.97,标准差为3.34。从创业板上市公司治理的六个分指数分别来看,股东治理指数最高为71.43;而监事会治理指数偏低,尚不足60.00,成为创业板上市公司治理水平提升的短板。

第二,股东治理评价三个主要影响因素中,独立性和中小股东权益保护相对较高,而关联交易指数最低,因此创业板上市公司在提升股东治理水平时应当首先注重切实强化抑制关联交易的机制。

第三,创业板上市公司董事会治理的五个主要影响因素中最高的是董事会组织结构,反映出我国大多数创业板上市公司已经建立了相对比较完善的董事会组织结构,并能够发挥一定作用。最低的是独立董事制度,在提升董事会治理水平时需要在静态的结构之外注重加强独立董事制度的作用。

第四,监事会治理的影响因素中,其中监事会运行状况指数最高,达到76.92。各公司规模结构指数普遍偏低,平均值仅为43.20,说明创业板公司监事会的结构有待加强和完善。

第五,经理层治理的各个影响因素差别较小,其中最高的是任免制度,最低的是激励约束,且三个指标各公司间差距都较大,这表明不同公司之间经理层治理水平有较大差距,有待于进一步完善。

第六,样本公司信息披露指数及其三个影响因素普遍较高,都在65.00以上,并且各指标标准差很小。说明目前各公司都非常重视信息披露,能够及时向社会公开相关信息。但是可靠性指标的极差较高,可见样本在公司信息披露的可靠性方面差别很大。相比较其他指标,信息披露的相关性最低,创业板上市公司需要注意提高披露信息的相关性。

第七,从利益相关者治理的两个主要因素来看,创业板上市公司的参与程度和协调程度平均值分别为63.25和72.80。参与程度和协调程度标准差和极差都较大,说明创业板上市公司利益相关者的参与程度和协调水平差别较大,有些公司应在该指标方面有待进一步提升。

第八,民营控股上市公司数量最大,其他类型上市公司治理指数平均值最高,集体控股上市公司治理指数最低,说明其他类型公司治理状况优于其余性质的上市公司。

第九，从地区分布来看，本年度887家创业板上市公司样本中，广东省、江苏省和北京市数量最多，分别为205家、18家和108家。宁夏和青海省没有1家公司进入样本。从治理指数平均值水平来看，甘肃省最高，达到67.91，而海南省最低，为62.06，各地区都突破了60.00大关。

第十九章 科创板上市公司治理评价

第一节 科创板上市公司治理评价总体分析

一、科创板上市公司治理总体描述

科创板,英文是 Sci-Tech Innovation Board(STAR Market),是由习近平主席于2018年11月5日在首届中国国际进口博览会开幕式上宣布设立,是独立于现有主板市场的新设板块,该板块公司在上海证券交易所上市,与在深圳上市的创业板交相呼应。2019年6月13日科创板正式开板,7月22日首批公司上市,8月8日第二批科创板公司挂牌上市。设立科创板并试点注册制是提升服务科技创新企业能力、增强市场包容性、强化市场功能的一项资本市场重大改革举措。在科创板设立之初就确定了其试行注册制的股票发行方式,对其高起点、严要求充分说明了国家层面和社会层面对科创板的关注和重视程度,对公司治理的发展也具有一定的导向作用。因此,中国公司治理研究院在2020年对科创板上市公司的治理状况进行重点关注的基础上,于2021年对科创板公司治理状况继续进行评价,以其为公司治理的发展实践和相关的学术研究做出理论方面的贡献。

与2020年的70家公司相比,2021年科创板上市公司共有215家,增加了145家,比2020年的两倍还多。公司治理指数的平均值为64.49,中位数为64.39,最小值为53.87,最大值为72.25,标准差为2.84。表明科创板上市公司治理水平较为平均,差距不是太大。见表19.1。

从科创板上市公司治理的六个分指数分别来看,股东治理指数、董事会治理指数、监事会治理指数、经理层治理指数、信息披露指数和利益相关者治理指数的平均值分别为72.37、64.67、57.42、58.44、66.97和67.09。其中股东治理指数最高,为72.37;而监事会治理指数和经理层治理指数偏低,尚不足60.00,是科创板上市公司治理水平的短板。

表 19.1 科创板上市公司治理指数描述性统计

项　目	平均值	中位数	标准差	极差	最小值	最大值
公司治理指数	64.49	64.39	2.84	18.37	53.87	72.25
股东治理指数	72.37	73.15	6.00	34.56	49.87	84.43
董事会治理指数	64.67	64.77	2.22	18.33	50.70	69.03
监事会治理指数	57.42	56.94	8.30	72.96	0.00	72.96
经理层治理指数	58.44	57.68	6.53	34.43	39.91	74.34
信息披露指数	66.97	67.18	8.62	33.74	48.21	81.95
利益相关者治理指数	67.09	66.37	6.42	34.90	49.18	84.07

资料来源:南开大学公司治理数据库。

二、2020—2021 年科创板上市公司治理比较

表 19.2 显示的是科创板上市公司 2020—2021 年公司治理指数、股东治理指数、董事会治理指数、监事会治理指数、经理层治理指数、信息披露指数以及利益相关者治理指数两年的变化趋势。从表中我们可以看出,科创板上市公司公司治理指数总体上处于上升趋势,其中监事会治理指数、利益相关者治理指数稳步上升,董事会治理指数、经理层治理指数略有上升;信息披露指数与 2020 年相比略有下降,股东治理指数下降幅度较大。

表 19.2 科创板上市公司治理指数描述性统计两年比较

项　目	2020	2021
公司治理指数	64.24	64.49
股东治理指数	74.59	72.37
董事会治理指数	64.07	64.67
监事会治理指数	55.82	57.42
经理层治理指数	57.74	58.44
信息披露指数	67.21	66.97
利益相关者治理指数	65.67	67.09

资料来源:南开大学公司治理数据库。

三、股东治理状况总体描述

股东治理评价三个主要影响因素独立性、中小股东权益保护和关联交易的平均值分别为 74.13、69.09 和 74.77。其中独立性和关联交易治理水平相对较高,而中小股东

权益保护指数最低;因此科创板上市公司在提升股东治理水平时应当首先注重切实强化中小股东权益保护机制。另外,中小股东权益保护指数极差也最大,为52.91,这表明不同的上市公司之间中小股东权益保护水平存在较大的差异。股东治理指数三项分指标的描述性统计情况如表19.3所示。

表19.3 科创板上市公司股东治理指数描述性统计

项 目	平均值	中位数	标准差	极差	最小值	最大值
股东治理指数	72.37	73.15	6.00	34.56	49.87	84.43
独立性	74.13	74.00	9.06	49.05	44.95	94.00
中小股东权益保护	69.09	71.40	10.95	52.91	36.00	88.91
关联交易	74.77	79.00	8.65	52.04	34.00	86.04

资料来源:南开大学公司治理数据库。

四、董事会治理状况总体描述

科创板上市公司董事会治理的五个主要影响因素中最高的是董事会组织结构,平均值为69.23,反映出我国大多数科创板上市公司已经建立了相对比较完善的董事会组织结构,并能够发挥一定作用。同时董事会运作效率也较高,平均值为66.67。最低的是独立董事制度,为59.50,可见在提升董事会治理水平时需要在静态的结构之外注重加强独立董事制度的作用。具体指标的描述性统计情况如表19.4所示。

表19.4 科创板上市公司董事会治理指数描述性统计

项 目	平均值	中位数	标准差	极差	最小值	最大值
董事会治理指数	64.67	64.77	2.22	18.33	50.70	69.03
董事权利与义务	62.49	61.75	4.59	26.00	49.50	75.50
董事会运作效率	66.67	66.70	4.14	19.55	54.91	74.46
董事会组织结构	69.23	70.00	6.96	79.00	0.00	79.00
董事薪酬	65.18	64.50	5.17	22.50	54.00	76.50
独立董事制度	59.50	60.75	4.27	22.50	48.75	71.25

资料来源:南开大学公司治理数据库。

五、监事会治理状况总体描述

据中国公司治理研究院的数据统计,监事会治理分指数一直以来是各分指数中的短板,对于科创板也是如此。监事会治理状况具体指标如表19.5,由表可知,三项分指标差距较大。其中监事会运行状况指数最高,达到73.40。各公司规模结构指数普遍偏低,平均值仅为44.28,说明科创板公司监事会的结构有待加强和完善。

表19.5 科创板上市公司监事会治理指数描述性统计

项　目	平均值	中位数	标准差	极差	最小值	最大值
监事会治理指数	57.42	56.94	8.30	72.96	0.00	72.96
运行状况	73.40	70.00	10.05	80.00	0.00	80.00
规模结构	44.28	40.00	11.77	70.00	0.00	70.00
胜任能力	56.86	57.20	8.80	74.00	0.00	74.00

资料来源:南开大学公司治理数据库。

六、经理层治理状况总体描述

经理层治理的各个影响因素差别较小,其中最高的是任免制度,为58.94;最低的是激励约束,为57.85,有待于进一步完善。具体结果见表19.6。

表19.6 科创板上市公司经理层治理指数描述性统计

项　目	平均值	中位数	标准差	极差	最小值	最大值
经理层治理指数	58.44	57.68	6.53	34.43	39.91	74.34
任免制度	58.94	54.83	9.85	59.82	24.92	84.75
执行保障	58.60	57.42	12.33	53.01	35.34	88.34
激励约束	57.85	60.31	10.04	35.47	31.93	67.40

资料来源:南开大学公司治理数据库。

七、信息披露状况总体描述

样本公司信息披露指数及其三个影响因素普遍较高,都在65.00以上,并且各指标标准差较小。说明目前各公司都比较重视信息披露,能够按照制度的要求向社会公开相关信息。在三个分指标中,及时性最高,为70.59,说明信息披露的及时性较好;相关性指标最低,为65.15,表明科创板上市公司需要提高信息披露的相关性,见表19.7。

表19.7 科创板上市公司信息披露指数描述性统计

项　目	平均值	中位数	标准差	极差	最小值	最大值
信息披露指数	66.97	67.18	8.62	33.74	48.21	81.95
可靠性	66.61	63.85	14.16	45.20	40.65	85.85
相关性	65.15	65.29	4.00	21.43	53.45	74.88
及时性	70.59	68.38	12.04	43.11	45.70	88.81

资料来源:南开大学公司治理数据库。

八、利益相关者治理状况总体描述

从利益相关者治理的两个主要因素来看,科创板上市公司的参与程度和协调程度平均值分别为 56.30 和 80.28,两者差别较大,参与程度甚至没有达到 60.00 分的及格要求,表明科创板需要提升利益相关者的参与程度。见表 19.8。

表 19.8　科创板上市公司利益相关者治理指数描述性统计

项　目	平均值	中位数	标准差	极差	最小值	最大值
利益相关者治理指数	67.09	66.37	6.42	34.90	49.18	84.07
参与程度	56.30	54.50	8.98	39.00	43.50	82.50
协调程度	80.28	83.00	8.52	56.00	39.00	95.00

资料来源:南开大学公司治理数据库。

第二节　科创板上市公司治理评价分组比较

在对我国科创板上市公司的治理状况做总体描述之后,为了进一步深入考察不同类型公司治理状况的差异,我们分别对控股股东性质、地区等不同类别进行了对比分析。

一、科创板上市公司治理分控股股东性质比较

本年度 215 家科创板上市公司样本中,民营控股比重最大,共 167 家,占比 77.67%,其公司治理总指数平均值为 64.53;其次是外资控股 22 家,占比 10.23%,公司治理总指数平均值为 64.59;其他类型 13 家,占比 6.05%,公司治理总指数平均值为 63.90;国有控股 12 家,占比 5.58%,公司治理总指数平均值为 64.14;集体控股 1 家,占比 0.47%,公司治理总指数平均值为 67.38;民营控股上市公司数量最大,集体控股类型公司治理指数平均值最高,其他类型控股公司治理指数最低。具体情况见表 19.9。

表 19.9　科创板上市公司按控股股东性质的总指数分类统计

控股股东性质	数目	比例(%)	平均值	中位数	标准差	极差	最小值	最大值
国有控股	12	5.58	64.14	64.83	3.61	14.75	53.87	68.62
民营控股	167	77.67	64.53	64.35	2.79	18.2	54.05	72.25
外资控股	22	10.23	64.59	64.98	2.46	11.13	57.32	68.45
其他类型	13	6.05	63.90	64.98	3.51	13.67	55.06	68.74
集体控股	1	0.47	67.38	67.38	—	—	67.38	67.38
合　计	215	100.00	64.49	64.39	2.84	18.37	53.87	72.25

资料来源:南开大学公司治理数据库。

按照控股股东进行分类,科创板上市公司本年度公司治理分指数状况如表19.10所示。股东治理方面,集体控股上市公司最低,外资控股上市公司表现较好。董事会、监事会治理中,不同控股股东性质的公司大致相当,水平相对平均。经理层治理方面,除集体控股稍高外,其他不同类型上市公司之间差异较小,表现较为平均。信息披露方面,集体控股和国有控股上市公司最高,显著高于其他类型的上市公司。利益相关者治理方面,集体控股上市公司最好,国有控股、民营控股、其他类型上市公司较好,且比较平均,外资控股表现最差。

表 19.10　科创板上市公司按控股股东性质的各分指数统计

控股股东性质	股东治理指数	董事会治理指数	监事会治理指数	经理层治理指数	信息披露指数	利益相关者治理指数
国有控股	68.16	62.71	57.42	58.47	70.42	67.12
民营控股	72.81	64.85	57.42	58.49	66.54	67.19
外资控股	73.18	64.28	57.85	57.78	68.46	65.57
其他类型	69.63	64.85	56.58	58.53	66.39	67.15
集体控股	66.70	65.12	57.85	62.99	71.67	82.67
合　计	72.37	64.67	57.42	58.44	66.97	67.09

资料来源:南开大学公司治理数据库。

二、科创板上市公司分地区比较

从地区分布来看,本年度215家科创板上市公司样本中,分布在19个地区,其中江苏省、上海市、北京市和广东省数量最多,分别为41家、36家、33家和31家。从治理指数平均值水平来看,陕西省最高,达到67.61,而开曼群岛最低,为54.33,此外其他各地区都突破了60.00大关。具体分布见表19.11。

表 19.11　科创板上市公司分地区的总指数描述性统计

地　区	数目	公司治理指数	股东治理指数	董事会治理指数	监事会治理指数	经理层治理指数	信息披露指数	利益相关者治理指数
北京市	33	65.00	72.96	65.12	59.42	59.09	66.42	67.49
天津市	4	63.93	69.72	63.78	58.43	57.11	67.02	68.10
河北省	0	—	—	—	—	—	—	—
山西省	0	—	—	—	—	—	—	—
内蒙古	0	—	—	—	—	—	—	—

续表

地 区	数目	公司治理指数	股东治理指数	董事会治理指数	监事会治理指数	经理层治理指数	信息披露指数	利益相关者治理指数
辽宁省	3	64.39	75.34	64.47	58.23	54.51	68.22	65.62
吉林省	1	65.03	76.54	65.96	66.04	61.51	50.67	77.12
黑龙江省	1	61.53	65.82	63.48	55.85	57.68	62.53	63.22
上海市	36	64.80	70.45	65.35	59.34	58.30	68.33	66.71
江苏省	41	65.11	73.40	64.76	57.24	58.98	68.04	68.37
浙江省	17	63.90	73.83	64.57	57.37	55.13	67.56	64.49
安徽省	8	63.69	74.06	62.81	58.98	58.27	63.86	65.20
福建省	5	63.45	67.53	63.35	60.18	54.35	68.47	67.36
江西省	3	61.50	71.85	64.33	58.62	53.91	56.25	66.87
山东省	9	64.18	70.90	63.30	58.27	59.4	66.48	67.23
河南省	2	66.50	77.11	65.96	58.89	57.49	71.56	67.52
湖北省	4	64.48	74.96	63.90	58.06	54.53	67.59	69.16
湖南省	6	65.35	71.79	65.08	58.56	59.47	68.92	68.14
广东省	31	64.32	71.94	64.79	57.05	59.75	65.78	66.47
广 西	0	—	—	—	—	—	—	—
海南省	0	—	—	—	—	—	—	—
重庆市	0	—	—	—	—	—	—	—
四川省	4	64.28	75.82	64.18	54.47	61.82	63.06	66.68
贵州省	0	—	—	—	—	—	—	—
云南省	0	—	—	—	—	—	—	—
西 藏	0	—	—	—	—	—	—	—
陕西省	4	67.61	75.76	64.84	58.67	65.08	72.11	68.50
甘肃省	0	—	—	—	—	—	—	—
青海省	0	—	—	—	—	—	—	—
宁 夏	0	—	—	—	—	—	—	—
新 疆	0	—	—	—	—	—	—	—
开曼群岛	3	54.33	66.35	62.59	0.00	55.36	65.36	66.75
合 计	215	64.49	72.37	64.67	57.42	58.44	66.97	67.09

资料来源:南开大学公司治理数据库。

主 要 结 论

2021年科创板上市公司治理评价结果表明,科创板上市公司治理具有以下特征。

第一,2021年科创板上市公司共有215家,公司治理指数的平均值为64.49,中位数为64.39,最小值为53.87,最大值为72.25,标准差为2.84。表明科创板上市公司治理水平较为平均,差距不是太大。从科创板上市公司治理的六个分指数分别来看,股东治理指数最高为72.37;而监事会治理指数和经理层治理指数偏低,尚不足60.00,是科创板上市公司治理水平的短板。

第二,股东治理评价三个主要影响因素中,独立性和关联交易治理水平相对较高,而中小股东权益保护指数最低;因此科创板上市公司在提升股东治理水平时应当首先注重切实强化中小股东权益保护机制。

第三,科创板上市公司董事会治理的五个主要影响因素中最高的是董事会组织结构,反映出我国大多数科创板上市公司已经建立了相对比较完善的董事会组织结构,并能够发挥一定作用。最低的是独立董事制度,在提升董事会治理水平时需要在静态的结构之外注重加强独立董事制度的作用。

第四,监事会治理的影响因素中,监事会运行状况指数最高,达到73.40。各公司规模结构指数普遍偏低,平均值仅为44.28,监事会治理分指数一直以来是各分指数中的短板,对于科创板也是如此,监事会治理有待加强和完善。

第五,经理层治理的各个影响因素差别较小,其中最高的是任免制度,为58.94;最低的是激励约束,为57.85,有待于进一步完善。

第六,样本公司信息披露指数及其三个影响因素普遍较高,都在65.00以上,并且各指标标准差较小。说明目前各公司都比较重视信息披露,能够按照制度的要求向社会公开相关信息。在三个分指标中,及时性最高,为70.59,说明信息披露的及时性较好;相关性指标最低,为65.15,表明科创板上市公司需要提高信息披露的相关性。

第七,从利益相关者治理的两个主要因素来看,科创板上市公司的参与程度和协调程度平均值分别为56.30和80.28,两者差别较大,参与程度甚至没有达到60.00的及格要求,表明科创板需要提升利益相关者的参与程度。

第八,民营控股上市公司数量最多,外资控股上市公司治理指数平均值最高,其他类型上市公司治理指数最低。表明不同类型的公司之间治理水平有较大的差异。

第九，从地区分布来看，本年度215家科创板上市公司样本中，分布在19个地区，其中江苏省、上海市、北京市和广东省数量最多，分别为41家、36家、33家和31家。从治理指数平均值水平来看，陕西省最高，达到67.61，而开曼群岛最低，为54.33，此外国内其他各地区都突破了60.00大关。

第二十章 上市金融机构治理评价

金融机构在国民经济发展中占据重要地位,其经营性质、经营内容与经营风险具有特殊性,因而面临着与一般企业不同的代理关系和监管环境。提升金融机构治理水平对防范金融风险、提升社会资本配置效率和经济发展水平具有重要意义。因此,本章聚焦于金融机构样本,单独讨论其公司治理的特性和变化趋势。

第一节 上市金融机构治理评价总体分析

一、上市金融机构治理总体描述

2021年,在国内上市的金融类上市公司共有122家,比2020年增加14家。其中在主板上市99家,中小板上市18家,创业板5家。122家样本中超过一半集中在北京市、上海市、广东省和江苏省四个地区,其中北京市22家、上海市17家、广东省12家、江苏省14家。控股股东性质方面,122家金融机构样本中,有54家为国有控股,23家为民营控股,集体控股1家,外资控股1家,社会团体控股1家,另有42家为其他类型。此外,122家样本中,银行类上市公司占39家,证券类占55家,保险类7家,其他金融类21家。

表20.1给出了金融业公司治理指数及各分指数的描述性统计指标,可以看出,2020年度金融行业的公司治理指数平均值为65.42,中位数为66.09,标准差为3.78,最小值为52.69,最大值为74.57。

表 20.1 上市金融机构公司治理指数总体描述性统计

项 目	平均值	中位数	标准差	极差	最小值	最大值
公司治理指数	65.42	66.09	3.78	21.88	52.69	74.57
股东治理指数	71.79	73.38	7.20	34.52	49.90	84.42
董事会治理指数	66.82	66.63	3.49	25.50	49.95	75.45
监事会治理指数	66.90	68.67	6.80	25.09	52.68	77.76

续表

项　目	平均值	中位数	标准差	极差	最小值	最大值
经理层治理指数	60.11	60.12	7.88	39.18	36.52	75.70
信息披露指数	62.45	63.09	8.12	34.28	45.75	80.03
利益相关者治理指数	66.05	67.07	9.16	46.20	41.70	87.90

资料来源:南开大学公司治理数据库。

表20.2给出了金融业和总体样本上市公司治理指数和各分指数的描述性统计对比,从对比中可以看出,从平均值意义上讲,金融机构的公司治理状况继续高于总体样本。在各项分指数中,除信息披露指数和利益相关者指数外,金融机构的其他分指数均高于总体样本。特别是股东治理指数和董事会治理指数方面,金融机构相对于总体样本的优势较为明显。

表20.2　金融与非金融行业治理指数描述性统计比较

项　目	样本	平均值	中位数	标准差	极差	最小值	最大值
公司治理指数	4 134	64.05	64.32	3.60	23.31	51.66	74.97
	122	65.42	66.09	3.78	21.88	52.69	74.57
股东治理指数	4 134	68.45	69.64	8.68	53.18	34.14	87.33
	122	71.79	73.38	7.20	34.52	49.90	84.42
董事会治理指数	4 134	64.93	65.05	2.25	26.06	49.39	75.45
	122	66.82	66.63	3.49	25.50	49.95	75.45
监事会治理指数	4 134	59.65	58.02	5.86	78.23	0.00	78.23
	122	66.90	68.67	6.80	25.09	52.68	77.76
经理层治理指数	4 134	59.32	59.26	6.58	44.89	34.72	79.61
	122	60.11	60.12	7.88	39.18	36.52	75.70
信息披露指数	4 134	65.60	66.23	9.95	40.97	45.37	86.34
	122	62.45	63.09	8.12	34.28	45.75	80.03
利益相关者治理指数	4 134	66.42	66.14	9.00	58.00	34.73	92.72
	122	66.05	67.07	9.16	46.20	41.70	87.90

资料来源:南开大学公司治理数据库。

二、上市金融机构股东治理状况总体描述

表20.3给出了2021年金融行业122家样本股东治理评价方面的各指标的描述性统计,从表中可以看出,股东治理评价方面,独立性指数平均值较高,达到了73.14。关

联交易指数次之,平均值为72.04。中小股东权益保护指数平均值较低,为70.86。股东治理指数的平均值为71.79,标准差为7.20。

表 20.3　上市金融机构股东治理指数描述性统计

项　目	平均值	中位数	标准差	极差	最小值	最大值
股东治理指数	71.79	73.38	7.20	34.52	49.90	84.42
独立性	73.14	75.35	15.04	71.05	22.95	94.00
中小股东权益保护	70.86	71.93	10.16	53.12	40.28	93.40
关联交易	72.04	79.00	12.13	61.74	24.90	86.65

资料来源:南开大学公司治理数据库。

三、上市金融机构董事会治理状况总体描述

表20.4给出了2021年金融业122家样本董事会治理方面的描述性统计,从表中可以看出,从平均值意义上讲,董事会的组织结构最高,平均值达到了79.65,但不同金融机构间差异较大,标准差达到了13.43。董事薪酬指数最低,平均值只有60.61。董事会治理指数的平均值为66.82,标准差为3.49,表明不同金融机构董事会评价治理水平的差异较小。

表 20.4　上市金融机构董事会治理指数描述性统计

项　目	平均值	中位数	标准差	极差	最小值	最大值
董事会治理指数	66.82	66.63	3.49	25.50	49.95	75.45
董事权利与义务	63.21	63.00	3.98	21.75	51.75	73.50
董事会运作效率	68.47	68.71	3.59	18.40	56.06	74.46
董事会组织结构	79.65	79.00	13.43	97.00	0.00	97.00
董事薪酬	60.61	60.00	4.27	24.00	50.00	74.00
独立董事制度	61.33	61.75	4.09	16.75	51.25	68.00

资料来源:南开大学公司治理数据库。

四、上市金融机构监事会治理状况总体描述

表20.5给出了2021年122家样本监事会治理方面的描述性统计,从表中可以看出,监事会的运行状况指数最高,平均值为76.23。监事会的胜任能力指数次之,平均值为65.35。规模结构指数平均值较低,为60.45。同时,不同金融类公司的监事会规模结构差异较大,样本的标准差为14.95。监事会治理指数的平均值为66.90,标准差为6.80。

表 20.5　上市金融机构监事会治理指数描述性统计

项　目	平均值	中位数	标准差	极差	最小值	最大值
监事会治理指数	66.90	68.67	6.80	25.09	52.68	77.76
运行状况	76.23	80.00	4.87	10.00	70.00	80.00
规模结构	60.45	60.00	14.95	40.00	40.00	80.00
胜任能力	65.35	66.21	6.34	46.42	30.50	76.92

资料来源：南开大学公司治理数据库。

五、上市金融机构经理层治理状况总体描述

表 20.6 给出了 2021 年 122 家样本经理层治理方面的描述性统计，在经理层治理的各分指数中，激励约束指数的平均值较低，为 51.35。任免制度和执行保障较高，平均值分别为 64.27 和 65.86。各分指数的标准差相对较大，表明上市金融机构在经理层治理的各方面存在较大差异。经理层治理指数的平均值为 60.11，标准差为 7.88。

表 20.6　上市金融机构经理层治理指数描述性统计

项　目	平均值	中位数	标准差	极差	最小值	最大值
经理层治理指数	60.11	60.12	7.88	39.18	36.52	75.70
任免制度	64.27	69.79	12.02	69.79	14.96	84.75
执行保障	65.86	61.84	15.00	66.26	22.09	88.34
激励约束	51.35	42.57	11.75	42.57	24.83	67.40

资料来源：南开大学公司治理数据库。

六、上市金融机构信息披露状况总体描述

表 20.7 给出了 2021 年 122 家样本经理层治理方面的描述性统计，从表中可以看出，平均值意义上讲，金融机构信息披露的及时性较好，平均值为 66.94。可靠性和相关性指数平均值较低，分别为 61.43 和 61.16。信息披露指数的平均值达到了 62.45，标准差为 8.12。

表 20.7　上市金融机构信息披露评价指数描述性统计

项　目	平均值	中位数	标准差	极差	最小值	最大值
信息披露指数	62.45	63.09	8.12	34.28	45.75	80.03
可靠性	61.43	64.88	12.68	45.09	40.65	85.74
相关性	61.16	60.73	6.40	23.67	53.45	77.12

续表

项　目	平均值	中位数	标准差	极差	最小值	最大值
及时性	66.94	68.38	11.41	43.11	45.70	88.81

资料来源：南开大学公司治理数据库。

七、上市金融机构利益相关者治理状况总体描述

表20.8给出了2021年122家样本公司利益相关者治理方面的描述性统计，从表中可以看出，参与程度的平均值为60.61，而协调程度的平均值达到了72.69，同时两者的标准差均较大。利益相关者治理指数的平均值为66.05，标准差为9.16。

表20.8　上市金融机构利益相关者治理指数描述性统计

项　目	平均值	中位数	标准差	极差	最小值	最大值
利益相关者治理指数	66.05	67.07	9.16	46.20	41.70	87.90
参与程度	60.61	56.50	11.22	53.50	39.00	92.50
协调程度	72.69	75.50	14.27	55.50	39.00	94.50

资料来源：南开大学公司治理数据库。

第二节　上市金融机构治理评价分组比较

这一节我们按照控股性质、地区分布和主营业务三个方面对122家金融机构进行分组，然后比较各组的公司治理状况。

一、上市金融机构治理分控股股东性质比较

按照控股性质分组，虽然上市金融机构的控股性质可以分为六种：国有、民营、外资、集体、社会团体和其他类型。但外资控股、集体控股和社会团体控股只包含一个样本，故而不将其纳入统计分析之中。表20.9给出了按最终控制人性质分组的金融机构治理指数统计指标对比，从表中可以看出，就平均值意义上讲，其他类型控股的金融机构公司治理指数最高，其次为国有控股。民营控股金融机构的治理水平相对较低。

表20.9　上市金融机构公司治理分控股股东性质比较

控股股东性质	样本数	平均值	中位数	标准差	极差	最小值	最大值
国有控股	54	65.71	66.09	3.09	14.98	58.83	73.81
民营控股	23	61.31	60.90	3.76	14.10	52.69	66.80

续表

控股股东性质	样本数	平均值	中位数	标准差	极差	最小值	最大值
其他类型	42	67.62	67.74	2.43	13.29	61.28	74.57
金融机构总体	122	65.42	66.09	3.78	21.88	52.69	74.57

资料来源:南开大学公司治理数据库。

二、上市金融机构治理分地区比较

按照金融机构所属地区分组,大部分的上市金融机构集中于北京市、上海市、广东省、江苏省等经济发达地区,所以我们仅比较这四个地区金融机构的治理状况。从表20.10可以看出,平均值意义上讲,江苏省上市金融机构公司治理水平最高,为67.27,北京市、上海市、广东省的平均值接近,分别为65.93、65.36和65.72。

表20.10　上市金融机构治理指数分地区描述性统计

地 区	样本数	平均值	中位数	标准差	极差	最小值	最大值
北京市	22	65.93	66.40	3.52	13.67	57.50	71.18
上海市	17	65.36	65.87	3.46	14.16	57.77	71.94
广东省	12	65.72	67.04	3.84	12.63	56.53	69.16
江苏省	14	67.27	67.51	1.90	6.35	64.03	70.38

资料来源:南开大学公司治理数据库。

三、上市金融机构治理分行业比较

最后,按照金融机构不同业务性质分组,金融机构可以分为证券公司、银行、保险公司以及包括信托和投资公司在内的其他金融机构等。表20.11给出了这四类金融机构公司治理指数的描述性统计,可以看出,从平均值意义上讲,银行类金融机构的公司治理水平较高,其平均值达到了67.48;证券类金融和保险类金融机构次之,平均值分别为65.18和65.05;其他类金融机构较低,平均值为62.32。

表20.11　上市金融机构分银行与非银行公司治理比较

行 业	样本数	平均值	中位数	标准差	极差	最小值	最大值
银行	39	67.48	67.80	3.35	21.88	52.69	74.57
证券	55	65.18	65.98	3.48	17.29	56.53	73.81
保险	7	65.05	64.25	4.88	13.91	55.65	69.57
其他	21	62.32	63.22	2.59	9.02	57.77	66.80

续表

行业	样本数	平均值	中位数	标准差	极差	最小值	最大值
总计	122	65.42	66.09	3.78	21.88	52.69	74.57

资料来源:南开大学公司治理数据库。

第三节 上市金融机构治理评价年度比较

一、上市金融机构治理总体状况分年度比较

从整体趋势上讲,上市金融机构公司治理指数的平均值在近六年表现出稳中有升的态势。几年间,除2018年有所下降外,2019年后公司治理指数又稳步提升。2021年虽然略有下降,但基本保持稳定。

在六个分指数中,董事会治理指数、利益相关者指数平均值在2021年有所提升,并达到了近年来的最高值。股东治理指数、监事会治理指数和经理层治理指数在2021年基本保持稳定,并处于历史最高水平。信息披露指数有所下降。见表20.12和图20.1。

表20.12 上市金融机构公司治理指数六年比较

项目	2016	2017	2018	2019	2020	2021
公司治理指数	63.07	63.62	62.46	65.03	65.64	65.42
股东治理指数	67.56	64.86	66.82	68.12	71.59	71.79
董事会治理指数	66.36	66.33	66.35	66.66	67.43	66.82
监事会治理指数	66.68	64.50	64.37	65.63	66.78	66.90
经理层治理指数	54.55	56.78	54.44	62.29	60.07	60.11
信息披露指数	60.41	64.40	60.89	63.31	64.16	62.45
利益相关者治理指数	64.65	65.20	62.53	64.50	64.39	66.05

资料来源:南开大学公司治理数据库。

二、上市金融机构股东治理状况分年度比较

表20.13给出了2016—2021年六年间股东治理指数的平均值与标准差的对比,可以看到,平均值意义上讲,股东治理指数在2017年出现了一定程度的下降,而后在2018后出现了连续上升,并在2021年达到了近年最高值。各分指数中,独立性指数和中小股东权益保护指数在2021年略有上升,而关联交易指数略有下降。

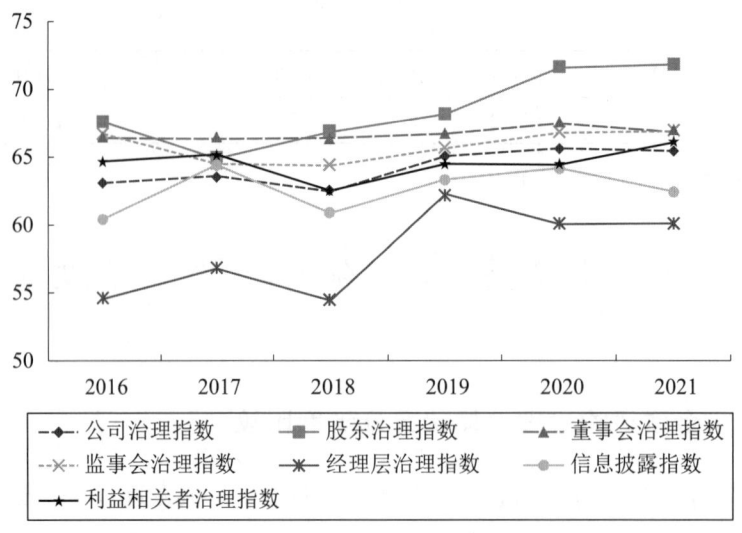

资料来源:南开大学公司治理数据库。

图 20.1　上市金融机构治理指数平均值六年折线图比较

表 20.13　上市金融机构股东治理指数六年比较

年份与指标		股东治理指数	独立性	中小股东权益保护	关联交易
2016	平均值	67.56	67.86	61.26	73.69
	标准差	7.88	16.08	10.60	12.97
2017	平均值	64.86	68.89	61.60	66.10
	标准差	6.61	15.78	9.64	10.64
2018	平均值	66.82	71.18	67.63	63.84
	标准差	6.97	14.95	10.49	11.37
2019	平均值	68.12	73.25	68.17	65.50
	标准差	6.91	15.27	10.04	12.06
2020	平均值	71.59	72.93	70.40	72.12
	标准差	7.31	15.35	10.76	12.30
2021	平均值	71.79	73.14	70.86	72.04
	标准差	7.20	15.04	10.16	12.13

资料来源:南开大学公司治理数据库。

三、上市金融机构董事会治理状况分年度比较

表 20.14 给出了 2016—2021 年董事会治理方面各指标平均值与标准差的对比。在此期间,董事会治理指数在 2016—2020 年保持稳中有升的趋势,但在 2021 年有所下降。五个维度中,除董事薪酬指数平均值在 2021 年有所提升外,其他分指数在 2021 年

均有所下降。其中董事会结构指数下降较为明显,且其标准差有所上升。

表20.14 上市金融机构董事会治理指数六年比较

年份与指标		董事会治理指数	董事权利与义务	董事会运作效率	董事会组织结构	董事薪酬	独立董事制度
2016	平均值	66.36	62.35	67.56	79.06	60.05	61.66
	标准差	2.60	4.00	3.29	8.01	3.95	4.59
2017	平均值	66.33	63.59	68.70	78.93	59.22	60.68
	标准差	3.40	4.07	3.76	10.67	3.82	5.00
2018	平均值	66.35	63.66	68.33	79.50	59.54	60.36
	标准差	2.55	4.50	3.71	8.51	3.46	4.89
2019	平均值	66.66	62.45	69.63	79.07	59.27	61.35
	标准差	3.05	3.84	3.31	10.78	3.61	4.15
2020	平均值	67.43	63.78	69.19	81.13	59.85	62.25
	标准差	3.23	4.37	3.86	11.50	4.05	4.16
2021	平均值	66.82	63.21	68.47	79.65	60.61	61.33
	标准差	3.49	3.98	3.59	13.43	4.27	4.09

资料来源:南开大学公司治理数据库。

四、上市金融机构监事会治理状况分年度比较

表20.15给出了2016—2021年六年间监事会治理方面各指标的平均值与标准差对比,可以看出,监事会治理指数在经历了2017年和2018年的下降后,在2019年后处于稳步提升的状态。各维度中,运行状况和胜任能力指数在2021年有所上升,而监事会规模结构维度出现了一定程度的下降。

表20.15 上市金融机构监事会治理指数六年比较

年份与指标		监事会治理指数	运行状况	规模结构	胜任能力
2016	平均值	66.68	72.60	64.30	64.00
	标准差	5.32	8.53	13.63	5.28
2017	平均值	64.50	70.60	59.63	64.16
	标准差	6.35	5.74	14.20	5.34
2018	平均值	64.37	71.15	59.29	63.63
	标准差	7.18	12.27	14.79	5.76
2019	平均值	65.63	74.09	60.00	64.01
	标准差	6.15	4.94	14.34	5.59

续表

年份与指标		监事会治理指数	运行状况	规模结构	胜任能力
2020	平均值	66.78	75.93	62.87	62.85
	标准差	6.92	5.30	14.90	8.16
2021	平均值	66.90	76.23	60.45	65.35
	标准差	6.80	4.87	14.95	6.34

资料来源：南开大学公司治理数据库。

五、上市金融机构经理层治理状况分年度比较

表20.16给出了2016—2021年六年间上市金融机构经理层治理指数的描述性统计对比，从表中可以看出，经理层治理指数在2018年之前一直在低位徘徊。而在2019年，经理层指数出现了显著上升，但在2020年和2121年略有下降并保持稳定。各分指数中，2021年任免制度指数基本保持稳定。执行保障指数下降明显，而激励约束指数有所上升。

表20.16 上市金融机构经理层治理指数六年比较

年份与指标		经理层治理指数	任免制度	执行保障	激励约束
2016	平均值	54.55	56.82	65.01	43.51
	标准差	5.49	6.29	10.20	9.81
2017	平均值	56.78	61.40	67.16	43.62
	标准差	6.01	6.05	9.74	11.39
2018	平均值	54.44	53.52	60.86	49.81
	标准差	9.27	14.81	18.63	11.62
2019	平均值	62.29	66.81	58.76	61.14
	标准差	8.28	14.84	18.62	13.96
2020	平均值	60.07	64.16	67.40	50.03
	标准差	9.64	18.78	15.32	12.11
2021	平均值	60.11	64.27	65.86	51.35
	标准差	7.88	12.02	15.00	11.75

资料来源：南开大学公司治理数据库。

六、上市金融机构信息披露状况分年度比较

表20.17给出了2016—2021年上市金融机构信息披露指标的描述性统计结果，从表中可以看出，信息披露指数的平均值近年来波动明显。2021年信息披露指数有所下

降,其主要原因在于可靠性指数和及时性指数下降明显。相关性指数有所上升,但仍低于2019年的最高水平。

表20.17 上市金融机构信息披露指数六年比较

年份与指标		信息披露指数	可靠性	相关性	及时性
2016	平均值	60.41	62.72	51.85	67.48
	标准差	7.50	11.42	10.70	14.70
2017	平均值	64.40	67.72	57.07	67.08
	标准差	5.73	9.31	9.55	13.65
2018	平均值	60.89	62.75	54.60	69.31
	标准差	6.09	9.51	7.31	10.88
2019	平均值	63.31	60.62	64.59	69.27
	标准差	4.10	4.94	7.15	9.58
2020	平均值	64.16	67.36	54.51	70.64
	标准差	5.92	9.75	10.28	8.45
2021	平均值	62.45	61.43	61.16	66.94
	标准差	8.12	12.68	6.40	11.41

资料来源:南开大学公司治理数据库。

七、上市金融机构利益相关者治理状况分年度比较

表20.18给出了2016—2021年六年间上市金融机构利益相关者治理指数的平均值和标准差,从表中可以看出,利益相关者治理指数在2016—2018年间处于波动下降的状态,但在2019年出现了明显提升,2021年又有所下降。其主要原因在于,2021年新上市金融机构数量较多,而新上市金融机构尚未建立完善的利益相关者治理机制,治理水平较低。两个维度中,参与程度近年来明显提升,而协调程度指数一直呈现下降态势。

表20.18 上市金融机构利益相关者治理指数六年比较

年份与指标		利益相关者治理指数	参与程度	协调程度
2016	平均值	64.65	51.06	80.60
	标准差	8.66	12.15	14.07
2017	平均值	65.20	52.63	80.57
	标准差	8.51	11.82	11.64
2018	平均值	62.53	51.52	76.00
	标准差	8.40	10.72	12.60

续表

年份与指标		利益相关者治理指数	参与程度	协调程度
2019	平均值	64.50	55.59	75.40
	标准差	7.01	8.47	12.19
2020	平均值	64.39	61.63	67.77
	标准差	9.39	10.48	14.92
2021	平均值	62.45	61.43	61.16
	标准差	8.12	12.68	6.40

资料来源：南开大学公司治理数据库。

八、上市金融机构治理分控股股东性质的年度比较

2021年国有控股金融机构公司治理水平有所提升，而民营控股金融机构有所下降，两者的差距进一步拉大。国有控股金融机构的公司治理水平在2018年出现下滑后，在2019—2021年稳步提升。而民营控股金融机构的公司治理指数近年来呈现先上升后下降的趋势，在2019年出现最高值。

表20.19 上市金融机构治理指数分控股股东性质描述性统计六年比较

控股股东性质	年份	平均值	标准差
国有控股	2017	63.88	2.68
	2018	62.70	2.60
	2019	65.44	2.43
	2020	65.70	2.57
	2021	65.71	3.09
民营控股	2017	60.51	2.38
	2018	60.83	3.50
	2019	63.24	2.87
	2020	61.45	4.29
	2021	61.31	3.76

资料来源：南开大学公司治理数据库。

九、上市银行与非上市银行金融机构治理比较

表20.20给出了银行与非银行金融机构治理指数在2016—2021年六年间的平均值与标准差对比，从表中可以看出，银行类金融机构在这六年间的公司治理指数平均值一直高于非银行类金融机构。银行类金融机构在2021年公司治理指数平均值有所下

降,非银行类金融机构基本稳定。两者的差距有所缩小。

表 20.20 上市金融机构分银行和非银行描述性统计六年比较

性质	年份	样本数	平均值	标准差
银行	2016	16	64.82	2.10
	2017	24	65.80	2.29
	2018	25	63.35	3.01
	2019	29	65.90	2.20
	2020	37	67.83	2.20
	2021	39	67.48	3.35
非银行	2016	34	62.24	2.80
	2017	43	62.39	2.95
	2018	53	62.04	2.87
	2019	59	64.60	3.13
	2020	71	64.49	3.48
	2021	83	64.45	3.59

资料来源:南开大学公司治理数据库。

主 要 结 论

第一,从平均值意义上讲,上市金融机构公司治理指数在2021年略有下降,其平均值由2020年的65.64下降至65.42。各分指数中,董事会治理指数、利益相关者指数平均值在2021年有所提升,并达到了近年来的最高值。股东治理指数、监事会治理指数和经理层治理指数在2021年基本保持稳定,并同样处于历史最高水平。但信息披露指数有所下降,其主要原因是信息披露的可靠性和及时性下降明显。

第二,2021年金融机构的公司治理状况继续高于总体样本。在各项分指数中,除信息披露指数和利益相关者指数外,金融机构的其他分指数均高于总体样本。特别是股东治理指数和董事会治理指数方面,金融机构相对于总体样本的优势较为明显。

第三,2021年,国有控股金融机构的公司治理指数平均值基本稳定,而民营控股金融机构平均值下降。国有控股金融机构继续领先于民营控股金融机构,同时两者的差距有所扩大。各主要地区中,江苏省金融机构的治理指数高于其他地区。银行类金融机构的公司治理水平有所下降,相比于非银行金融机构的优势减少。

总体结论与建议

一、总体结论

第一,公司治理水平显著提升,治理有效性存在短板。治理体系和治理能力现代化背景下,治理质量整体趋于提升,其中股东治理、经理层治理、信息披露和利益相关者治理分别提升了 0.59、0.20、0.33 和 3.10。但监事会治理提升缓慢,董事会治理出现下滑。在治理合规基础上,上市公司面临提升治理有效性的难题。

第二,治理标杆公司带动作用增强,新上市公司治理水平落后。从治理等级变化来看,2021 年达到 CCGI^{NK} Ⅲ 水平的上市公司从 57 家增加到 136 家,增幅为 138.60%。但是新上市公司在独立董事津贴、实施员工持股计划公司比例、职工监事比例、投资者关系管理等方面均落后于已上市公司,拉低了董事会治理、利益相关者治理治理指数。

第三,民营控股上市公司反超国有控股上市公司,内部治理状况大幅改善。民营控股上市公司在治理指数提升 0.73,超过国有控股上市公司提升幅度 0.15,公司治理指数继 2018 年以来再次反超国有控股上市公司。其中民营控股上市公司在股东治理、董事会治理、经理层治理方面提升幅度均超过国有控股上市公司提升幅度。

第四,民营控股金融机构治理下滑,国有控股金融机构与民营控股金融治理差距拉大。金融机构治理下降 0.22,其中民营控股金融机构治理下降 0.14,国有控股金融机构治理提升 0.01,国有控股与民营控股金融机构治理差距进一步扩大。民营控股金融机构在中小股东权益保护、董事会组织结构、董事会运作、经理层治理、信息披露时效性等方面有所下降。

第五,创业板注册制改革成效显现,科创板关联交易提升。创业板实施注册制试点,强化了信息披露以及违规处罚,例如创业板上市公司信息披露指数提升 2.32,股东治理指数提升 1.03;科创板治理指数较上年相比仅提高 0.25,主要原因在于科创板公司关联交易的增加,科创板上市公司关联交易占总资产的比例从 0.10% 上升到 1.19%。

第六,应对疫情冲击,利益相关者理念进一步推广和深化。疫情冲击可持续发展模式的重要性凸显,社会责任、环境保护等利益相关者理念得到广泛认可。2021 年上市公司公益捐赠增长 73.60%，披露社会责任报告的公司比例提高 0.46 个百分点，设立专门环保机构或人员的上市公司比例翻番，利益相关者协调性改善明显。

二、总体建议

第一，增强上市公司自主性治理，提升董事会、监事会治理有效性。当前上市公司治理应在满足合规性的基础上，强化治理结构和治理机制创新。上市公司应逐步导入独立董事履职津贴等制度，提升专业委员会运作效率。适当扩大监事会规模，增强对公司监事选聘的经验条件要求，加强监事会相关信息披露。

第二，全面实施注册制，提升上市的公司治理标准。根据已上市公司治理实践，增加对新上市公司在董事会独立性、监事会设置、投资者关系管理等方面的合规性要求，延长交易所的督导年限、缩小上市公司治理差距；以上市公司整体公司治理水平的提升，保障全市场注册制的推进落地。

第三，导入经济型治理机制，放大混合所有制改革成效。进一步降低民营控股上市公司混改准入门槛，推动混改从"资本混合"向"治理机制混合"转变，带动企业治理成效提升。降低国有企业董事年龄和外部兼职数量要求，打造市场化、年轻化、专业化董事团队。探索单层制的薪酬激励机制，逐步实现市场化薪酬与体制内薪酬的"并轨"。

第四，强化金融机构董事会治理评价职能，防范民营控股金融机构治理风险。强化金融机构董事会治理评价职能，增强应对金融机构治理风险的前瞻性。加强对民营控股金融机构实际控制人行为、中小股东权益保护、信息披露时效性等方面的监管。鼓励金融机构设置金融科技、绿色治理等专业委员会，防范累积金融风险。

第五，完善注册制条件下公司治理准入制度，提升科技创新类板块公司治理水平。监管部门在科技创新类公司 IPO 过程中关注其科技亮点的同时，应着重聚焦于提升其治理水平，抑制公司的关联交易水平，强化对中小股东利益的保护。同时加强对离岸注册的科创板上市公司股权结构的穿透性监管。

第六，全面推行绿色治理，引领企业社会责任向绿色治理升级。尽快以包容性为核心，制定企业层面的绿色治理规则，将绿色治理融入企业治理结构和治理机制，打造企业社会责任升级版。公益类国企、金融机构等优先按照 ESG 进行信息披露，并与相应监管评价挂钩，引领企业创新社会责任理念，将 ESG 投资升级到绿色治理。

参 考 文 献

[1] 成思危.中国股市回顾与展望:2002—2013[M].北京:科学出版社,2015.

[2] 程新生,谭有超,刘建梅.非财务信息、外部融资与投资效率——基于外部制度约束的研究[J].管理世界,2012,(7):137—150.

[3] 方红星,金玉娜.公司治理、内部控制与非效率投资:理论分析与经验证据[J].会计研究,2013,(7):63—69.

[4] 傅传锐.公司治理、产权性质与智力资本价值创造效率——来自我国A股上市公司的经验证据[J].山西财经大学学报,2016,(8):65—76.

[5] 高明华,苏然,方芳.中国上市公司董事会治理评价及有效性检验[J].经济学动态,2014,(2):24—35.

[6] 高明华,谭玥宁.董事会治理、产权性质与代理成本——基于中国上市公司的实证研究[J].经济与管理研究,2014,(2):5—13.

[7] 韩少真,潘颖,张晓明.公司治理水平与经营业绩——来自中国A股上市公司的经验证据[J].中国经济问题,2015,(1):50—62.

[8] 韩少真,潘颖.公司治理水平、产权性质对债务合约的影响——基于中国A股上市公司的经验证据[J].西北大学学报(哲学社会科学版),2016,(1):114—119.

[9] 郝臣,崔光耀,李浩波,王励翔.中国上市金融机构公司治理的有效性——基于2008—2015年$CCGI^{NK}$的实证分析[J].金融论坛,2016,(3):64—71.

[10] 郝臣.现代企业学[M].北京:清华大学出版社,2021.

[11] 郝臣.中国上市公司治理案例[M].北京:中国发展出版社,2009.

[12] 李璟雯.EVA理论在业绩评价体系中的应用研究[J].南京财经大学学报,2008,(1):69—71.

[13] 李维安,程新生.公司治理评价及其数据库建设[J].中国会计评论,2005,(2):387—400.

[14] 李维安,郝臣.公司治理手册[M].北京:清华大学出版社,2015.

[15] 李维安,张立党,张苏.公司治理、投资者异质信念与股票投资风险——基于中国上市公司的实证研究[J].南开管理评论,2012,(6):135—146.

［16］李维安,张耀伟,郑敏娜,李晓琳,崔光耀,李惠.中国上市公司绿色治理及其评价研究［J］.管理世界,2019,（5）:126—133.

［17］李维安.公司治理评价与指数研究［M］.北京:高等教育出版社,2005.

［18］李维安.中国公司治理与发展报告2012［M］.北京:北京大学出版社,2012.

［19］李维安.中国公司治理与发展报告2013［M］.北京:北京大学出版社,2014.

［20］李维安.中国公司治理与发展报告2014［M］.北京:北京大学出版社,2016.

［21］鲁桐,吴国鼎.中小板、创业板上市公司治理评价［J］.学术研究,2016,（5）:79—86.

［22］鲁桐,仲继银,叶扬,于换军,吴国鼎,党印.中国中小上市公司治理研究［J］.学术研究,2014,（6）:95—104+178.

［23］南开大学公司治理评价课题组,李维安.中国上市公司治理状况评价研究——来自2008年1127家上市公司的数据［J］.管理世界,2010,（1）:142—151.

［24］南开大学中国公司治理研究院公司治理评价课题组.2003中国上市公司治理评价研究报告［M］.北京:商务印书馆,2007.

［25］南开大学中国公司治理研究院公司治理评价课题组.2004中国上市公司治理评价研究报告［M］.北京:商务印书馆,2007.

［26］南开大学中国公司治理研究院公司治理评价课题组.2008中国上市公司治理评价研究报告［M］.北京:商务印书馆,2011.

［27］南开大学中国公司治理研究院公司治理评价课题组.2015中国上市公司治理评价研究报告［M］.北京:商务印书馆,2016.

［28］南开大学中国公司治理研究院公司治理评价课题组.中国上市公司治理评价系统研究［J］.南开管理评论,2003,（3）:4—12.

［29］南开大学中国公司治理研究院公司治理评价课题组.中国上市公司治理指数与治理绩效的实证分析［J］.管理世界,2004,（2）:63—74.

［30］南开大学中国公司治理研究院公司治理评价课题组.中国上市公司治理指数与公司绩效的实证分析——基于中国1149家上市公司的研究［J］.管理世界,2006,（3）:104—113.

［31］南开大学中国公司治理研究院公司治理评价课题组.中国上市公司治理评价与指数分析——基于2006年1249家公司［J］.管理世界,2007,（5）:104—114.

［32］南开大学中国公司治理研究院公司治理评价课题组.中国上市公司治理评价与指数报告——基于2007年1162家上市公司［J］.管理世界,2008,（1）:145—151.

［33］南开大学中国公司治理研究院公司治理评价课题组.中国上市公司治理状况评价研究——来自2008年1127家上市公司的数据［J］.管理世界,2010,（1）:142—151.

[34] 王化成,刘俊勇,孙薇.企业业绩评价[M].中国人民大学出版社,2004.

[35] 王鹏程,李建标.利益相关者治理能缓解企业融资约束吗[J].山西财经大学学报,2014,(12):96—106.

[36] 武立东.中国民营上市公司治理及其评价研究[M].天津:南开大学出版社,2007.

[37] 徐国祥,檀向球.上市公司经营业绩综合评价及其实证研究[J].统计研究,2000,(9):44—51.

[38] 杨典.公司治理与企业绩效——基于中国经验的社会学分析[J].中国社会科学,2013,(1):72—94.

[39] 杨国彬,李春芳.企业绩效评价指标——EVA[J].经济管理,2001,(9):21—24.

[40] 叶银华,李存修,柯承恩.公司治理与评等系统[M].台湾:商智文化出版社,2002.

[41] 俞肖云.1995—1998年中国大中型工业企业经营业绩总评[J].统计研究,2000,(11):39—43.

[42] 张宁,才国伟.国有资本投资运营公司双向治理路径研究——基于沪深两地治理实践的探索性扎根理论分析[J].管理世界,2021,37(1):108—127.

[43] 祝继高,李天时,YANG Tianxia.董事会中的不同声音:非控股股东董事的监督动机与监督效果[J].经济研究,2021,56(5):180—198.

[44] Alev Dilek Aydin, Ahmet Ozcan. Corporate Governance and Firm Performance: Recent Evidence from Borsa Istanbul (BIST) Corporate Governance Index (XKURY)[J]. *Research Journal of Finance and Accounting*, 2015, 14(6):198-204.

[45] Black S. Black, Antonio Gledson De Carvalho, Joelson O. Sampaio. The Evolution of Corporate Governance in Brazil[J]. *Emerging Markets Review*, 2014, 20:176-195.

[46] Christian Strenger. The Corporate Governance Scorecard: A Tool for the Implementation of Corporate Governance[J]. *Corporate Governance: An International Review*, 2004, 12(1):11-15.

[47] Esen Kara, Duygu Acar Erdur. Analyzing the Effects of Corporate Social Responsibility Level on the Financial Performance of Companies: An Application on BIST Corporate Governance Index Included Companies[J]. *Journal of Management Economics and Business*, 2014, 10(23):227.

[48] Guluzar Gumus Kurt, Bener Gungor, Yusuf Gumus. The Relationship between

Corporate Governance and Stock Returns[J]. *Dumlupinar University Journal of Social Science*, 2014, 7:124 - 143.

[49] Husam-Aldin N. Al-Malkawi, Rekha Pillai, Muhammad Bhatti. Corporate Governance Practices in Emerging Markets: The Case of GCC Countries[J]. *Economic Modelling*, 2014, 38:133 - 141.

[50] Jean C. Behard, Karlam. Johnstone. Earnings Manipulation Risk, Corporate Governance Risk, and Auditors' Planning and Pricing Decisions[J]. *The Accounting Review*, 2004, 29(2):277 - 304.

[51] Jean J. Chen, Xinsheng Cheng, Stephen X. Gong, Youchao Tan. Do Higher Value Firms Voluntarily Disclose More Information? Evidence from China[J]. *The British Accounting Review*, 2014, 46(1):6 - 32.

[52] Jeremy Bertomeu, Robert P. Magee. Mandatory Disclosure and Asymmetry in Financial Reporting[J]. *Journal of Accounting and Economics*, 2016, 59:284 - 299.

[53] Jie Li, Jian Yang, Zhuangxiong Yu. Does Corporate Governance Matter in Competitive Industries? Evidence from China[J]. *Pacific-Basin Finance Journal*, 2017, 43(6):238 - 255.

[54] Kenneth Lehn. Corporate Governance and Corporate Agility[J]. *Journal of Corporate Finance*, 2021, 66(1):101929.

[55] Mark L. Defond, Mingyi Hung. Investor Protection and Corporate Governance: Evidence from Worldwide CEO Turnover[J]. *Journal of Accounting Research*, 2004, 42(2):269 - 312.

[56] Melsa Ararat, Bernard S. Black and B. Burcin Yurtoglu. The Effect of Corporate Governance on Firm Value and Profitability: Time-Series Evidence from Turkey [J]. *Emerging Markets Review*, 2016, 30(3):113 - 132.

[57] Michael S. Gibson. Is Corporate Governance Ineffective in Emerging Markets? [J]. *Journal of Financial and Quantitative Analysis*, 2003, 38(1):231 - 252.

[58] Nikos Vafeas. Board Meeting Frequency and Firm Performance[J]. *Journal of Financial Economics*, 1999, 53(6):113 - 142.

[59] Ruth V. Aguilera, Gregory Jackson. The Cross-national Diversity of Corporate Governance: Dimensions and Determinants[J]. *Academy of Management Review*, 2003, 28(3):447 - 465.

[60] Saseela Balagobei. Corporate Governance and Non-Performing Loans: Evidence

from Listed Banks in Sri Lanka[J]. *Journal of Business Finance & Accounting*, 2020, 5(1):72-85.

[61] Sivathaasan Nadarajah, Searat Ali, Benjamin Liu, Allen Haung. Stock Liquidity, Corporate Governance and Leverage: New Panel Evidence[J]. *Pacific-Basin Finance Journal*, 2017, Forthcoming.

[62] Standards and Poors' Company. Standard & Poors' Corporate Governance Scores: Criteria, Methodology and Definitions[S]. *Standardization*, 2002 (2004 revised).

[63] Stephen P. Baginski, Sarah Clinton and Sean T. Mcguire. Forward-Looking Voluntary Disclosure in Proxy Contests[J]. *Contemporary Accounting Research*, 2014, 31(4):1008-1046.

[64] Steve Z. Fan, Linda Q. Yu. Identifying Missing Information of the Conventional Corporate Governance Index[R]. *Working Paper*, 2012.

[65] Subhash Chandra Das. *Corporate Governance in India: An Evaluation*[M]. PHI Learning Pvt. Ltd., 2012.

[66] Tsai-Ling Liao, Wen-Chun Lin. Corporate Governance, Product Market Competition, and the Wealth Effect of R&D Spending Changes[J]. *Financial Management*, 2016, (11):112-147.

[67] Weian Li, Jian Xu, Minna Zheng. Green Governance: New Perspective from Open Innovation[J]. *Sustainability*, 2018, 10(11):1-19.

[68] Weian Li, Yuejun Tang. An Evaluation of Corporate Governance Evaluation, Governance Index ($CCGI^{NK}$) and Performance: Evidence from Chinese Listed Companies in 2003[J]. *Frontiers of Business Research in China*, 2007, 1(1):1-18.

[69] Weian Li. Corporate Governance Evaluation of Chinese Listed Companies [J]. *Nankai Business Review International*, 2018, 9(4):437-456.

[70] Weian Li. *Corporate Governance in China: Research and Evaluation*[M]. John Wiley & Sons Pte Ltd., 2008.

[71] Yaser Fallatah, Denise Dickins. Corporate Governance and Firm Performance and Value in Saudi Arabia[J]. *African Journal of Business Management*, 2012, 6(36): 10025-10034.